Hacer mundos:
el nombrar y la significatividad

BIBLIOTECA UNIVERSITARIA
Ciencias Sociales y Humanidades

Filosofía

Hacer mundos:
el nombrar y la significatividad

Freddy Santamaría Velasco

Prólogo de Mauricio Beuchot

2.ª edición revisada

Santamaría Velasco, Freddy
    Hacer mundos: el nombrar y la significatividad / Freddy Santamaría Velasco; prólogo Mauricio Beuchot. – 2.ª edición. – Bogotá: Siglo del Hombre Editores, Universidad Santo Tomás y Universidad Pontificia Bolivariana, 2016.
    296 páginas; 21 cm.

    1. Análisis (Filosofía) 2. Lenguaje - Filosofía - Historia 3. Filosofía de la mente I. Beuchot, Mauricio, prologuista II. Tít.

149.94 cd 21 ed.
A1521990

            CEP-Banco de la República-Biblioteca Luis Ángel Arango

© Freddy Santamaría Velasco

Primera edición, 2009
Segunda edición revisada, 2016

© Siglo del Hombre Editores
http://libreriasiglo.com

© Universidad Santo Tomás
www.usta.edu.co

© Universidad Pontificia Bolivariana
www.upb.edu.co

Carátula e ilustración
Amarilys Quintero

Armada electrónica
Ángel David Reyes Durán

ISBN: 978-958-665-381-7
ISBN ePub: 978-958-665-382-4
ISBN PDF: 978-958-665-383-1

Impresión
Panamericana Formas e Impresos S. A.
Calle 65 N° 95-28, Bogotá D. C.

Impreso en Colombia-Printed in Colombia

Todos los derechos reservados. Esta publicación no puede ser reproducida ni en su todo ni en sus partes, ni registrada en o transmitida por un sistema de recuperación de información, en ninguna forma ni por ningún medio, sea mecánico, fotoquímico, electrónico, magnético, electroóptico, por fotocopia o cualquier otro, sin el permiso previo por escrito de la editorial.

ÍNDICE

AGRADECIMIENTOS 11

PRÓLOGO 19

INTRODUCCIÓN 25

1. FREGE Y RUSSELL: EL PROBLEMA DE LOS NOMBRES 39
   Introducción 39
   1.1. Frege: el camino de la lógica y los albores
        de la filosofía analítica 43
   1.2. Russell: el lenguaje "ideal" y la teoría
        de las descripciones 55
   1.3. Nombres y descripciones: *los verdaderos
        nombres propios* 77

2. LOS SENDEROS QUE SE BIFURCAN: LAS TEORÍAS
   DESCRIPCIONISTAS Y LAS TEORÍAS DE LA REFERENCIA ... 91
   Introducción 91
   2.1. Teorías descripcionistas: *contextos, habilidades
        y conexiones al nombrar* 94

  2.1.1. P. F. Strawson: los nombres y sus usos 94
  2.1.2. Searle: los nombres, *ganchos* de los que
     cuelgan las descripciones 106
 2.2. Las teorías de la referencia directa: los nombres
   y su rigidez 115
  2.2.1. Kripke y los nombres en todos los
     mundos posibles 115
  2.2.2. Putnam: los significados no están
     en la cabeza 134

3. WITTGENSTEIN Y LA PERFECTA SIGNIFICATIVIDAD
 DE LOS NOMBRES DE FICCIÓN 149
 Introducción 149
 3.1. Nombrar, referir y corresponder: el "axioma"
   de la referencia 155
 3.2. Wittgenstein: la recusación de un lenguaje
   lógicamente perfecto 162
 3.3. Todos los nombres: la perfecta significatividad
   de los nombres de ficción 182
 3.4. ¿Existen los unicornios? 195

4. EL JUEGO DE LA FICCIÓN: RUTAS, REGLAS,
 TEJIDOS Y MUNDOS 225
 Introducción 225
 4.1. La ruta de la ficción: el discurso literal
   y el discurso de ficción 228
 4.2. Las convenciones horizontales: el juego
   de la ficción 244
 4.3. Los tejidos de la ficción: los mundos
   de los textos 260
  4.3.1. El mundo de la ficción: la creación
     del reino de lo deseable 260
  4.3.2. ¿Y por qué no un mundo 3? 266

4.3.3. Los mundos de la ficción: construcciones,
obras abiertas y cooperación 271

BIBLIOGRAFÍA 291

AGRADECIMIENTOS

He tenido la oportunidad de compartir estas ideas con alumnos del Departamento de Filosofía de la Universidad Católica de la Santísima Concepción (Chile), de la maestría en Filosofía de la Universidad Veracruzana de Xalapa (México), de la Facultad de Filosofía y Letras de la Universidad de Caldas, de la maestría y el doctorado en Filosofía de Universidad Pontificia Bolivariana de Medellín y de la maestría y el doctorado en Filosofía de la Universidad Santo Tomás. Nuestro trabajo se ve dignificado cuando podemos compartir y enseñar lo que hemos investigado. A mis colegas, alumnos y amigos de la Universidad Santo Tomás, de la Pontificia Universidad Javeriana y de la Universidad Pontificia Bolivariana muchas gracias por apoyar, escuchar y criticar mi trabajo filosófico.

Ahora bien, este libro ha sido concebido propiamente en tres lugares. Tuvo un primer y esencial desarrollo durante cinco años en la ciudad dorada, Salamanca. Su continuación y "corrección" ocurrieron en la ciudad de los canales (*Bächle*), Freiburg im Breisgau. Y, por último, su continua *realización* a modo goodmaniano, en la querida Bogotá. En cada uno de estos lugares me encontré (y sigo encontrando) personas de gran espíritu, *magnánimas*, con las que compartí y discutí estas ideas: los profesores y amigos Porfirio Cardona, Edgar Javier Garzón, Jorge Flórez, Olmer Muñoz, Santiago Castro-Gómez, Rafael Antolínez, Leonardo Tovar, Martha Patiño, Fredy Pongutá, Luis Fernando Cardona, Alejandro Tomasini, Mauricio Beuchot y el padre Orlando Escobar, C.M.; sin su presencia, siempre afectiva y generosa, no podría haber culminado esta obra. Le quiero dar un especial agradecimiento, por supuesto, al padre Jorge Iván Ramírez, por apoyar y confiar en mi trabajo y vocación académica. Este libro es un reconocimiento a todos ellos. Gracias amigos.

Debo agradecer también a la revista *Ideas y Valores* de la Universidad Nacional de Colombia, a su director Jorge Aurelio Díaz, por la reseña presentada, pues con ella se nos permite ejercer el "control ecológico" que nuestra emergente comunidad filosófica tanto necesita. También agradezco de modo especial a los profesores Jorge Iván Parra, Héctor Fabio González y Damián Pachón por sus reseñas de *Hacer mundos* en diferentes medios.

Una persona que ha estado acompañando mi trabajo académico es el profesor Modesto Gómez Alonso. Sin su apoyo, orientación y su alto nivel de exigencia no hubiera sido posible que este trabajo viera la luz. Ahora bien, de todas las lecturas que he tenido, la suya, sin lugar a dudas, ha sido la más significativamente afectiva y efectiva, ha tenido un alcance extensional.

Celebro el trabajo académico de la editorial Siglo del Hombre Editores, en cabeza de Emilia Franco y Selma Marken, y su esfuerzo por difundir de manera pulcra y ejemplar las obras de los académicos colombianos y, por supuesto, por confiar en este texto. También a Natalia Uribe y Mónica Palacios de la Editorial UPB y a Daniel Blanco de la Editorial USTA por su loable gestión y apoyo en este proyecto editorial.

Le agradezco a la pequeña Dorita por su aliento en mi labor académica y en especial por su dulce, tierna y amorosa compañía en estos años.

Este libro hace parte del proyecto: El quehacer político en el marco del pluralismo estético (radicado: 565B-02/16-36). Línea de investigación: filosofía política contemporánea adscrita al Grupo de Investigación Estudios Políticos de la Facultad de Ciencias Políticas de la Universidad Pontifica Bolivariana.

Bogotá, noviembre de 2015

*A Brisas, mi mamá,
que me enseñó mil maneras de* hacer mundos

Worte Sind auch Taten.

Ludwig Wittgenstein, *Philosophische Untersuchungen*, I, § 546.

She makes and unmakes many worlds,
and can draw the moon from heaven
with a scarlet thread.

Oscar Wilde, *The Decay of Lying*, 92.

PRÓLOGO

En el libro que nos entrega el profesor Freddy Santamaría Velasco encontramos un agudo tratamiento de uno de los problemas fundamentales de la filosofía del lenguaje, sobre todo en el ámbito de la filosofía analítica: el de los nombres y sus significados. Santamaría nos lleva a los albores mismos de la filosofía analítica, con Frege y Russell. Desde allí comienza la lucha de la referencia contra el sentido. Frege, para cumplir con su famoso binomio de sentido y referencia como aspectos de la significación, admitía que los nombres propios tenían sentido, el cual era el conjunto de sus descripciones, relaciones, etc. Russell, en cambio, más referencialista, solo admitía que se podían parafrasear como descripciones definidas. Aunque, para este último, los particulares egocéntricos eran los verdaderos nombres propios lógicos, como estos eran demasiado restringidos, también admitía los que podían generar descripciones. Y veía que con las descripciones se eliminaban los nombres propios como sujetos, y así disolvía el problema[1].

---

[1] Otros en cambio, rechazaban la referencia, como Davidson. Me tocó una discusión con él en una reunión del Instituto de Investigaciones Filosóficas de

Russell, centrado en la referencia, adoptó de la terminología de Stuart Mill (pero que viene desde los escolásticos) el término "denotación", hablaba sobre el denotar. Es célebre la discusión que le hizo Strawson acerca de ese asunto, pero que este último llevaba más allá de la sola sintaxis y semántica, podríamos decir que a niveles de la pragmática. Se introducía el uso, en seguimiento del segundo Wittgenstein y de Austin. Strawson y Searle profundizan en la tesis descripcionista de Russell, y para ellos los significados de los nombres no son los referentes, sino el conjunto de las reglas de uso, hábitos y convenciones, esto es, el contexto. Esto afectó su noción de verdad, como pude apreciar en un debate que me tocó sostener con Strawson a finales de los 80[2].

Pero también aparecen los referencialistas más decididos, que postulan los nombres como designadores rígidos, por ejemplo Kripke, en primer lugar, pero también Putnam. Adoptan una teoría causal del significar, según la cual la cadena causal que va desde el nombrar hasta el objeto individual nombrado determina la significación. El significado de los nombres es la extensión, no la intensión, pues siempre se encuentra un ente individual al fin de esa cadena causal (por ejemplo al bautizar a alguien). Putnam llega a burlarse de los que admiten algún sentido en los nombres, alegando que los significados no están en la cabeza. Y es que, si los sentidos son algo, serían preferentemente conceptos, actos mentales, colocados en el cerebro. Además, los equívocos de la referencia, para él, atestiguan en contra de que el significado de los nombres atraviese por en-

---

la UNAM, en 1984. Se publicó posteriormente, como M. Beuchot, "Breves consideraciones sobre el problema pensamiento-lenguaje en D. Davidson", en E. Villanueva (comp.), *Quinto Simposio Internacional de Filosofía* (México, UNAM 1992), vol. I, pp. 73-75; la respuesta de Davidson se encuentra en ese mismo volumen, pp. 77-79.

[2]   Se publicó a principios de los 90, como M. Beuchot, "La teoría de la verdad en Strawson", en C. E. Caorsi (ed.), *Ensayos sobre Strawson* (Montevideo, Universidad de la República 1993), pp. 7-27; la respuesta de Strawson se encuentra en ese mismo volumen, pp. 28-30.

tidades mentales. Esto lo pude apreciar en un debate que me tocó realizar con Putnam en 1992, acerca de la referencia de los nombres de clases naturales[3].

Por otra parte, Santamaría señala con mucha claridad en Wittgenstein el cambio de la etapa del atomismo lógico, del ideal del lenguaje perfecto, del *Tractatus*, hacia lo que se llama el segundo Wittgenstein, más de los juegos del lenguaje y las formas de vida. Allí se abre mucho la teoría del nombrar, hasta dar cabida a la pregunta sobre si los nombres de ficción son significativos, de modo que puedan designar unicornios (el nombre "unicornio" fue una de las obsesiones de Quine, el gran amigo de Goodman).

Deja nuestro autor asentada su propia teorización sobre los nombres, sobre todo los de ficción, y nos entrega un estudio que pertenece de lleno a la tradición analítica de la filosofía, que con tanto rigor y elegancia lógica nos ha presentado sus especulaciones.

Creo, por todo ello, que el libro del profesor Santamaría constituye una pieza ejemplar de la buena filosofía analítica que se hace en América Latina. Un amigo mío, connotado filósofo analítico mexicano, el doctor Alejandro Tomasini, me ha comentado que mucho del renacer de la filosofía analítica se espera de los ámbitos latinoamericanos, esto es, de la filosofía analítica latinoamericana, y aquí tenemos un ejemplo de eso.

Efectivamente, en la filosofía latinoamericana necesitamos, de hecho, trabajos como los del profesor Santamaría, que sean de un alto rigor en la investigación, la argumentación y la propuesta de tesis y que orienten el devenir de nuestra propia filosofía. Ya desde hace tiempo se ha venido haciendo una filosofía muy profesional en nuestros medios. Eso nos prepara

---

[3] Puede verse M. Beuchot, "Realismo, epistemología y clases naturales en Hilary Putnam", en *Diánoia* 38 (1992), pp. 107-113. Las respuestas de Putnam se iban a publicar en ese número de la revista, pero, desafortunadamente, no pudo hacerse.

para tener una filosofía propia, nuestra, realizada desde nuestro contexto cultural concreto. Pero será una filosofía seria, que de verdad nos ayude a construir un pensamiento filosófico propio.

El profesor Santamaría ha mostrado, en su texto, una dedicación muy profunda a la filosofía analítica, principalmente a la figura de Wittgenstein. Este gran filósofo separaba el decir y el mostrar. Sostenía que en filosofía es poco lo que podemos decir y es más lo que debemos mostrar. Me parece que el trabajo de Freddy Santamaría conjunta el decir y el mostrar. Dice con mucho cuidado y con ello muestra abundantemente los contenidos filosóficos que le interesan. Al decir muestra, lo cual es el ideal máximo en la vertiente wittgensteiniana.

Me parece que este libro que tenemos entre manos es un ejemplo de lo que se debe hacer en la filosofía analítica latinoamericana, y en la filosofía latinoamericana sin más. Wittgenstein hablaba de paradigmas, y esa noción fue introducida por Thomas Kuhn en la filosofía de la ciencia. Ahora se avanza en ella por paradigmas, que pueden ser pensadores o textos de estos, que marcan época, que señalan el camino. Yo diría que este libro del profesor Santamaría es un paradigma, es decir, un modelo de lo que debemos hacer en nuestros ambientes filosóficos. Estoy seguro de que orientará a muchos estudiantes que el día de mañana serán estudiosos, es decir, profesionales del pensamiento, educados a la luz de investigaciones como la que aquí estoy presentando.

Estábamos necesitados de textos como este, que conjunten la dedicación erudita y la investigación clarividente. Por un lado, de exacta exposición de las ideas de un autor, y de una corriente como la analítica, que ha ocupado un lugar tan importante en nuestro presente filosófico, en nuestra actualidad cultural. Y, por otro lado, de una fina intuición que le permite captar los problemas que son relevantes y las soluciones (o disoluciones) que conviene ofrecerles. De esta manera se va incrementando la riqueza del pensamiento que tenemos en nuestros países, hasta llegar al nivel de los otros que se consideran como punta de lanza.

No me resta más que recomendar ampliamente la lectura y, sobre todo, el estudio del libro que el profesor Santamaría pone en nuestras manos. Es muy de agradecer, ya que en nuestras universidades hacen falta textos como el que nos ha entregado. Servirá mucho para la formación de nuevos filósofos, que quieran pensar con seriedad y ofrecer argumentos bien ponderados para defender las tesis que nos presentan. Todo ello en el espíritu de la filosofía analítica, la cual, a pesar de cambios, crisis y renovaciones, conserva una manera de proceder muy típica, aferrada a la lógica y a la epistemología.

Mauricio Beuchot
Instituto de Investigaciones Filológicas
Universidad Nacional Autónoma de México
UNAM

INTRODUCCIÓN

El poeta y dramaturgo irlandés Oscar Wilde consignó las dos reglas fundamentales para escribir: tener algo que decir y decirlo. De acuerdo. Pero, ¿y para escribir bien? ¿Y para escribir algo significativo? ¿No serán necesarias una tercera y quizá una cuarta y hasta una quinta regla? ¿Y a qué llamamos "algo significativo"? Este es el tema de nuestro libro.

Las primeras "palabras" de un texto son siempre una difícil y arriesgada aventura, los primeros pasos de una investigación igual. Por ello necesitamos abastecernos del buen espíritu de aquel que emprende un largo viaje o sale de caza, pues es el que nos hará comprender finalmente que el viaje, con sus muchos o escasos logros, no habrá sido en ningún caso un caminar baldío. Nelson Goodman, en el prólogo de *Maneras de hacer mundos*, describe el espíritu con el que se va a desenvolver su libro. Dice:

> Este libro no corre en línea recta desde su comienzo a su final. Se dedica a cazar y en esa caza a veces bate al mismo mapache en árboles diferentes, otras veces bate a distintos mapaches en el mismo árbol, o incluso bate aquello que al final se descubre que ni es mapache ni árbol. A veces hace renuncias, resistiéndose a saltar algunas vallas determinadas, y se aleja a trochar por otras

sendas. Suele beber agua siempre de los mismos arroyos y tropieza en algún terreno de difícil caminar. Y no lleva cuenta de la caza ganada sino de aquello que se ha aprendido al explorar los territorios[1].

Empecemos a caminar. Nuestra investigación tiene como tema central el *problema* de la significatividad de los nombres de ficción, y, por extensión, la de la ficción misma[2]. El saber qué es el significado, qué es propiamente una referencia y qué entendemos por un nombre son preguntas que han atravesado la historia del pensamiento, como se puede comprobar desde el clásico y obligado diálogo el *Crátilo* de Platón hasta, por ejemplo, los contemporáneos y extraordinarios trabajos de *El nombrar y la necesidad* de Kripke o *Las variedades de la referencia* de Evans. Estas preguntas no han pasado desapercibidas para las mentes más grandes de la filosofía occidental. Puede pensarse, entonces, que esta preocupación histórica por el significado de los nombres le da a nuestra investigación *la relevancia* necesaria que justifica su ejecución. Para desarrollar este tema nos dejaremos llevar por el anterior espíritu goodmaniano, teniendo en cuenta, por supuesto, que todo caminar necesita un mapa. Ahora bien, la cartografía no basta por sí sola, pues su ayuda no solo es a veces insuficiente sino, en al-

---

[1] N. Goodman, *Maneras de hacer mundos*. Trad. C. Thiebaut (Madrid, Visor 1990), p. 13.

[2] Para efectos del presente trabajo y para hacer el discurso del mismo más ágil, utilizaremos indistintamente las siguientes expresiones: la significatividad de los nombres de ficción, el significado de los nombres de los entes de ficción, el significado de los nombres de los objetos ficticios y el significado de los nombres carentes de referente. Todas estas expresiones, como decimos, serán sinónimas. Para ilustrar la tesis con ejemplos de "nombres de ficción" utilizaremos nombres como "Ulises", "Cerbero", "sirena", "unicornio", "Minotauro", "Quijote", "Hamlet", "Zorba" o "Remedios la Bella". Ahora bien, lo que digamos de estos nombres, sus definiciones o sus descripciones, lo tomaremos, en la mayor parte de los casos, de *El libro de los seres imaginarios* de Borges, y en los demás casos, de la literatura universal. Cfr. J. L. Borges, *El libro de los seres imaginarios* (Barcelona, Bruguera 1982).

gunos momentos, estructuralmente limitada, ya que caminar, en filosofía, no es seguir una sola dirección, sino *iniciarse* en la búsqueda que nos permita, más que llevar la cuenta de los mapaches abatidos, reconocer lo aprendido durante el viaje. De esta manera, dejamos a la vista nuestra sencilla pretensión: *que nuestra investigación se mueva por nuevos terrenos que permitan la elaboración de una guía de viaje propia* que recoja, por supuesto, los pasos dados con anterioridad, pero que tenga como consigna el que en filosofía, más que seguir guías ajenas, se necesita un espíritu personal que emprenda el camino. El terreno recorrido, por pequeño que sea, será nuestro. Y a pesar de que descubramos que no era del todo virgen, también será nuestro. Por fortuna, en la filosofía suceden, como advierte Stroll, *pequeños avances*, bien sea en las técnicas o bien sea en la forma de enfocar los problemas tradicionales.

¿Cómo es posible que personajes como Jim Hawkins, don Quijote u Odiseo no sean más que una "hilera de palabras inventada" por los genios de Stevenson, Cervantes y Homero? Esta pregunta la reelaboramos y ampliamos ahora para nuestra investigación: ¿un personaje de ficción es una *mera hilera de palabras*? ¿Qué es un personaje de ficción? ¿Qué hace que nombres como "Odiseo", "Hamlet" o "Sherlock Holmes" sean significativos para un oyente si tales nombres no cuentan con referente alguno? ¿Qué significan este tipo de nombres de ficción? ¿Qué es la ficción en sí misma? Estas son las preguntas borgianas que acompañan nuestra investigación. Por ello no es de extrañar que el nombre de Borges aparezca a lo largo de nuestro escrito en repetidas ocasiones, si bien es un modo "concreto" de aplicar a los mismos textos de ficción algunas de las tesis que abordaremos de la filosofía analítica, por otra parte, es una justa deferencia con las innumerables enseñanzas del viejo y ciego bibliotecario. Creemos, como Eco en sus apostillas a *El nombre de la rosa* (refiriéndose al mismo Borges), que las deudas *intelectuales* se pagan. Es esta una deuda que deseamos hacer manifiesta desde el primer momento de esta investigación.

Para hacer frente a las preguntas borgianas, caminaremos por los senderos de la *filosofía analítica*. Ahora bien, sabemos que lograr caracterizar[3] una filosofía, un movimiento filosófico, no es tarea fácil, menos aun cuando ese movimiento ha sufrido numerosas transformaciones, bien sea porque ha renunciado él mismo a pertenecer a una particular filosofía o a llamarse de manera unívoca[4]. Todo lo contrario sucede con la filosofía analítica, pues ocurre algo que podríamos llamar, como reiterativamente se recuerda, una especie de "parecidos de familia" entre ciertos autores con sus diversas filosofías. No fue una simple reunión de amigos con un propósito soteriológico y hermético. Fue un encuentro cuyo deseo, más o menos común, fue la *claridad*. La tradición analítica no

> disfrutó de una metodología unitaria, ni muchos menos de un cuerpo de doctrina común. En particular, si se entiende por "filosofía analítica" un movimiento filosófico más amplio o general que la "filosofía del lenguaje", tal falta de consistencia metodológica o doctrinaria es aún más evidente. Por eso, cabe preguntarse si es posible una caracterización conceptual de la filosofía analítica a comienzos del siglo XXI. La caracterización, según se propone para este texto, solo es posible sobre una base axiológica, esto es, sobre la adhesión a un conjunto de "valores intelectuales" que dan una consistencia mínima al análisis filosófico tal como se practica en la actualidad[5].

---

[3] En la presentación oficial de la European Society for Analytical Philosophy se describe la filosofía analítica de este modo: "La filosofía analítica se caracteriza sobre todo por el objetivo de la claridad, la insistencia en la argumentación explícita y la exigencia de someter cualquier propuesta a los rigores de la evaluación crítica y la discusión".

[4] Entre los estudios más destacados que pretenden dicha caracterización se encuentra, entre otros, M. Dummett, *Origins of Analytical Philosophy* (Londres, Duckworth 1993).

[5] Bustos, E., "Perspectivas de la filosofía analítica en el siglo XXI", en: *Revista de Filosofía*, Vol. 31, número 2, 2006, p. 45.

Vale la pena recordar que Michael Dummett, en los mismos años en que en los Estados Unidos se anunciaba el *"giro post analítico"*, en su libro *La verdad y otros enigmas* de 1978, por ejemplo, proponía una redefinición de las tareas, del origen y de la praxis de la filosófica analítica y la caracterizó con tres principios comunes a saber: la meta de la filosofía es el análisis de la estructura del pensamiento, el estudio del pensamiento debe distinguirse tajantemente del estudio del proceso psicológico del pensar y el único método apropiado para analizar el pensamiento consiste en el análisis del lenguaje.

Ahora bien, a pesar de estos tres principios que nos servirían de ruta y con los que seguramente estemos muchos de acuerdo, la analítica no puede reducirse a eso, pues muchos de los que practican estos mismos principios, por ejemplo el norteamericano Richard Rorty, no se llamaría a sí mismo analítico. Por eso preferimos quedarnos con la ya reconocida conclusión que formuló en la introducción Javier Muguerza a la compilación titulada *La concepción de la filosofía analítica*, allí afirmaba el autor español que es

la filosofía analítica –no un cuerpo de doctrina, sino una actividad; no una escuela, sino un mosaico de tendencias; no una metodología convencional, sino un estilo de pensamiento– pues ella se ha venido entendiendo, a lo largo de casi tres cuartos de siglo de existencia, con suficiente flexibilidad como para garantizar un mínimo de consenso a sus diversos practicantes[6].

De este modo, todas las corrientes que se podrían alinear bajo el rótulo de la filosofía analítica cuentan con *un mismo aire de familia*, con *parecidos* que, si bien las hermana, no por ello las unifica, no por ello las cierra en sus análisis emprendidos. Prueba de ello es su punto de partida, su punto de llegada y sus

---

[6] J. Muguerza, "Esplendor y miseria del análisis filosófico", en: J. Muguerza (ed.), *La concepción analítica de la filosofía* (Madrid, Alianza 1981), p. 16.

ulteriores desarrollos, a saber, la filosofía del *atomismo lógico*, en un primer momento, la filosofía pragmática del *lenguaje ordinario* después, y ahora, sus desarrollos con el neopragmatismo, pues

hay un acuerdo general en torno a la idea de que la filosofía contemporánea se ha visto signada por lo que suele denominarse como giro lingüístico, en los últimos años se debate la posibilidad de concebir el desarrollo filosófico del último tercio del siglo XX como guiado por un giro pragmático[7].

Con todo lo anterior, no podemos hablar estrictamente de "una" filosofía analítica sino de una serie de corrientes filosóficas que se pueden reunir bajo ese rótulo. Rótulo que surge de la especial centralidad que conceden todas ellas al análisis del lenguaje. Recordemos que en 1903 Moore publica "Refutación del idealismo" y *Principia Ethica*, obras que permitieron poner la piedra fundamental y fundacional de lo que hoy conocemos como filosofía analítica. Pero no solo hicieron eso. Dichas obras también abrieron el camino a las de Russell y, más adelante, a las de una de las figuras más decisivas e influyentes, no solo de la tradición analítica, sino del panorama filosófico general, el austríaco Ludwig Wittgenstein.

Nuestra investigación comparte este aire de familia, este común denominador de toda la filosofía analítica, pero también es, por otro lado, una muestra fehaciente de las bifurcaciones que se dan dentro de ella. Prueba de ello es su punto de partida y su punto de llegada, a saber, la filosofía del *atomismo lógico* y la filosofía del *lenguaje ordinario*. Por eso este texto tiene como

---

[7] S. Cabanchik, F. Penelas, V. Tozzi, *El giro pragmático en la filosofía* (Barcelona, Gedisa 2003), p. 13. Cfr. el libro de H. Lenk, *Wittgenstein y el giro pragmático en la filosofía* (Córdoba, Ediciones del Copista 2005). El texto de Richard Bernstein es una buena introducción a las posibles relaciones entre el pragmatismo clásico con su resurgir desde la filosofía analítica. Cfr. R. Bernstein, *The Pragmatic Turn* (Cambridge, Polity Press 2010).

método, siguiendo el ya resaltado carácter pluridireccional de la filosofía analítica[8], *el análisis crítico* de los textos, de los trabajos y desarrollos de algunas de sus principales figuras. Las que, según nosotros, hayan abordado con mayor lucidez el problema del significado de los nombres. Es un método, es verdad, selectivo, pero de ningún modo cerrado. Este método, si bien hace una selección de determinadas líneas investigativas a tratar, no es excluyente; permite que un amplio abanico de representantes salga al escenario e intervenga en la discusión del problema de los nombres de ficción. Nuestro método restringe el número de autores pero deja abierta la posibilidad de su ampliación. Sucede lo mismo que en la metáfora del cazador: bebemos casi siempre de las mismas fuentes, pero estamos convencidos de que no son las únicas de las que se puede beber. El espíritu del filósofo, como advierte Goodman, es muy parecido al de don Juan Tenorio: *está adherido a ninguna o a demasiadas*. El investigador elige a ciertos autores postergando a otros. Mas, como don Juan, no renuncia definitivamente *a los amores* dejados a su paso.

Este escrito no es completamente lineal. En algunos tramos tiene una estructura *zigzagueante*. Estos movimientos de un lado para otro, de una teoría para otra, no son, de ninguna manera, un peligro para el buen término de nuestro viaje, sino

---

[8] A propósito Hans-Johann Glock en su libro *¿Qué es la filosofía analítica?* afirma que "Si la filosofía analítica no posee ningún método distintivo, tal vez sea al menos la líder de un estilo particularmente suyo. Bajo este espíritu, Bernard Williams ha sugerido que la filosofía analítica difiere de la variedad continental en que evita la oscuridad o bien utilizando 'un lenguaje moderadamente claro', o bien, cuando fuera necesario, recurriendo a términos técnicos. Pero la misma noción de claridad se encuentra en urgente necesidad de clarificación. (…) Y esto introduce una sugerencia final: que la filosofía analítica aspira al menos a la claridad de pensamiento y al rigor argumental. Las concepciones racionalistas definen a la filosofía analítica como una actitud general hacia los problemas filosóficos, actitud que subraya la necedad de argumentación y de justificación. Más esto sería, sin duda, la medula de la filosofía analítica". Cfr. H-J. Glock, *¿Qué es la filosofía analítica?* Trad. C. García Trevijano (Madrid, Tecnos 2012), pp. 37-38.

que, dado lo encontradas de las posiciones, sean tal vez la única estructura posible. El significado de los nombres de ficción debe tratarse desde varios puntos vista que nos permitan, al final, privilegiar a un camino por encima de otro. No por esto debe entender el lector que nuestra investigación no se acerca a una teoría más que a otra. Como bien escribe Wittgenstein en su prólogo a las *Investigaciones filosóficas* que, por la naturaleza de la investigación, "ella misma nos obliga a atravesar en *zigzag* un amplio dominio de pensamiento en todas las direcciones. –Las anotaciones filosóficas de este libro son como un conjunto de bosquejos de paisajes que han resultado de estos largos y enmarañados viajes"[9].

A los autores los hemos elegido porque han prestado una atención "destacada" al problema de la significatividad de los nombres. Nuestro trabajo ha sido *entresacar* de cada uno de ellos lo que ha dicho acerca del significado de los nombres que no cuentan con ejemplares. Posteriormente hemos organizado, analizado y contrastado todo el material entre sí. Cabe resaltar que hemos procurado que nuestra labor no se quede en una mera exposición o en un tratamiento del estado de la cuestión. *Compilamos lo ya conocido*, como diría Wittgenstein, no para *enredar* más el problema, sino para intentar descubrir *dónde se encuentra el nudo*, y de este modo, desatarlo. Nuestros guías serán Frege, Russell, Searle, Strawson, Kripke, Putnam, Wittgenstein y Goodman. Ellos animarán la discusión dando paso a otros autores como Eco o Doležel, a los que hemos tratado con menos detalle. El análisis de la ficción, como advierte

---

[9] L. Wittgenstein, *Investigaciones filosóficas*. Trad. A. García Suárez y U. Moulines (Barcelona, Crítica/ UNAM, 1988), p. 11, *Werkausgabe, Vorwort*, p. 231. Para este texto utilizaremos la edición de *Suhrkamp taschenbuch wissenschaft*. Cfr. L. Wittgenstein, *Werkausgabe Band 1. Tractatus logico-philosophicus.Tagebücher 1914-1916. Philosophische Untersuchungen* (Frankfurt am Main, Suhrkamp 1999). Incluiremos la traducción al español de las *Investigaciones filosóficas* de A. García Suárez y U. Moulines, luego añadiremos la página y el parágrafo, según el caso, correspondientes de la *Werkausgabe*.

Tolkien, es un terreno peligroso con trampas para los incautos y mazmorras para los temerarios. Por eso nos hemos rodeado de buenos compañeros de viaje que puedan acudir en nuestra ayuda si caemos en alguna trampa. Y si llegara el caso de que nuestra temeridad nos llevara a pasar una temporada en una mazmorra de la que no se pueda salir, esta buena compañía puede, en efecto, justificar por sí misma nuestras tribulaciones.

Hemos decidido dividir nuestro libro en cuatro grandes capítulos: los dos primeros son más un estado de la cuestión, permitiendo que tanto el tercero como el cuarto tengan desarrollos y propuestas de más alcance. En los dos últimos capítulos nos decantaremos por una línea propia para entender la significatividad de los nombres y, desde ella, la ficción misma. Veamos los capítulos con más detalle:

El primer capítulo tiene por título: "Frege y Russell: el inicio del problema de los nombres". Este es un capítulo *introductorio* en el que resaltaremos la importancia de estos dos pilares de la filosofía analítica que sostienen el problema de la significatividad de los nombres. A pesar de ser un capítulo *de iniciación* no deja de ser un intento por organizar y sentar firmemente las bases de la discusión de los nombres de ficción. Veremos, por una parte, la importante distinción que hace Frege entre el referente (*Bedeutung*) y el sentido (*Sinn*) de un nombre propio. El referente es su extensión, el particular al que el nombre señala, y el sentido *la cascada* de descripciones y propiedades con las que cuenta tal nombre. Para Frege el significado de un nombre se reduce a su sentido o conjunto de sentidos, es decir, el autor alemán reduce el significado de un nombre a sus propiedades, a sus descripciones y relaciones. Esto tiene importantes consecuencias para nuestra investigación, ya que los nombres de ficción no tienen referente alguno, pero sí un sentido que será suficiente para asegurar su significatividad. Posteriormente intentaremos con Russell responder, no solo al descripcionismo de Frege, sino también al inflacionismo propuesto por Meinong. Russell —apelando *al robusto sentido de la realidad*— afirma que muchos de los nombres que usualmente aceptamos como tales no dejan de ser meras descripciones abreviadas, es decir, que *no son verdaderos nombres* que etiqueten un objeto. A través del análisis propuesto por Russell constataremos que nombres como "sirena" o "unicornio" no son de ningún modo verdaderos nombres, pues no etiquetan nada en absoluto.

El segundo capítulo tiene por título: "Los senderos que se bifurcan: las teorías descripcionistas y las teorías de la referencia directa". Aquí veremos la importante influencia de Frege y de Russell en los desarrollos posteriores, representados por las teorías descripcionistas y las teorías de la referencia directa. Las teorías descripcionistas, representadas por Strawson y Searle, sostienen, contrariamente a nuestro inicial análisis russelliano, que el significado de un nombre no es su referente sino *el conjunto de reglas*, hábitos y convenciones, es decir, *el contexto*, que tiene el nombre. Para estos autores las oraciones que no cuentan con referente alguno simplemente *carecen de valor de verdad*, no son ni verdaderas ni falsas, pero continúan siendo oraciones perfectamente *significativas* pues basta con el *uso* que hacemos de ellas. Por otro lado, las teorías de la referencia directa, representadas por los norteamericanos Kripke y Putnam, afirman que la significatividad de un nombre está en la extensión y no en la intensión, pues un nombre se refiere siempre a un particular. Los nombres funcionan, como afirma Russell, como *etiquetas* que se pegan a los objetos nombrados. Dadas estas dos importantes respuestas para entender la significatividad de los nombres, si es el objeto mismo o el cúmulo de descripciones lo que da significatividad a un nombre, nos inclinamos —como se verá en el tercer capítulo a la luz de las tesis wittgensteinianas— por la teoría descripcionista porque, según nuestra tesis, recusa correctamente, no solo el *referencialismo* de la teoría de la referencia directa, sino también su *esencialismo*. Como diría Wittgenstein, el significado de un nombre es el cúmulo de descripciones, de apoyos, con los que cuenta. Ahora bien, ninguno de ellos es un *ingrediente necesario para la identificación del referente*, pues si llegara a faltar alguno bastaría con apoyarse en otro.

La filosofía también es el *arte de formular problemas lúcidamente*; de ahí que antes que dar soluciones primero esté el comprobar si en verdad tales problemas son problemas o no. En este espíritu *terapéutico* se mueve esta tercera parte de la investigación que se titula: "Wittgenstein y la perfecta significatividad de los nombres de ficción". Desde el mismo título se muestra nuestra preferencia por las teorías descripcionistas. El autor que va a acompañar todo este tramo de la investigación no será ni Strawson ni Searle, como podría pensarse en un primer momento, sino el Wittgenstein de las *Investigaciones filosóficas*. Aunque Wittgenstein no se refiriera propiamente a la significatividad de los nombres de ficción, su concepción general de los nombres permite que nos aventuremos en la reformulación del problema[10]. Nos enfrentamos, en primer lugar, al "axioma de la referencia" en el que se mueven las teorías referencialistas y, en segundo lugar, al ideal russelliano de encontrar un lenguaje lógicamente perfecto donde cada nombre se corresponda con el objeto nombrado. Recusadas estas dos concepciones, abordamos el problema de los nombres de ficción desde la idea de *las destrezas y las habilidades* para moverse dentro de ciertos universos lingüísticos como pueden serlo los de la literatura o el arte. En este capítulo, pasaremos de criterios meramente veritativos a criterios de aceptabilidad. De este modo los tradicionales criterios de significación darán paso a los criterios que abordan los distintos *contextos y usos* que hacemos de un nombre.

---

[10] Vale la pena recordar los trabajos realizados por Arthur C. Danto, especialmente el capítulo tercero de *La transfiguración del lugar común*, en los que desde la filosofía del segundo Wittgenstein aborda la relación de la filosofía con el arte en un sentido amplio. Cfr. A. C. Danto, *La transfiguración del lugar común. Una filosofía del arte*. Trad. Ángel y Aurora Mollá Román (Barcelona, Paidós 2002), pp. 93-138.

El cuarto y último capítulo de la investigación es un intento de trasladar gran parte de la discusión a los terrenos de la literatura. Este capítulo tiene por título: "El juego de la ficción: rutas, reglas, tejidos y mundos". Es un título que resume muy bien la intención de toda la tesis, a saber, tratar la ficción desde la concepción wittgensteiniana de *juego*. Como veremos, este será un capítulo *experimental* en el que se abordará el problema de los nombres de ficción desde su hábitat o, por decirlo de otro modo, desde su propia factoría, a saber, el *mundo* de la literatura. En este capítulo recuperaremos la teoría descripcionista y su visión pragmática del lenguaje, pero prestaremos especial atención a los trabajos de Searle y a su distinción entre el discurso literal y el discurso de ficción. Esta distinción implica que el discurso serio tiene que cumplir un cierto número de reglas. A diferencia del discurso de ficción, el cual está exento de tales exigencias. Así daremos protagonismo al juego de la ficción y a su particular manera de construir, *hacer mundos*, a sus licencias y a la importante participación del lector en la *realización*, como diría Goodman, de la obra. La literatura será la protagonista de este apartado[11].

---

[11] Un importante texto de los años noventa sobre la naturaleza de la ficción es el de Gregory Currie, *The Nature of Fiction*, en el que el autor indaga desde la filosofía el problema de la ficción. El autor a partir del problema de la verdad, de los nombres propios, de la creatividad, de la estructura misma de las historias de ficción y de su interpretación aborda, desde la relevancia del lenguaje, la relación del autor, del lector y del texto de ficción. Cf. G. Currie, *The Nature of Fiction* (New York, Cambridge University Press 1990). Otra importante investigación del problema de la ficción es la realizada por el profesor español Manuel García-Carpintero. Por ejemplo, en "Referencia y ficción", siguiendo lo expuesto en anteriores trabajos, afirma García-Carpintero que "la ficción consiste en objetos (inscripciones de oraciones, sucesos en un escenario, disposiciones de colores y formas sobre un lienzo, imágenes proyectadas en una pantalla, sonidos producidos por determinados instrumentos) creados con la función (que, como toda función, se puede realizar mejor o peor en casos dados, de acuerdo con ciertas normas) de producir en la audiencia actos de imaginar, imaginaciones, típicamente por medio de la simulación de que con esos objetos se llevan a cabo actos de significación comunes (aseveraciones, órdenes, encomios, reproches, descripciones, etc.). Además de las imaginacio-

Es oportuno resaltar que la distinción entre los discursos literales y los ficcionales permite también otros amplios y dispares desarrollos futuros, como puede ser el análisis detallado de hasta qué punto es posible distinguir con absoluta claridad cuándo un discurso es "serio" y cuándo no. Podemos participar en un discurso "serio" y, al cabo de un tiempo, comprobar con *sorpresa* que todo el discurso proferido hasta el momento ha sido de ficción. O puede suceder que no haya tal diferencia, que no existan de hecho los discursos "serios", sino que todos sean siempre ficcionales. Esto nos llevaría a la posición "nietzscheana" de Oscar Wilde, según la cual la ficción, en oposición a la verdad, *es más importante que la realidad misma*, pues es en la ficción donde el hombre despliega claramente todo su potencial creador. Estos son algunos de los caminos que sugerimos para la ampliación del presente trabajo.

Para terminar esta introducción queremos recordar lo que le decía Epicuro a Meneceo en una de sus cartas: "Que nadie, por joven, tarde en filosofar, ni, por viejo, de filosofar se canse, pues para nadie es demasiado pronto ni demasiado tarde en lo que atañe a la salud del alma". Con esta bella exhortación queremos hacerle ver al generoso lector que, como recomienda Epicuro, hemos intentado filosofar en la ejecución de este texto. Y en el intento ha sido inevitable que nuestros gustos y limitaciones personales no dejaran —y siguieran dejando— aquí su testimonio.

---

nes que una obra de ficción tiene como objeto provocar, la obra puede tener la función de provocar otros estados psíquicos asociados a las mismas (típicamente, sentimientos y emociones)". Cfr. M. García-Carpintero, "Referencia y ficción", en: D. Pérez Chico (coord.), *Perspectivas en la filosofía del lenguaje* (Zaragoza, Prensas de la Universidad de Zaragoza 2012), p. 307. También sus textos "Fiction-making as an Illocutionary Act", *Journal of Aesthetics and Art Criticism*, 65, (2007), pp. 203-216, "Indexicals as Token-Reflexives", *Mind*, (1998), pp. 107, 529-563 y "A Presuppositional Account of Reference-Fixing", *Journal of Philosophy*, xcvii (3), (2000), pp. 109-147.

1. FREGE Y RUSSELL: EL PROBLEMA DE LOS NOMBRES

INTRODUCCIÓN

Frente a la discusión *sobre los nombres propios y su significatividad*, dos personajes de suma importancia —el alemán Gottlob Frege (1848-1925) y el inglés Bertrand Russell (1872-1970)— centran, en gran medida, la atención de autores tan diversos como Moore, Wittgenstein, Searle, Strawson, Quine, Kripke y Putnam, entre otros filósofos y analistas del lenguaje. Frege y Russell se han convertido en los *ejes* de toda discusión que tenga que ver con los *nombres propios*. Sus trabajos, sus investigaciones y análisis han servido hasta el día de hoy para enriquecer el panorama de la filosofía, además de convertirse en los padres e iniciadores de lo que posteriormente a ellos se llamó la *filosofía analítica*[1]. Abordar el tema de los *nombres propios*,

---

[1] El profesor F. D'Agostini nos ilustra estos albores de la filosofía analítica en su obra *Analíticos y continentales. Guía de la filosofía analítica de los últimos treinta años*. En ella nos muestra la gran influencia que ejercieron Frege y Russell en la formación del movimiento analítico. Dice el historiador: "Para tener presentes todos estos aspectos se puede admitir que los 'precursores' del movimiento analítico han sido Frege, algunos discípulos de Brentano, los primeros lógicos polacos, Russell, Moore, el primer Wittgenstein, aunque el verdadero y propio

de las referencias y descripciones sin tener en cuenta a Frege

movimiento analítico surja más tarde con la confirmación autoconsciente de una 'filosofía lingüística', primero pensada como filosofía 'lógica' y después como análisis del lenguaje (ordinario o 'ideal'). En esta perspectiva, la fase inicial de la filosofía analítica puede ser ubicada a comienzos de la década de los treinta, cuando se inicia la publicación de la revista oficial del neopositivismo vienés, *Erkenntnis* (1930), y se funda, en Cambridge, *Análisis* (1933).

En la primera mitad de la década de los treinta también se fijan, en algunos aspectos, escritos canónicos de la corriente neopositivista y de la analítica, los principios esenciales de la filosofía 'lingüística': *Logische Syntax der Sprache* (Viena, Springer 1934) de Carnap, el ensayo 'Sistematically Misleading Expressions' de Gilbert Ryle (en *Proceeding of the Aristotelian Society*, 32, 1932) y *Lenguaje, verdad y lógica* de A. J. Ayer (1936). Es en esta misma época cuando se inicia, además, la difusión del pensamiento neopositivista en el mundo anglosajón.

Con la llegada al poder de Hitler (1933), muchos intelectuales alemanes, austriacos y polacos se ven obligados a emigrar. Los principales neopositivistas encuentran refugio en América, donde se genera una fecunda mezcla con el *pragmatismo*; o bien en Inglaterra, donde se inicia un diálogo (promovido sobre todo por Ayer) entre las ideas del Círculo de Viena y la tradición analítica inglesa. Sin embargo, en Inglaterra (en Cambridge, 1929, retornaba Wittgenstein, y desde 1930 comenzaba a enseñar en el Trinity College) el neopositivismo no obtenía un gran apoyo y, en cambio, se iba afianzando la tradición de análisis filosófico propuesta por Russell y Moore.

Por tanto, al final de la década de los treinta se perfila una situación bastante clara: el componente lógico-neopositivista se ha instalado en los Estados Unidos, mientras que el componente propiamente analítico se encuentra sobre todo ubicado en Inglaterra. En ambos casos, el trabajo de la filosofía se concibe como un análisis del lenguaje dotado de requisitos particulares de 'transparencia' y rigor. En ambas corrientes, el análisis filosófico se concibe de forma general como un análisis lógico, y la lógica se identifica como una estructura normativa única o como cierto orden interno del lenguaje a partir del cual podemos medir la corrección o la insensatez de los enunciados de la filosofía y disolver los pseudoproblemas". Cfr. F. D'Agostini, *Analíticos y continentales. Guía de la filosofía de los últimos treinta años*. Trad. M. Pérez Gutiérrez (Madrid, Cátedra 2000), pp. 247-249. Para profundizar en el inicio de la filosofía analítica podemos seguir las obras de A. Stroll, *La filosofía analítica del siglo XX.* Trad. J. F. Álvarez Álvarez y E. Bustos Guadaño (Madrid, Siglo XXI 2002), J. J. Acero, E. Bustos y D. Quesada, *Introducción a la filosofía del lenguaje* (Madrid, Cátedra 1996), J. J. Katz, *Filosofía del lenguaje*. Trad. M. Suárez (Barcelona, Ediciones Martínez Roca 1971). También la extensa introducción de Javier Muguerza a su selección de textos del pensamiento analítico. Cfr. J. Muguerza, "Esplendor y miseria del análisis filosófico", en: J. Muguerza (ed.), *La concepción analítica de la filosofía* (Madrid, Alianza 1986), pp. 15-138. Y las publicaciones de E. Lepore & B. Smith (eds.), *The Oxford Handbook of Philosophy of Language*

y Russell, bien sea para estar de acuerdo o en desacuerdo con sus tesis, es imperdonable, además de perjudicial, pues no se lograría entender, por ejemplo, el problema del significado sin sus aportes y discusiones iniciales. Como veremos a lo largo de este capítulo, tanto Frege como Russell sienten un gran aprecio por el ejercicio de las matemáticas y la lógica. Estas dos disciplinas se van a convertir en herramientas claves para exorcizar fantasmas y paradojas propios de nuestro lenguaje. Para tal fin, los dos autores sueñan con un lenguaje ideal, lógico y perfecto, lejos de la oscuridad y de la ambigüedad. La lógica será su más preciado aliado, pues "presenta [la lógica] un perfeccionamiento del lenguaje corriente, al eliminar la ambigüedad y la vaguedad. Por último, debido a que es un instrumento muy fino, puede resolver ciertos problemas persistentes"[2]. Los avances en filosofía analítica deben en gran medida su éxito a los trabajos realizados por Frege y Russell: por ejemplo, las *teorías descripcionistas* no dejan de estar en sintonía, como veremos, con el autor alemán; y por otro lado, *las teorías de referencia directa* deben su legado a la concepción referencialista de Russell, desarrollada con detalle en su teoría de las descripciones. Kripke decía precisamente en *El nombrar y la necesidad*:

> Quiero pagar el justo tributo al poder del complejo de ideas entonces predominantes, que emanan de Frege y Russell, y que yo entonces abandoné. La manera natural y uniforme como estas ideas parecen dar cuenta de una variedad de problemas filosóficos —su maravillosa coherencia interna— constituye una explicación adecuada de su perdurable atractivo. Yo mismo he quedado sorprendido por el predominio en la comunidad filosófica de algunas ideas que tienen poco y ningún atractivo para mí, pero

---

(Oxford, Oxford University Press 2006) y H-J. Glock, ¿*Qué es la filosofía analítica*? Trad. C. García Trevijano (Madrid, Tecnos 2012).

[2] A. Stroll, *La filosofía analítica del siglo XX. op. cit.*, p. 20.

nunca he colocado en esa categoría a la teoría descripcionista de los nombres propios. Aunque yo, junto con otros, siempre sentí que había algo torcido en ese edificio, me tomó mucho tiempo liberarme de su poder[3].

Al igual que Kripke, varios autores se dejaron seducir en sus inicios por Frege y Russell. Wittgenstein fue uno de ellos. El joven Wittgenstein, discípulo de Russell, ya escribía en una de sus cartas de 1912 la influencia que ejercía en él tanto la obra de Frege como la de su maestro Russell, y en menor medida la de Moore. En ella se expresaba así el autor del *Tractatus Logico-Philosophicus*:

Querido Sr. Russell:

He sentido la gran tentación de escribirle, aunque tengo muy poco que decirle. He estado leyendo una parte de los *Principia Ethica* de Moore (ahora, por favor, no se escandalice): no me gusta en absoluto. (Esto, totalmente aparte de discrepar con la mayoría de sus afirmaciones.) No creo –o mejor dicho, estoy seguro– que pueda soñar en compararse con las obras de Frege o con las de usted (excepto, quizá, algunos de los Ensayos Fil[losóficos]).
Un cordial saludo de

Ludwig Wittgenstein

P.S. Mi lógica está toda en el crisol[4].

---

[3] S. Kripke, *El nombrar y la necesidad*. Trad. M. M. Valdés (México, UNAM 1995), p. 11.

[4] La carta probablemente es del mes de junio de 1912, fechada por Russell. Cfr. L. Wittgenstein, *Cartas a Russell, Keynes y Moore*. Trad. N. Míguez (Madrid, Taurus 1979), p. 15.

1.1. FREGE: EL CAMINO DE LA LÓGICA Y LOS ALBORES DE LA FILOSOFÍA ANALÍTICA

Detengámonos, por el momento, en los interesantes aportes de uno de estos *ejes*: Frege. Gottlob Frege es considerado por muchos biógrafos —entre los que vale la pena resaltar a M. Dummett, A. Kenny, A. Tomasini y M. Ml. Valdés Villanueva— como el padre fundador del movimiento filosófico más influyente del siglo XX, a saber, la *filosofía analítica*. Podemos decir, con ellos, que, si Aristóteles fue el fundador de la lógica, Frege la volvió a fundar

y en el período que va desde su tiempo hasta el día de hoy, la lógica ha avanzado más rápida y profundamente de lo que lo hizo durante todas las centurias que separaron a Frege de Aristóteles. (...) De este modo, la obra de Frege como lógico sigue ejerciendo hoy sus efectos sobre las vidas de multitud de personas anónimas diseminadas por todo el mundo[5].

Veamos brevemente su camino filosófico.

La carrera intelectual de Frege[6] puede dividirse en cinco períodos diferentes, todos ellos delimitados por sus obras

---

[5] A. Kenny, *Introducción a Frege*. Trad. C. García Trevijano (Madrid, Cátedra 1997), p. 270. El reconocido analítico mexicano Alejandro Tomasini Bassols afirma: "...eso que se conoce como 'filosofía del lenguaje' es una rama de la filosofía de la que si podemos decir que si alguien la fundó ese alguien fue Gottlob Frege (...) él como pocos impulsó los debates y las investigaciones en cierta dirección y eso basta para que se le considere como un pensador pionero de primera línea". Cfr. A. Tomasini, *Filosofía analítica: un panorama* (México, Plaza y Valdés 2012), pp. 45-46.

[6] Escribe Michael Dummett en su libro *Frege. Philosophy of Language* que: "Gottlob Frege fue un matemático que tuvo como estudiante algunos conocimientos de física y de filosofía. Su obra matemática se circunscribe prácticamente por completo a la lógica matemática y a los fundamentos de la matemática. La investigación de estas áreas lo llevó a trabajos de carácter filosófico más que matemático; pero de nuevo, su trabajo fue de poco alcance, apenas traspasaba

correspondientes. El primero de ellos comprende la publicación de la obra *Conceptografía*[7], que data del año 1879, en la que el autor alemán tiene como primera preocupación la necesidad de *fundamentar las matemáticas sobre bases firmes valiéndose de la lógica*. El segundo período comprende el año 1884, cuando publica su obra *Los fundamentos de la aritmética*[8]. En este libro, Frege comienza a moverse en los terrenos de la lógica filosófica, con el propósito de "elucidar" ciertos problemas de lógica y aritmética, reduciendo la aritmética a la lógica. Dice el profesor L. Ml. Valdés Villanueva que Frege en este período intentará demostrar que tanto Kant como Mill estaban equivocados sobre el *status* de las verdades aritméticas, "uno al pensar que eran verdades sintéticas *a priori* y el otro considerando que su *status* era empírico"[9]. El tercer período se da entre 1893 y 1903 con la publicación —respectivamente— del primero y segundo volumen de los *Principios de la aritmética*[10]. En esta obra, Frege presenta de manera formal la construcción logicista de la aritmética sobre la base de la pura lógica. Este texto proponía un conjunto de axiomas que fueran con toda evidencia *verdades lógicas*. En este libro "Frege muestra cómo reemplazar la noción aritmética general de número por nociones lógicas tales como la noción de concepto,

---

el ámbito de la filosofía lógica y de la filosofía de las matemáticas". Cfr. M. Dummett, *Frege. Philosophy of Language* (London, Duckworth 1981), p. 13.

[7] Cfr. G. Frege, *Conceptografía. Los fundamentos de la aritmética. Otros estudios filosóficos*. Trad. H. Padilla (México, UNAM 1972).

[8] G. Frege, *Fundamentos de la aritmética*. Trad. J. Mosterín. En: G. Frege, *Escritos filosóficos* (Barcelona, Crítica 1996), pp. 31-132.

[9] L. Ml. Valdés Villanueva, "Presentación", en: G. Frege, *Investigaciones lógicas*. Trad. L. Ml. Valdés Villanueva (Madrid, Tecnos 1984), p. 11.

[10] En este período Frege hizo reseñas y atacó mordazmente, entre otros textos, *La filosofía de la aritmética* (1890-1901) de E. Husserl, crítica que asumió Husserl, y que lo llevó a abandonar el psicologismo que anteriormente había defendido. Esta crítica llevó a Husserl a unir fuerzas con Frege en contra del psicologismo. Cfr. A. Kenny, *Introducción a Frege*, op. cit., p. 23.

la noción de objeto que cae bajo un concepto, la equivalencia entre conceptos y la noción de extensión de un concepto"[11].

Frege publica en los años 1891-1892 tres artículos que van a ser capitales para toda la filosofía del lenguaje contemporánea: "Función y concepto", "Sobre sentido y referencia" y "Sobre concepto y objeto"[12]. En estos textos, Frege tratará básicamente la distinción entre sentido *(Sinn)* y referencia *(Bedeutung)*. En este período nos detendremos con detalle unas líneas más adelante, ya que aquí con dichas distinciones se marca un hito en el análisis del lenguaje. El cuarto período intelectual del autor alemán, dicen sus biógrafos, es *extremadamente corto*. Se compone de poco más de un año, desde la publicación del segundo volumen de *Principios de la aritmética* (1903) hasta un año después, donde el autor cae en una profunda depresión, debido —posiblemente— a la poca acogida de sus obras y a las críticas hechas por Russell[13].

---

[11] A. Kenny, *Introducción a Frege, op. cit.*, p. 19. Nos recuerda Kenny que a pesar de que *Los principios de la aritmética* es una obra de gran calado, en su momento no tuvo mayor recepción. Solo se hicieron de ella unas pocas críticas y todas ellas hostiles, condenando "virtualmente" el libro por casi veinte años al olvido.

[12] Estos tres artículos se encuentran reunidos en: G. Frege, *Escritos lógico-semánticos*. Trad. C. R. Luis y C. Pereda (Madrid, Tecnos 1974). No obstante, seguiremos la traducción de U. Moulines del artículo "Sobre sentido y referencia". Cfr. G. Frege, "Sobre sentido y referencia". Trad. U. Moulines, en: L. Ml. Valdés Villanueva (ed.), *La búsqueda del significado* (Madrid, Tecnos 1991).

[13] Nos dicen A. Kenny y L. Ml. Valdés Villanueva que, cuando el segundo volumen de *Los principios de la aritmética* estaba en prensa (1902), Frege recibió una carta de Russell en la que le advertía que el quinto axioma de su obra hacía *inconsistente el sistema entero*. Escribe Kenny que: "Este axioma establece en efecto que si todo F es G, y todo G es F, entonces la clase de los Fs es idéntica a la clase de Gs, y viceversa: era el axioma que, en palabras de Frege, permitía 'la transición de un concepto a su extensión', transición que era esencial si había que establecer que los números eran objetos lógicos. Con este axioma, el sistema de Frege permitía la formación de la clase de todas las clases que no son miembros de sí mismas. Pero la formación de una clase tal, advertía Russell, conduce a una paradoja: si es miembro de sí misma, entonces no es miembro de sí misma; si no es miembro de sí misma, entonces es miembro de sí misma. Un sistema que conduzca a semejante paradoja no puede ser lógicamente correcto". Y unas

El último período se puede ubicar desde la depresión y el desencanto de Frege hasta su muerte en 1925. En este período el autor alemán se alejó considerablemente de la escritura. Solo unos años antes de su muerte comenzó a trabajar en un nuevo tratado de lógica filosófica, en el que refleja nuevamente su interés en la relación entre lógica y psicología filosófica y en las discusiones sobre la naturaleza del pensamiento y la inferencia. De este intento "fallido" surgieron tres valiosos artículos: "El pensamiento: una investigación lógica" (1918-1919), "La negación: una investigación lógica" (1919) e "Investigaciones lógicas. Tercera parte: composición de pensamientos" (1923). Posteriormente a su muerte estos textos se conocieron bajo el nombre de *Investigaciones lógicas*[14], nombre que Frege había concebido para dichos trabajos tiempo atrás. Escribe M. Dummett en su libro *Frege. Philosophy of Language*:

> Su vida fue *una vida* de desilusión y de frustración. Transcurrió casi completamente, hasta su retiro, en la Universidad de Jena y sus energías se agotaron completamente por cuenta de su trabajo académico: no fue uno de esos profesores que escriben sobre asuntos de interés general o toman partido en asuntos públicos o en controversias[15].

Este fue su itinerario filosófico, convirtiéndose en punto de referencia para Russell y los llamados neopositivistas. Como dice de él D'Agostini: "Frege anticipó el 'giro lingüístico' en todas sus variantes, promoviendo incluso el interés por el

---

líneas más adelante. "No sin razón, Frege cayó en un amargo abatimiento ante este descubrimiento, aunque se afanó en recomponer su sistema debilitando el axioma responsable. La paradoja y su pretendida solución fueron descritas en un apéndice al segundo volumen de los *Grundgesetze* cuando apareció en 1903". Cfr. A. Kenny, *Introducción a Frege, op. cit.*, pp. 23-24.

[14] Cfr. G. Frege, *Investigaciones lógicas*. Trad. L. Ml. Valdés Villanueva (Madrid, Tecnos 1984).

[15] M. Dummett, *Frege. Philosophy of Language, op. cit.*, p. 13.

lenguaje ordinario y por aspectos ejecutivos, pragmáticos del lenguaje"[16]. Ahora detengámonos —como habíamos anunciado— en el tercer período, propiamente en la distinción entre el *sentido* y la *referencia*, distinción con la que se aseguró un lugar importante, sin duda, en la filosofía analítica[17].

Los trabajos anteriores de Frege lanzaron a la filosofía a replantearse de nuevo varios problemas de antaño, como el problema de la igualdad o identidad, problema que desde los griegos, pasando por la modernidad, dejaba innumerables propuestas y salidas en falso. Frege y Russell propusieron las dos soluciones más importantes para abordar el tema. La solución de Frege se desarrolla con más detalle en su artículo de 1892 "Sobre sentido y referencia". En él, el autor aborda desde las primeras líneas el problema de la "identidad" con estas preguntas: ¿es la igualdad una relación?, ¿es una relación entre objetos?, ¿o bien entre nombres o signos de objetos? Frege se inclina por esta última. Ya veremos por qué.

Frege, a partir de los análisis que hace sobre enunciados de identidad *no triviales*, distingue entre el sentido *(Sinn)* y la referencia *(Bedeutung)* de un nombre propio. Nos dice el autor alemán en su artículo de 1892 "Sobre sentido y referencia" que:

> a=a y a=b son evidentemente enunciados de diferente valor cognoscitivo: a=a vale *a priori* y, siguiendo a Kant, puede denominarse analítico, mientras enunciados de la forma a=b contienen frecuentemente ampliaciones muy valiosas de nuestro conocimiento y no siempre pueden justificarse *a priori*. (...) Ahora bien, si en la igualdad quisiéramos ver una relación entre aquello a lo que los nombres "a" y "b" se refieren, no parecería que a=b pudiera ser distinto de a=a, siempre que a=b fuera cierto[18].

---

[16] F. D'Agostini, *Analíticos y continentales. Guía de la filosofía de los últimos treinta años, op. cit.*, p. 246.
[17] J. Searle (ed.), *The Philosophy of Language* (Oxford, Oxford University Press 1971), p. 2.
[18] G. Frege, "Sobre sentido y referencia", *op. cit.*, p. 24.

Como advertimos, el propósito de la distinción entre *sentido* y *referencia* era el de dar una explicación de los enunciados de "identidad" *no triviales*. Traigamos algunos ejemplos, para entender mejor esto. Primero, hay enunciados *tautológicos* llamados *triviales* como "Napoleón es Napoleón" o "el emperador es el emperador"; enunciados obvios, que tienen una verdad que es *necesaria*. Y hay también enunciados de *identidad no triviales*, esto es, enunciados del tipo "a=b" que, como advertimos, suelen ser sintéticos, empíricos y *a posteriori*. Este tipo de enunciados, a diferencia de los *triviales*, no son tautológicos, obvios, ni repetitivos, sino por el contrario "aumentan el saber" (como lo son los juicios sintéticos) brindándonos más información. Por ejemplo: "Napoleón es el emperador de Francia" o "el emperador de Francia es el novio de Josefina". Este segundo tipo de enunciados —los no triviales— tienen dos características importantes: la primera es que salvaguardan la identidad (referente-individuo) y la segunda es que salvaguardan la informatividad (el sentido-información). Esta es la solución bifronte que da Frege al problema de la informatividad de los enunciados de identidad. Es decir, un enunciado de identidad —como veremos más adelante— será verdadero cuando los nombres que en él aparezcan tengan la misma extensión y la misma referencia y será informativo cuando tenga distinto sentido.

Pensemos en otros ejemplos: "2+2=4" y "2x2=4" expresan distintos pensamientos, enuncian algo distinto, pero no obstante se puede sustituir "2+2" con "2x2" porque ambos signos tienen el mismo referente. Estos ejemplos nos llevan a afirmar que, para Frege, la igualdad de referente no tiene como consecuencia la igualdad de pensamiento. El hecho de que dos enunciados tengan la misma referencia no quiere decir que tengan el mismo sentido. Para Frege *el sentido de una proposición es el pensamiento que es su contenido*, y este a su vez está determinado por los sentidos de las partes constitutivas de la proposición.

Tomemos el clásico ejemplo de Frege expuesto en un importante artículo de 1891, "Función y concepto", que dice así:

Cuando decimos "la estrella de la noche es un planeta de órbita más pequeña que la tierra" hemos expresado otro pensamiento que en la proposición "la estrella de la mañana es un planeta de órbita más pequeña que la de la tierra", pues quien no sabe que la estrella de la mañana es la estrella de la noche, podría tomar una proposición por verdadera, la otra por falsa. No obstante, debe ser el significado de ambas proposiciones el mismo porque solamente son intercambiables la una con la otra las palabras "estrella de la noche" y "estrella de la mañana", las cuales tienen el mismo sentido, esto es, son nombres propios del mismo cuerpo celeste[19].

Este es un ejemplo clásico de la tradición analítica, que también podría enunciarse de esta manera: "El lucero matutino es el lucero vespertino".

Este ejemplo tiene la riqueza de dejarnos ver que, a diferencia de un enunciado de identidad del tipo "a=a", *aumenta el conocimiento*, el saber, ya que su verdad no es obvia (tautatológica), como sí lo puede ser el enunciado del tipo "el lucero vespertino es el lucero vespertino". La verdad del enunciado *no trivial* depende única y exclusivamente de la experiencia.

El enunciado "el lucero matutino es el lucero matutino" es, sin lugar a dudas, analíticamente verdadero, a diferencia del enunciado "el lucero matutino es el lucero vespertino", que de inmediato comprobamos que es un conocimiento producto de un descubrimiento de la astronomía, y por lo mismo su carácter es de informatividad siendo su valor cognitivo muy diferente al que nos puede brindar un enunciado obvio o trivial. Los enunciados del tipo "a=b" tienen una *referencia*

---

[19] G. Frege, "Función y concepto", en: G. Frege, *Escritos lógico-semánticos*, op. cit., p. 18.

común, la misma extensión, el mismo referente que garantiza la relación de igualdad enunciada, mientras que los diferentes sentidos del nombre posibilitan el carácter informativo que poseen tales enunciados, es decir, *esto hace que la oración sea significativa*[20].

El conocimiento de que nos estamos refiriendo a la misma "estrella" *con una descripción especial* —es decir, una igualdad de la extensión de los conceptos— es lo que hace que para Frege la oración sea significativa y no trivial. Como dice el autor alemán en su artículo "Sobre sentido y referencia": "La referencia de 'lucero vespertino' y de 'lucero matutino' sería la misma, pero el sentido no sería el mismo"[21]. Tal proposición contiene como sentido un pensamiento que tiene un valor veritativo, es decir, o es verdadero o es falso; esto es, tiene en general un valor de verdad que hay que comprender desde la extensión misma de la proposición, por ejemplo, cuando afirmamos que el número "4" es el referente de la expresión "2+2", o que "Londres" es la extensión de la expresión "la capital de Inglaterra".

Desde los anteriores ejemplos, tenemos entonces las herramientas suficientes para afirmar que la referencia es la objetividad a la que designa, denota o nombra la oración, es decir, *el referente* ("Napoleón", "4", "Londres" o "Venus"); a esto lo llamó Frege, *Bedeutung*, y a la idealidad objetiva que captamos cuando comprendemos un nombre y una proposición la llamó sentido, en alemán *Sinn,* como: "Napoleón=el emperador de Francia", "4=2+2", "Londres=la capital de Inglaterra" o "Venus=el lucero matutino o vespertino". El sentido es la *intensión*, descripción, propiedad y relación de un nombre. Y por su parte la referencia es el individuo, el particular, la extensión a la

---

[20] Cfr. M. M. Gómez Alonso, "Individuos. Descripción y referencia en la filosofía analítica contemporánea", en: *Cuadernos salmantinos de filosofía* (Salamanca, Universidad Pontificia de Salamanca 2004), p. 137. En adelante citaremos este texto como "Individuos".

[21] G. Frege, "Sobre sentido y referencia", *op. cit.*, p. 25.

cual nos referimos[22]. De este modo, para Frege toda expresión significativa tiene un sentido, un *Sinn*, y también, —*según el caso*— un referente, un *Bedeutung*. Decimos que *según el caso*, puesto que nos hacemos las siguientes preguntas: ¿qué pasa con aquellas oraciones igualmente significativas que carecen de referente, de *Bedeutung*?, ¿qué pasa con aquellos nombres que *no* gozan de un referente?, ¿dejan, por lo tanto, de ser significativas las oraciones?, ¿se puede hablar de que aquellas oraciones dejan de ser verdaderas por el hecho de carecer de referente?, ¿dejan de tener *valor veritativo*? Respondamos a esta última pregunta. Según Frege, la referencia de una proposición es su valor de verdad: la referencia de todas las proposiciones verdaderas es lo verdadero y la referencia de todas las proposiciones falsas es lo falso. *El valor veritativo de una proposición es su referencia*. Frege escribe en "Sobre sentido y referencia":

> Por esto nos vemos impulsados a admitir el *valor veritativo* de un enunciado como su referencia. Por valor veritativo de un enunciado entiendo las circunstancias de que sea verdadero o de que sea falso. No hay más valores veritativos. En aras de la brevedad, al uno lo llamo lo verdadero, al otro lo falso. Cada enunciado asertivo, en el que tenga importancia la referencia de las palabras, debe ser considerado, pues, como un nombre propio, y su referencia, caso de que exista, es o bien lo verdadero o bien lo falso. Estos dos objetos son admitidos, aunque sólo sea tácitamente, por todo aquel que emita juicios, que tenga algo por verdadero, o sea, también por el escéptico[23].

---

[22] Hemos tenido que decidirnos para el desarrollo de nuestra investigación por una traducción estándar tanto de *Bedeutung* como de *Sinn*, esto es, "referencia" y "sentido" respectivamente. Ahora bien sabemos que esta traducción no es del todo precisa pero sí la que más se ajusta a nuestro trabajo. Estos dos términos alemanes, como advierte Stroll, se han traducido de maneras muy diversas, por ejemplo: "*Sinn*" como "sentido", "significado", "concepto", "intensión", "connotación" y "designación". "*Bedeutung*", por su parte, como "significado", "referente", "nominatum", "objeto", "extensión" y "denotación". Cfr. A. Stroll, *La filosofía analítica del siglo XX*, op. cit., p. 32.

[23] G. Frege, "Sobre sentido y referencia", *op. cit.*, p. 31.

Ahora bien, volviendo atrás, si el *valor veritativo* de una oración lo da la referencia, ¿qué pasa con las oraciones que carecen de ella?, ¿qué pasa con los enunciados que contienen nombres propios sin referencia? Frege piensa que enunciados del tipo: "Ulises fue dejado en Ítaca profundamente dormido" tienen evidentemente un sentido. Pero, ya que es "dudoso" que el nombre "Ulises" tenga un referente, una extensión, por consiguiente será dudoso que lo tenga el enunciado entero, es decir, es "dudoso" que la oración "Ulises fue dejado en Ítaca profundamente dormido" tenga *Bedeutung*. Los enunciados donde aparecen nombres de entes de ficción, nombres sin referente, nombres que, como "Ulises", "Hamlet", "Quijote", "Zorba", "sirena" o "unicornio", para Frege claramente tienen un sentido, puesto que tienen una intensión y ella es suficiente para la significatividad del nombre. Esto implica, por lo tanto, la identificación del significado de un nombre con su sentido. El significado de un nombre es el *conjunto de sentidos*. Para Frege se reduce el significado de un nombre a las propiedades, relaciones y descripciones. De ahí que estos nombres (carentes de referencia) no necesitan nada más para contar con significatividad.

Tenemos entonces que, con la identificación del significado con su sentido, Frege supera en un primer momento el escollo que representa la existencia de nombres que carecen de referente, sin embargo, hay que decir que para el autor alemán estos nombres no dejan de ser un modo defectuoso de los lenguajes naturales. Un lenguaje que estuviera perfectamente regulado, es decir, donde cada término gozara tanto de *Sinn*, como de *Bedeutung*, no tendría tal escollo a superar, las "confusiones" se repararían de inmediato y por lo mismo ningún nombre sería puesto en duda ya que contaría siempre con su *respaldo extensional*.

Todo esto quiere decir que, cuando se intenta "avanzar más allá", es decir, preguntar por el valor veritativo de estos enunciados, ellos mismos quedan en evidencia, mas no sin sentido.

Esta evidencia solo sale a la luz cuando se desea saber cuál es el valor veritativo, cuando se desea tomar el enunciado bien sea por falso o verdadero; en este momento es cuando "urge" que nombres como "Ulises" tengan una referencia puesto que, si no es así, no habría nada que nos permitiera decidir si el predicado a él atribuido es verdadero o falso. Según Frege, lo que nos lanza a "avanzar más allá" del sentido es nuestro afán e *inquietud científica*, en una palabra, nuestro afán por la verdad. Es la búsqueda de la verdad, afirma Frege, lo que nos incita a avanzar del sentido a la referencia.

Cuando se da esta búsqueda y nos preguntamos por la verdad y no por el sentido de un nombre como "Ulises", "Hamlet" o "Quijote", abandonamos de inmediato el goce estético y entramos, de este modo, en un examen científico, algo que el mundo literario, por supuesto, no resiste. Según esto, la pregunta por la verdad o falsedad de un "nombre" no debe hacerse si se quiere seguir disfrutando, sintiendo y ser por lo tanto "inocentes" frente a la obra o el "poema épico", ya que como dice Frege: "El pensamiento pierde valor para nosotros tan pronto como vemos que a una de sus partes le falta la referencia"[24]. Con todo esto podemos decir que la literatura no exige tal valor, la lógica, por supuesto, sí. A propósito Gareth Evans en su artículo "La comprensión de los demostrativos" advierte que Frege era consciente que, en el lenguaje, los nombres carentes de referente pueden ser usados en la ficción, pues, aunque el cuento de "Guillermo Tell" es una *imitación* de un nombre propio, ya que es una leyenda y no una historia, no se le puede negar propiamente un sentido a dicho nombre. No es que sea falso, sino que carece de valor de verdad, se mueve dicho nombre en el plano de la ficción. Dichos nombres podrían llamarse ficticios o si se quiere "imitación" de nombres propios. Continúa Evans:

---

[24] G. Frege, "Sobre sentido y referencia", *op. cit.*, p. 30.

Frege no hizo las mismas afirmaciones inflexibles acerca de los términos singulares vacíos, a pesar del hecho de que la motivación es precisamente la misma –de hecho, Frege trata frecuentemente los dos casos juntos– por inclinación a considerar a los términos singulares vacíos como *ficticios* (o míticos). En lugar de simplemente decir "los nombres propios deben tener una referencia" dice: "dejando de lado los mitos y las ficciones, los nombres propios deben tener una referencia". Frege estaba perfectamente consciente de que el lenguaje podía ser usado en la ficción, la narración y el drama, y parece haber estado dispuesto a considerar el uso serio de un término singular vacío como si perteneciera a esta clase; dice que, sin saberlo, el hablante ha "caído en la esfera de la ficción"[25].

Algunos autores han considerado a Frege por estos aportes *como uno de los grandes iniciadores de la moderna reflexión del lenguaje*. Aunque sus aportes no carecían completamente de antecedentes —muchos de estos problemas, la igualdad, la distinción entre aserción y predicación, habían sido objeto de reflexión de los filósofos escolásticos—, esto no fue un impedimento para que este genial autor se convirtiera en el referente de la filosofía analítica[26]. A propósito escribe M. Dummett en su libro *Frege. Philosophy of Language*:

> Creía que su trabajo no había tenido respuesta y se sentía tan aislado e incomprendido tanto en Jena como en las comunidades matemática y filosófica. Sin embargo, a pesar del aparente pequeño alcance de su trabajo y de su propia creencia de que se

---

[25] G. Evans, "La comprensión de los demostrativos", en: G. Evans, *Ensayos filosóficos*. Trad. A. Tomasini (México, UNAM 1996), p. 327.

[26] Dice A. Kenny: "Frege ha sido superado sólo por Platón y Descartes. Al igual que ellos, y por encima de todos los otros filósofos, poseía el don de escribir una prosa que es accesible y atractiva a la primera lectura, pero cuya relectura devuelve dividendos durante toda la vida". Cfr. A. Kenny, *Introducción a Frege*, op. cit., p. 274.

había topado con una incomprensión o negligencia prácticamente totales, hoy está considerado, al menos por filósofos y matemáticos, como una de las grandes figuras de los últimos cien años[27].

Veremos, más adelante que, no solo Russell o Wittgenstein se han detenido en sus análisis, trabajos y distinciones. Esta distinción, por ejemplo, entre *sentido y referencia*, marcará de manera importante el camino de la filosofía del lenguaje, y en especial influirá a las llamadas *filosofías del sentido*, aquellas que pregonan la importancia del *contexto*, entre las que se encuentran autores de la talla de Strawson y Searle. Terminemos este punto con las palabras de D'Agostini en la obra ya citada, *Analíticos y continentales. Guía de la filosofía de los últimos treinta años* en la que afirma que:

> Todo esto nos serviría para identificar a Frege como padre del análisis del lenguaje "ideal"; aunque en la tarea de la construcción del lenguaje ideográfico, como en las investigaciones sobre el concepto de número, Frege se centró en un profundo análisis del lenguaje ordinario, descubriendo específicos problemas lógicos y lingüísticos y formulando teorías que se convertirían después en clásicas. En definitiva, es posible hablar de un "paradigma fregeano" sobre el cual encaja substancialmente toda filosofía analítica del lenguaje[28].

1.2. RUSSELL: EL LENGUAJE "IDEAL" Y LA TEORÍA DE LAS DESCRIPCIONES

El otro *eje* de la discusión sobre los nombres propios es el inglés Bertrand Russell[29]. Este prolífico autor dedicó, a lo largo

---

[27] M. Dummett, *Frege. Philosophy of Language, op. cit.*, p. 31.
[28] F. D'Agostini, *Analíticos y continentales. Guía de la filosofía de los últimos treinta años, op. cit.*, p. 257.
[29] El profesor G. H. Von Wright en su "A Biographical Sketch" de Wittgenstein

de su carrera intelectual, parte de su obra a la discusión sobre el problema de la *referencia y la descripción*. Russell, junto con Moore, fue uno de los autores que se rebeló a comienzos de siglo contra el hegelianismo imperante en las facultades de filosofía inglesa.

Escribe Quine: "El nombre de Russell es inseparable de la lógica matemática, que le debe mucho, y fue ante todo Russell quien la convirtió en un tema de inspiración para los filósofos"[30]. De este modo, Russell, junto a Alfred North Whitehead, elaboró un tratado de lógica matemática, titulado *Principia Mathematica* (1910-1913), en el que retomó el proyecto de Frege tratando de demostrar que *la matemática es una rama de la lógica* (tesis logicista), ya que se puede reducir la aritmética a proposiciones que contengan solamente conceptos lógicos, tales como constantes, cuantificadores, variables y predicados. Russell no solo tiene este deseo logicista, sino que también quiere concebir un *lenguaje lógicamente perfecto*. Esto quiere decir un lenguaje claro y preciso, en el que se elimina toda ambigüedad y vaguedad. Russell logra, en parte, esta última meta con su *teoría de las descripciones*.

---

nos recuerda el floreciente momento intelectual de Cambridge. Dice el autor: "La década anterior a la Primera Gran Guerra fue un período de excepcional actividad en Cambridge. Bertrand Russell había llegado al *summum* de sus poderes. Russell y A. N. Whitehead escribieron *Principia Mathematica*, un hito en la historia de la lógica. El filósofo más influyente era G. E. Moore. Pronto intimó Wittgenstein con Russell, y conoció mucho de Moore y Whitehead. Entre los amigos de Wittgenstein durante sus primeros años en Cambridge debe ser también mencionado J. M. Keynes, el economista, G. H. Hardy, el matemático, y el lógico W. E. Jonson". Cfr. G. H. Von Wright, "A Biographical Sketch", en: N. Malcolm, *Ludwig Wittgenstein: A Memoir* (Oxford, University Press 1984), pp. 16-17.

[30] W. V. Quine, "El desarrollo ontológico de Russell", en: W. V. Quine, *Teorías y cosas*. Trad. A. Zirión (México, UNAM 1986). También vale consultar los textos de Alejandro Tomasini, a propósito de la obra filosófica de Russell y su ulterior influencia en la obra de Wittgenstein. Cfr. A. Tomasini, *Los atomismos lógicos de Russell y Wittgenstein* (México, Instituto de Investigaciones Filosóficas, UNAM 1986) y A. Tomasini, *Una introducción al pensamiento de Bertrand Russell* (Zacatecas, Universidad Autónoma de Zacatecas 1992).

En 1905 expone en la revista *Mind*[31] su teoría de las descripciones en un artículo titulado "Sobre la denotación"[32]. Allí, propiamente y por primera vez, Russell centra su atención en el problema de los nombres propios y las descripciones. Ahora bien, hay recordar que, a pesar de que esta teoría de las descripciones sufrió a lo largo de los años muchas modificaciones por el mismo Russell, esta le bastó para asegurarle un lugar en la posteridad filosófica. De hecho, puede decirse sin más que su reconocimiento filosófico se debió a esta teoría, ya que, como advertimos, el autor inglés no solo fue fecundo en su actividad filosófica y matemática, sino que también se destacó en diferentes campos de la actividad intelectual, pues la diversidad de sus intereses fue tan grande como la complejidad de su personalidad[33].

---

[31] Sobre su publicación, contratiempos y aceptación, nos cuenta el mismo Russell: "Esta doctrina pareció tan descabellada al director, que me rogó volviera a considerarla y que no le pidiese publicarla como estaba. Yo estaba persuadido de su solidez, sin embargo, y no cedí. Después fue generalmente aceptada y llegó a ser considerada como mi contribución más importante a la lógica. Es cierto que existe hoy una nueva reacción contra ella, de parte de los que no creen en la distinción entre nombres y otras palabras. Pero creo que esta reacción se produce solamente entre los que nunca han intentado ocuparse de la lógica matemática. En todo caso, nunca he podido encontrar validez en sus críticas. Admitiré, no obstante, que la doctrina de los nombres quizá sea un poco más difícil de lo que pensé en otro tiempo". Cfr. B. Russell, *La evolución de mi pensamiento filosófico*. Trad. J. Novella Domingo (Madrid, Alianza 1982), p. 85.

[32] B. Russell, "Sobre la denotación". Trad. J. Muguerza, en: B. Russell, *Lógica y conocimiento. Ensayos 1901-1950* (Madrid, Taurus 1966), pp. 51-74.

[33] Resalta Antonio Pintor-Ramos que: "(...) la personalidad de Russell es quizá la más destacada del mundo intelectual británico del siglo XX; su ingente obra abarca desde las matemáticas y la lógica hasta los más diversos temas filosóficos; a ello acompañó una amplísima y polémica labor de activista y reformador en los ámbitos social, político y pedagógico, la cual no sólo generó una amplia producción escrita, sino que le condujo a posturas que le llevaron a la cárcel o le vetaron al acceso a algunos puestos docentes". Cfr. A. Pintor-Ramos, *Historia de la filosofía contemporánea, op. cit.*, p. 331. También Alan Wood en su magnífica biografía *Bertrand Russell, el escéptico apasionado* resalta la polifacética personalidad del autor británico. Dice el profesor Wood: "Bertrand Russell no simplificó la tarea de ningún futuro estudioso o biógrafo,

Con la teoría de las descripciones, expuesta en "Sobre la denotación", Russell inicia su batalla contra la concepción de que la condición suficiente de un nombre es su intensión, es decir, la tesis de Frege que reza *que el significado de un nombre es solo su sentido*. Pero Russell, desde los antecedentes de John Stuart Mill (1806-1873) y básicamente desde Alexius Meinong (1853-1920), considera que los *nombres propios* denotan —no connotan— un particular concreto; por lo tanto, un nombre se refiere a un individuo, a "algo" que es su significado y en el cual el nombre se agota por completo. El joven Russell, el de *Los principios de la matemática* se adhiere a esta posición meinongniana. Ahora bien, veremos en el transcurso del texto cómo se mantiene el autor inglés fiel a la fórmula: *nombre=individuo*, pero se aparta por completo del compromiso ontológico concedido por Meinong.

Veamos el significativo texto de *Los principios*:

> Ser es lo que pertenece a todo término concebible, a todo objeto o pensamiento posible (abreviado: a todo lo que puede ocurrir en cualquier proposición verdadera o falsa, y a todas tales proposiciones mismas). El ser pertenece a todo lo que puede contarse. Si A es algo, y por lo tanto, A es, "A no es" debe ser siempre falso o carecer de sentido, pues si A fuese nada, no podría decirse que no es; "A no es" implica que existe un término A cuyo ser se niega y, por lo tanto, que A es. Así que, a menos de que "A no es" sea un sonido vacío carente de sentido, debe ser falso —cualquiera que sea A, evidentemente es—. Los números, los dioses homéricos, las relaciones, quimeras y espacios tetra-

---

dividiendo su carrera en distintas fases dedicadas a diferentes temas. Siempre tuvo la turbadora costumbre de interesarse por cierto número de cosas diferentes al mismo tiempo. La diversidad de su interés era casi tan grande como la complejidad de su carácter. Él mismo resumió una vez su trayectoria con la característica observación de que, cuando se volvía demasiado estúpido para las matemáticas, se dedicaba a la filosofía". Cfr. A. Wood, *Bertrand Russell, el escéptico apasionado*. Trad. J. García-Puente (Madrid, Aguilar 1967), p. 45.

dimensionales, todos tienen ser, pues, si no fuesen entidades de un tipo, no podríamos formular proposiciones respecto a ellas. Así, el ser es un atributo general de todo y mencionar algo es mostrar que es (...). En realidad, la teoría parece haber surgido por haber despreciado la distinción entre existencia y ser. Aun esta distinción es esencial, si podemos negar la existencia de algo, pues lo que no existe debe ser algo, o sería un sinsentido negar su existencia, y en consecuencia necesitamos el concepto de ser como el que pertenece aún a lo no existente[34].

Meinong pensaba que todo nombre se refiere a un individuo, *señalándolo y etiquetándolo*. Es decir, el significado de un nombre es su portador, puesto que *donde haya nombre existirá necesariamente el objeto nombrado*. De ahí que es posible pensar en un objeto como "la montaña de oro", aunque ese objeto efectivamente no exista en el mundo externo. Esta tesis meinongniana se basa en que todo nombre necesariamente tiene que referirse (remitirse) a un individuo, a algo nombrado, esto significa que nombres del tipo "Ulises", "Hamlet", "Zorba", "unicornio" y "Quijote" tienen su portador, es decir, hay "algo" que puede ser tanto un Ulises, como un Hamlet, un Zorba, un unicornio y un Quijote.

Para Meinong, los entes de ficción "subsisten". Ahora bien, "subsisten" de una manera diferente a los demás individuos "reales", su existencia por decirlo de algún modo es *incompleta*, pero finalmente con un "estatus" que les permite hacer parte del mundo, habitarlo[35]. El argumento por el cual llegó Mei-

---

[34] B. Russell, *Los principios de la matemática*. Trad. J. C. Grimberg (Madrid, Espasa-Calpe, S. A. 1983), p. 508.
[35] A. Meinong, "The Theory of Objects", en: R. M. Chisholm (ed.), *Realism and the Background of Phenomenology* (Illinois, The Free Press 1960). También la edición en español con una presentación personal. Cfr. A. Meinong, *Teoría del objeto y presentación personal*. Trad. C. Pivetta (Buenos Aires, Miño y Dávila Editores 2008). Una versión reciente del meinongianismo la encontramos en el norteamericano Terence Parsons. Parsons habla del carácter *incompleto* de tales entes de ficción frente al carácter *completo* de los seres reales. En el caso de

nong a este compromiso, "superpoblamiento" y arbitrarismo ontológico, se puede enunciar de este modo.

Tomemos, por ejemplo la oración "Hamlet es el príncipe de Dinamarca" y digamos:

1. "Hamlet" es el sujeto de la oración "Hamlet es el príncipe de Dinamarca".
2. Debido a que la oración "Hamlet es el príncipe de Dinamarca" es significativa, debe ser sobre algo, es decir, debe referirse al príncipe de Dinamarca.
3. Pero, a menos que exista Hamlet el príncipe de Dinamarca, la oración no es una oración sobre algo y, por tanto, no puede ser significativa, porque uno de sus componentes esenciales, "Hamlet", no sería significativo.
4. Ahora bien la oración: "Hamlet es el príncipe de Dinamarca" es significativa, por lo tanto debe referirse a alguna entidad, a saber, a Hamlet príncipe de Dinamarca, lo que nos lleva a que tal entidad debe existir o subsistir de algún modo.

Russell está de acuerdo con Meinong en que *los nombres propios son etiquetas*, esto es, en que siendo idénticos su significado y su referente, carecen de intensión. Pero en lo que no está de acuerdo el autor inglés con Meinong es en afirmar

---

"Sherlock Holmes", por ejemplo, nos hallamos frente a un objeto *incompleto*, cuyas propiedades "nucleares" (identificatorias) son las que narra Conan Doyle. Ahora bien, a pesar de contar con dichas propiedades "nucleares", tales seres siguen siendo incompletos frente al carácter completo de los objetos reales, ya que el *corpus* de las aventuras de Sherlock Holmes no puede brindar todas las propiedades que puede tener tal personaje de ficción. Cfr. T. Parsons, *Nonexistent Objects* (New Haven, Yale University Press 1980), pp. 23-27. Especialmente el capítulo titulado "Fictional Objects, Dream Objects, and Others" del mismo libro. También se pueden seguir las tesis de Parsons en el artículo de Richard Rorty "¿Hay algún problema con el discurso de ficción?". Cfr. R. Rorty, "¿Hay algún problema con el discurso de ficción?", en: R. Rorty, *Consecuencias del pragmatismo*. Trad. J. M. Esteban Cloquell (Madrid, Tecnos 1996), pp. 182-216.
En el cuarto capítulo hablaremos del carácter *completo e incompleto* de los personajes de ficción y los mundos que habitan. Nos acercáremos en ese momento a las obras de autores como L. Doležel y U. Eco.

que los nombres de objetos ficticios son verdaderos nombres propios, es decir, en que corresponden a un individuo[36]. Por el contrario, cree el autor inglés que el referencialismo —de Meinong— está cargado de *inflacionismo ontológico* por falta de *instinto robusto para la realidad*, pues todas estas palabras, términos y expresiones que engañosamente llamamos "nombres" de personajes de ficción no pasan de ser descripciones y, por lo tanto, son un error gramatical y una hipertrofia ontológica. Dice Russell a propósito:

> En lógica es preciso tener aquel instinto especialmente bien desarrollado. En caso contrario, acabaríamos por dar entrada a cosas puramente fantásticas. (...) suponer que haya en el mundo real de la naturaleza todo un conjunto de proposiciones falsas dando vueltas de un lado para el otro resulta monstruoso para mi mentalidad[37].

Russell, en respuesta abierta a la teoría *descripcionista* de Frege, sostiene que los nombres son etiquetas que señalan

---

[36] En *La evolución de mi pensamiento filosófico* escribe Russell: "Otra distinción importante entre nombres y descripciones es que un nombre no puede aparecer significativamente en una proposición, a menos que haya algo que denomine, mientras que una descripción no está sujeta a esta limitación. Meinong, por cuya obra he sentido gran respeto, no observó esta diferencia. Señalaba que es posible hacer afirmaciones en las que el sujeto lógico sea 'la montaña de oro', aunque no exista ninguna montaña de oro. Argüía: si decís que la montaña de oro no existe, es obvio que hay algo que estáis diciendo que no existe, es decir, la montaña de oro; por lo tanto, la montaña de oro debe subsistir en algún oscuro mundo platónico del ser, porque, de otro modo, vuestra información de que la montaña de oro no existe no tendría significado. Confieso que, hasta que di con la teoría de las descripciones, me pareció convincente este argumento. El punto esencial de la teoría era que, aunque la 'montaña de oro' pueda ser gramaticalmente el sujeto de una proposición con significado, tal proposición, cuando se analiza correctamente, deja de tener tal sujeto. La proposición 'la montaña de oro no existe' se convierte en función proposicional 'x es de oro y montaña' es falsa para todos los valores de x". Cfr. B. Russell, *La evolución de mi pensamiento filosófico*, op. cit., p. 86.

[37] B. Russell, *La filosofía del atomismo lógico*. Trad. J. Muguerza, en: B. Russell, *Lógica y conocimiento. Ensayos 1901-1950*, op. cit., p. 313.

un particular y que su única función es denotar un individuo concreto. Para el autor de *La filosofía del atomismo lógico* es necesario distinguir con claridad entre un nombre y una descripción. En la *Introducción a la filosofía matemática*, Russell afirmaba que un *nombre* es un símbolo simple, que *designa directamente a un individuo* que a su vez es su significado y que tiene este significado por derecho propio, independientemente del significado de las demás palabras. Por su parte una *descripción* es la que se compone de varias palabras cuyos significados están ya determinados y de los cuales resultará lo que quiera que haya de tomarse como "significado" de la descripción[38].

Desde la idea de que *un nombre designa directamente a un individuo*, pensemos por ejemplo en la siguiente frase que, al parecer, nombra algo que está vinculado con una cierta propiedad. Digamos: "La montaña de oro". Esta frase no se refiere a nada y por lo tanto se puede afirmar que: "Ningún **X** (elemento) que sea de oro y montaña". Es decir ningún individuo satisface esa oración.

Los nombres, bien sean "verdaderos nombres" o nombres de ficción, tienen la obligación de *mostrar* al individuo portador del nombre; obligación que, si no se cumple, como en el caso de los nombres de ficción, lo único que se tiene que decir es que no lo son de ningún modo, y por demás son un error del lenguaje, propio de la ambigüedad de las palabras. A propósito dice Russell:

---

[38] En su *Introducción a la filosofía matemática* escribe Russell que un nombre es un: "Símbolo simple cuyo significado es algo que solo puede intervenir como sujeto, es decir, algo del tipo de lo que, en el capítulo XIII, definíamos como un 'individuo', o un 'particular'. Y un símbolo 'simple' será aquel que no tenga partes que sean a su vez símbolos. Así, 'Scott' será un símbolo simple, puesto que, aunque se compone de partes (las letras aisladas), estas partes no son símbolos. Por otro lado, 'el autor de *Waverly*' no es un símbolo simple, ya que las distintas palabras que componen la frase son partes, que a su vez son símbolos". B. Russell, *Introducción a la filosofía matemática*. Trad. J. Fuentes, en: B. Russell, *Obras completas II. Ciencia y filosofía 1897-1919* (Madrid, Aguilar 1973), p. 1370.

Me propongo ahora examinar en qué consistiría un lenguaje lógicamente perfecto. En un lenguaje lógicamente perfecto, los términos de una proposición se corresponderían uno por uno con los componentes del hecho a que aquélla se refiriese, con excepción de palabras como "o", "no", "si", "entonces", que desempeñan una función diferente. En el lenguaje lógicamente perfecto, habría una palabra, y no más, para cada objeto simple, y todo aquello que no fuera simple se expresaría por medio de una combinación de palabras, combinaciones a base, como es natural, de las palabras correspondientes a las cosas simples —una palabra por componente— que formen parte de dicho complejo. Un lenguaje de este tipo sería completamente analítico, y mostraría a simple vista la estructura lógica de los hechos afirmados o negados[39].

Con todo lo anterior, podemos decir que *los nombres poseen función referencial, esto significa que denotan individuos, elementos irreductibles e irrepetibles, su única misión es particularizadora*. Esto nos lleva a afirmar categóricamente —con Russell— que la significatividad de un nombre no está en la intensión, sino en la extensión, ya que si una propiedad, por ejemplo "roja", estuviese *vinculada lógicamente a un nombre*, como "rosa", la negación de la propiedad implicaría la pérdida del referente "rosa".

Por otra parte, tenemos que, si se afirma que el significado de un nombre no es su intensión mas sí su extensión, *se sigue* la imposibilidad de sustitución de los nombres propios en contextos *opacos u oblicuos*, esto es, en enunciados introducidos por verbos de actitud proposicional. Tomemos el ejemplo propuesto por el mismo Russell en su obra *La filosofía del atomismo lógico*[40]. Este dice así:

---

[39] B. Russell, *La filosofía del atomismo lógico, op. cit.*, p. 276.
[40] B. Russell, *La filosofía del atomismo lógico, op. cit.*, pp. 347-357.

1. "Jorge IV deseaba saber si Walter Scott era el autor de *Waverley*".
Siguiendo el principio leibniziano de *sustitución de los idénticos* (Salva veritatis) si sustituyésemos "Walter Scott" por una descripción, como "El autor de *Ivanhoe*", la proposición resultante sería la siguiente:
2. "Jorge IV deseaba saber si el autor de *Ivanhoe* era el autor de *Waverley*", oración diferente a la inicial y que no cumple claramente la sustitución de términos.
Ahora bien, pasaría lo mismo si sustituyéramos "el autor de *Waverley*" por "Walter Scott", ya que tendríamos la absurda trivialidad de afirmar:
3. "Jorge IV deseaba saber si Walter Scott era Walter Scott".
En esta sustitución tenemos unas premisas verdaderas, pero una conclusión falsa, ya que lo que pretende saber Jorge IV es si una persona y solo una escribió *Waverley* y esa persona era Walter Scott. Y no *corroborar* un enunciado de identidad como "Walter Scott es Walter Scott". "Scott es autor de *Waverley*" es evidentemente una proposición distinta a la de "Scott es Scott": *la primera es un hecho de la historia literaria; la segunda, una perogrullada trivial*[41].

---

[41] En la *Introducción a la filosofía matemática* (1919), Russell explica la ambigüedad de los 'nombres' (y en particular el de este ejemplo). Escribe el autor inglés: "(…) una proposición que contiene una descripción no se identifica con aquello en que se convierte la proposición cuando se sustituye por un nombre, ni aun cuando el nombre 'nombre' al mismo objeto que la descripción describe. 'Scott es autor de *Waverley*' es evidentemente una proposición distinta de la de 'Scott es Scott': la primera es un hecho de la historia literaria; la segunda, una perogrullada trivial. Y si ponemos cualquier otro distinto de Scott en el puesto de 'el autor de *Waverley*', nuestra proposición se convertirá en falsa, y, ciertamente, ya no seguiría siendo la misma. Pero, puede decirse, nuestra proposición es esencialmente de la misma forma que (por ejemplo) 'Scott es sir Walter', en la que se pronuncian dos nombres de la misma persona. La respuesta es la de que, si 'Scott es sir Walter' significa realmente la persona llamada 'Scott' es la persona llamada 'Sir Walter', entonces los nombres están usados como descripciones: es decir, el individuo, en puesto de ser nombrado, es descrito como la persona poseedora de tal nombre. Esto es una forma en la que los nombres se usan con frecuencia en la práctica, y, por lo regular, no habrá nada

Ahora bien, esta teoría *referencialista* que afirma que el significado es finalmente el portador del nombre y que para que "encontremos" un verdadero nombre no debemos ir a un conjunto de propiedades y características, sino al individuo mismo que nombramos, parece que se encuentra con un problema a superar; este es: *los nombres de ficción*. Nombres que en lo cotidiano aceptamos, sin más, como verdaderos nombres. Meinong pensaba —como hemos dicho— que estos objetos no existían, como los demás seres concretos, pero sí *subsistían* de algún modo, ya que poseían un nombre que los distinguía y diferenciaba de los demás particulares (existentes) y de su mundo ficticio; esto es que, al afirmar por ejemplo "Ulises" no lo confundimos con "Prometeo" o, por lo mismo, "unicornio" con "centauro", ya que su nombre nos remite a una manera de "ser", a algo que es el portador del nombre. Pero, ¿es esto verdad?, ¿no estaremos cayendo en un engaño?, ¿no habrá una distorsión y un enmascaramiento de la realidad? Russell a

---

en la terminología para poner de manifiesto si se usan de esta manera o *como* nombres. Cuando un nombre se usa directamente, meramente para indicar aquello de lo que estamos hablando, no formará parte del *hecho* afirmado, ni de su falsedad, si ocurriera que nuestra afirmación fuese falsa. Sería simplemente parte del simbolismo mediante el cual expresábamos nuestros pensamientos. Lo que queremos expresar es algo que podría (por ejemplo) ser traducido a un idioma extranjero; es algo para lo cual las palabras reales son un vehículo, pero de lo que no forman parte. Por otro lado, cuando hacemos una proposición acerca de la 'persona llamada Scott', el nombre real 'Scott' interviene en lo que estamos afirmando, y no meramente en el lenguaje utilizado al hacer la afirmación. Nuestra proposición será ahora otra diferente si lo sustituimos por la persona llamada 'Sir Walter'. Pero mientras estemos usando nombres como *nombres*, el decir 'Scott' o el decir 'sir Walter' será tan irrelevante para lo que queremos afirmar como lo que sería el que hablásemos en inglés, o en francés. Así, mientras los nombres se utilicen *como* nombres, 'Scott es sir Walter' será la misma proposición trivial que 'Scott es Scott'. Esto completa la prueba de que 'Scott es el autor de *Waverley*' no es la misma proposición que la que resulta de sustituir por un nombre 'el autor de *Waverley*', sea cual sea el nombre con el que se sustituya". Cfr. B. Russell, *Introducción a la filosofía matemática, op. cit.*, pp. 1370-1371.

propósito en sus conferencias sobre *La filosofía del atomismo lógico* advertía que:

> Ciertas nociones que han merecido en filosofía la categoría de fundamentales deben por entero su origen, en mi opinión, a confusiones relativas al simbolismo—por ejemplo, la noción de existencia o, si ustedes lo prefieren, de la realidad. Ambas expresiones sugieren buen número de cuestiones disputadas en filosofía. Nos encontramos, así, con la teoría de que toda proposición equivale de hecho a una descripción de la realidad como un todo, y con otras teorías por el estilo; y, en general, dichas nociones de existencia y realidad han jugado un papel primordial en la historia de la filosofía. Ahora bien, tal como en filosofía se han originado, esas nociones no son, a mi modo de ver, sino resultado de un embrollo simbólico[42].

Russell se adhiere a la concepción meinongnoniana, según la cual los nombres son como *etiquetas*, adhesivos que se "pegan" al individuo, pero, como recordamos, no está de acuerdo —de ninguna manera— en que los nombres de ficción sean como tal verdaderos nombres propios, ya que carecen de valor extensional y, por ende, al no ser propiamente verdaderos nombres, pierden automáticamente el compromiso ontológico que sí les concedía Meinong.

Bertrand Russell piensa que estos nombres de ficción no son verdaderos nombres propios, sino descripciones definidas abreviadas. Para ello intentó demostrar que las oraciones del tipo "Hamlet príncipe de Dinamarca asesinó a Polonio" o "don Quijote es el caballero de La Mancha" poseen una estructura gramatical que nada tiene que ver con la estructura lógica de un lenguaje perfecto. Frente a estos problemas, Russell nos presenta el conocido y brillante análisis de la oración "el actual rey de Francia es calvo".

---

[42] B. Russell, *La filosofía del atomismo lógico*, *op. cit.*, pp. 260-261.

El análisis de dicha oración tiene tres pasos claves que se pueden enunciar de la siguiente manera:

1. Existe al menos un **X** (individuo) que es rey varón de Francia, [(Ex) ∧ (M Fx)].
2. Solo para un **X** (individuo) es verdad que es rey varón de Francia, [(x) (y)] {[(MFx)=(MFy)] → (x=y)}.
3. Quienquiera que sea ese individuo es calvo, {[(x) ∧ (MFx)] → (Tx)}.

Ahora hagamos esto mismo con una oración que involucra un nombre de un personaje *claramente* de ficción y veremos que sucede lo mismo. La oración "Hamlet príncipe de Dinamarca es el asesino de Polonio" tiene las siguientes proposiciones:

1. Existe al menos un **X** que es verdad que es Hamlet príncipe de Dinamarca.
2. Solo para un **X** es verdad que es Hamlet príncipe de Dinamarca.
3. Quien quiera que sea ese **X** es el asesino de Polonio.

Russell, con este análisis, criticó las nociones tradicionales de *posibilidad* e *identidad* y "destruyó" de algún modo al "supuesto individuo" concreto (el actual rey de Francia) para hacer de él un individuo indeterminado (**X**). Podemos confirmar a través del anterior análisis que la oración "el actual rey de Francia es calvo" *sigue siendo significativa*, a pesar de haber eliminado los supuestos "nombres" y remplazarlos por variables (indeterminadas), ya que puede no haber individuos que satisfagan las funciones "varón y rey de Francia" y "príncipe de Dinamarca y asesino de Polonio" *sin que ello suponga que los enunciados no posean significación*[43].

---

[43] Cfr. M. M. Gómez Alonso, "Individuos", *op. cit.*, p. 141.

Es importante tener en cuenta que son perfectamente significativos los enunciados que contienen "nombres" (descripciones abreviadas) de objetos ficticios, ya que la verdad o falsedad del enunciado, esto es, que haya o no ejemplares, no depende de la significatividad de la oración proferida. Para Russell, puesto que es significativo (aunque falso) decir "encontré un unicornio", está claro que esta oración es completamente significativa, aunque debidamente analizada se pueda comprobar que dicha oración no contiene como constitutivo "un unicornio", a pesar de contener el concepto de "unicornio"[44].

Para Russell la significatividad de la oración "el actual rey de Francia es calvo" no está en juego, lo que sí está por comprobar es su valor veritativo[45]. Esto quiere decir que el valor de verdad (no la significatividad) de la oración "el actual rey de Francia es calvo" se cumplirá plenamente si existe (hay) un individuo de este tipo, es decir, "si existe al menos un individuo que sea varón rey de Francia" y "solo para un individuo sea verdad que es varón de Francia y además calvo".

Si la oración cumple todas las condiciones, se podría enunciar de este modo: "Existe actualmente una y solamente una persona tal que sea esa persona rey de Francia y, además, sea calva".

Entonces, por lo mismo, será falsa la oración si no cumple con alguna de las tres condiciones siguientes: si no hay un

---

[44] Cfr. B. Russell, *Introducción a la filosofía matemática*, op. cit., p. 1366.
[45] A. Stroll resume en *La filosofía analítica del siglo XX* este punto. Escribe el autor: "(…) cada una de las oraciones analizadas es una oración general y cada una de ellas es significativa. Esto resulta clave para comprender cómo una oración cuyo término sujeto carezca de referente puede, sin embargo, ser significativa. A la vista de esta explicación, podemos resumir la objeción que hacía Russell a Meinong. Meinong, en esencia, confundía las descripciones definidas y los nombres. *Una vez que nos damos cuenta de que 'el actual rey de Francia' es una descripción, no hay necesidad de que la oración se refiera a algo*; por lo tanto, dado que una oración que contiene la expresión resulta significativa, no se sigue que su sujeto gramatical denote algo. De manera que no hay necesidad de presuponer la existencia o la subsistencia de tales 'entidades' como el actual rey de Francia, Hamlet, Medusa o Santa Claus". (El subrayado es nuestro). Cfr. A. Stroll, *La filosofía analítica del siglo XX*, op. cit., p. 30.

individuo de tal tipo, entonces será falsa la oración 1; si hay más de un individuo de este tipo, será falsa la oración 2; y, en el caso de que si existiera ese individuo, pero no tuviera la propiedad adscrita, será falsa la oración 3, esto implica que, si alguno de los componentes de la oración es falso, la oración por completo también lo es.

Russell en su artículo de 1919 "Descripciones" nos dirá a propósito de la verdad o falsedad de oraciones del tipo "el actual rey de Francia es calvo" que

(...) de hecho, las proposiciones de la forma "el tal-y-tal es el tal-y-tal" no son siempre verdaderas: es necesario que el tal-y-tal exista (...). Es falso que el actual Rey de Francia es el actual Rey de Francia, o que el cuadrado redondo es el cuadrado redondo. Cuando sustituimos un nombre por una descripción, las funciones proposicionales que son "siempre verdaderas" pueden convertirse en falsas, si la descripción no describe nada. No hay ningún misterio en esto tan pronto como nos damos cuenta (...) que cuando sustituimos una descripción el resultado no es un valor de la función proposicional en cuestión[46].

Ahora bien, como advertimos, la verdad o la falsedad no alteran la significatividad de un enunciado que contenga un "nombre" de un ente de ficción. Los nombres para Russell tienen plena significación, pero su valor de verdad indiscutiblemente se *mide* por el alcance de dicha oración. El valor de verdad de una oración como "Hamlet es posible" depende única y exclusivamente de los ejemplares con que podamos contar, esto es: *su posibilidad se mide —si esto fuera posible— de modo extensional.* Y, de esta manera, como no contamos con ejemplares no podemos decir con verdad que una función tal es posible o imposible. No podemos aseverar que "Hamlet es imposible" o que "Hamlet es posible", ya que no podemos

---

[46] B. Russell, "Descripciones". Trad. L. Ml. Valdés Villanueva, en: L. Ml. Valdés Villanueva (ed.), *La búsqueda del significado*, *op. cit.*, p. 53.

conocer el valor de verdad de predicaciones modales cuyo sujeto sea "Hamlet", por lo mismo, decir "(**X**) es posible" sería redundante si "(**X**)" fuese un nombre propio. En la medida en que "Hamlet" no lo es no hay redundancia alguna.

Conclusión: no podemos saber si existe Hamlet o si no existe. Esto significa que no puedo ni afirmar ni negar la existencia de estos "seres imaginarios", pues afirmar su falsedad no deja de ser una clara y profunda contradicción. No se puede afirmar entonces: ni que son posibles los "unicornios", los "centauros", las "serpientes aladas de mar" o las "sirenas" como tampoco que son imposibles. No puedo, de ningún modo, *afirmar nada de ellos*, pues sería paradójico ya que no podemos saber *por ningún medio* si tales "seres" son posibles o imposibles.

No debemos pensar que lo expuesto anteriormente es una invitación al silencio, de ningún modo. Todo lo contrario. Es la manera que tiene Russell de contar con un lenguaje sin ambigüedades ni desatinos, es decir, su proyecto de un *lenguaje ideal y perfecto*, lo más preciso posible, propio de la lógica. Desde este proyecto ideal de lenguaje no nos debe extrañar la vinculación que hace el autor inglés entre la posibilidad y "lo que hay", es decir entre existencia y posibilidad, ya que su vinculación garantiza y sobre todo "limita" el campo *de lo que podemos hablar* con seguridad.

A. Stroll afirma, a propósito del logro de la teoría de las descripciones de Russell, que ella muestra que un lenguaje ideal no solamente puede articular las expresiones de los lenguajes naturales, sino que también *puede revelarnos distinciones que esos lenguajes ocultan*, pues

> ese hecho implica que debemos distinguir entre una gramática superficial y otra gramática lógica más profunda, que expresa el significado auténtico de aquellas expresiones. De acuerdo con esa gramática más profunda, las descripciones definidas no son enunciados simples sino generales. Este logro tiene una importancia filosófica directa. Nos aclara un segundo enredo con la

cuestión de la existencia, a saber, cómo es negar, consistentemente, la existencia de algo[47].

Para el autor del *atomismo lógico* hay una estrecha vinculación entre existencia y posibilidad, esto significa que, si enunciamos —de algún modo— la posibilidad, es lo mismo que afirmar la existencia del objeto, esto significa que *tenemos alcance* (tenemos la seguridad de lo que hay) de la oración es decir que contamos con ejemplares, con la extensión.

Decir de un concepto que es posible no es determinar predicativamente el concepto, sino señalar que esa noción tiene alcance, que hay individuos que la ejemplifican. Del mismo modo, la imposibilidad de un concepto equivale a la ausencia de instancias de esa noción. Por tanto, existir es igual a ser posible y ser imposible es igual a no existir[48].

Afirmar la imposibilidad es asegurar de inmediato la inexistencia. Ahora bien, se supone que, para afirmar la imposibilidad, sabemos con seguridad que no existe de ningún modo tal "individuo", es decir, hemos hecho un registro "universal" (con una mirada exhaustiva, omnisciente) y no hemos hallado de ninguna manera un ejemplar con tales características.

Según Russell, la posibilidad se puede afirmar si tenemos *alcance*, es decir, si contamos con los ejemplares que garanticen tal afirmación. Los enunciados de posibilidad, para Russell, no pueden darse ajenos a la existencia, es decir a lo "real", a lo que "hay". Nos recuerda el texto de "Individuos" que, cuando Russell advierte que no podemos decir con verdad que una función es posible a menos que dispongamos de ejemplos que cumplan, con ello afirma no que la posibilidad dependa de la existencia,

---

[47] A. Stroll, *La filosofía analítica del siglo XX*, op. cit., p. 29.
[48] M. M. Gómez Alonso, *Frágiles certidumbres. Wittgenstein y* Sobre la certeza*: duda y lenguaje* (Salamanca, Universidad Pontificia de Salamanca 2006), p. 195.

sino que *enunciar la posibilidad es lo mismo que afirmar la existencia*, y, por tanto: *enunciar la imposibilidad de algo equivale a la aseveración de su inexistencia* (y viceversa). De este modo,

> no se trata, consecuentemente, de que la posibilidad esté en función de la existencia pero la inexistencia no implique (ni esté vinculada a) valor modal alguno; por el contrario: la traducción *completa* de los juicios modales a juicios extensionales supone la reducción *toto coelo* de lo posible a lo real y de lo imposible a lo ininstanciado[49].

Todo lo anterior puede condensarse de este modo:

Si algo no existe no puede ser posible: **E=imposible**.
Por lo mismo si algo existe es posible: **E=posible**.

Tenemos que: enunciar la posibilidad es igual que afirmar la existencia. Por esto mismo, enunciar la imposibilidad es igual que afirmar la inexistencia; esto se traduce simplemente en el cumplimiento o incumplimiento de una función, es decir, en el respaldo extensional con que ella cuente. Según Russell, afirmar la posibilidad es lo mismo que decir: *La posibilidad=juicios extensionales*.

Puesto que, escribe el profesor Modesto Gómez,

> posibilidad e imposibilidad, al igual que existencia e inexistencia, no son predicados, atributos, rasgos o ingredientes de los conceptos; sino determinaciones de alcance que, referidas a funciones, equivalen, en un caso, a la afirmación de que una función posee instancias, en el otro, a que se trata de una descripción vacía, de un conjunto sin miembros[50].

---

[49] M. M. Gómez Alonso, "Individuos", *op. cit.*, p. 152.
[50] M. M. Gómez Alonso, *Frágiles certidumbres. Wittgenstein y* Sobre la certeza: duda y lenguaje, *op. cit.*, p. 195.

Para Russell, este modo de concebir la posibilidad reduce el error inflacionista y, además, nos aleja de todo intento metafísico de postulación arbitraria.

Ahora bien, ¿es posible esta reducción?, ¿se puede reducir la lógica modal a la lógica extensional?, ¿podemos aceptar sin más estas tesis? Por el momento, podemos decir que la tesis sostenida por Russell es *contraintuitiva*. No se puede concluir, por ejemplo, categóricamente que la imposibilidad de las sirenas se deba a su inexistencia; que no existan las sirenas no quiere decir que no sean posibles. Intuitivamente aceptamos que son imposibles las sirenas, es decir, que no hay tales seres (individuos) mitad mujeres mitad peces, que atraen y pierden a los navegantes, pero no aceptamos que esa imposibilidad sea resultado de su inexistencia, sino que por el contrario "esa inexistencia es la conclusión necesaria de su imposibilidad. Y ello en la medida en que ni la inexistencia de "unicornios" nos compromete con el enunciado de su imposibilidad ni su posibilidad con el dictamen de su existencia[51].

Tenemos que resaltar sin lugar a dudas que la concepción extensional de la lógica modal tiene su mérito, pues ella exorciza y corta de un *tajo (navaja de Occam)*, correctamente, el inflacionismo ontológico de Meinong, pero vemos que tiene, por otro lado, un serio problema, que es el de no poder dejar de lado *las concepciones ordinarias del lenguaje*, como son el uso simple y cotidiano que hacemos de estos "nombres". "Nombres" que, por otro lado, no exigen y no necesitan de ningún tipo de compromiso ontológico para seguir siendo usados

---

[51] El profesor Modesto M. Gómez nos dice, a propósito de la reducción de los juicios de posibilidad a juicios extensionales, que "Russell, vinculando posibilidad a existencia, estaría subvirtiendo la lógica, creando un *monstruo filosófico*: una *lógica empirista* en la que, *por mor* de la simplificación, se querría lograr lo imposible, *la reducción de la lógica modal a lógica extensional*; obsesión en la que otros se inspirarían: Carnap y Quine. Si esta 'obsesión' reduccionista es, como creemos, desafortunada; deberíamos pensar también que, siendo una conclusión ineludible de la teoría de las descripciones, también lo es ésta". Cfr. M. M. Gómez Alonso, "Individuos", *op. cit.*, p. 151.

ordinariamente. Estas exigencias parecen ser más bien un afán de reducir la lógica modal a una lógica empirista.

Los nombres (o mejor, eso que llamamos nombres, es decir, las "descripciones disfrazadas" de Russell) que usamos en oraciones del tipo "Ulises es el padre de Telémaco y rey de Ítaca" o "Remedios la Bella subió al cielo envuelta entre sábanas" no se refieren a un objeto, a un particular, y, por lo mismo, no exigen un instanciamiento o algún individuo que garantice la significatividad de dichas oraciones, puesto que, como afirma Stroll: "Una vez que nos hemos dado cuenta de que 'el actual rey de Francia' es una descripción, no hay necesidad de que la oración se refiera a algo"[52]. Es más, estas oraciones pueden ser o no verdaderas sin ningún tipo de compromiso ontológico, pues *su alcance* no está determinado por el cumplimiento de la referencia (**X**), sino por el de las funciones descriptivas, ya que no deseamos instanciar ningún ejemplar, sino simplemente revisar, constatar, las descripciones que se atribuyen a dicha función. De algún modo, algo que podríamos llamar, momentáneamente, *su confrontación y coherencia*. Los valores modales se refieren a conceptos, no a objetos que satisfagan descripciones[53].

Tememos que, al no referirnos a particulares sino a funciones, nuestro compromiso desaparece. Por lo mismo, basta con que los miembros y las partes de la oración tengan una *coherencia* y un alcance funcional, esto es, basta con revisar (en el archivo) si es verdad que "Ulises" "es el padre de Telémaco y es también rey de Ítaca", como se narra en la obra de Homero, o que "Remedios la Bella", efectivamente, como se narra en *Cien años de soledad*, "subió al cielo envuelta entre sábanas".

---

[52] A. Stroll, *La filosofía analítica del siglo XX, op. cit.*, p. 30.
[53] En "Individuos" se señala que "más bien, *que una función descriptiva es susceptible de instancias*, o, de otro modo, que una descripción es *lógicamente consistente, no contradictoria*. Los valores modales se refieren a conceptos, no a objetos. Decir que los unicornios son posibles es constatar que una descripción es *coherente*". Cfr. M. M. Gómez Alonso, "Individuos", *op. cit.*, p. 159.

Por lo mismo, si los *referentes son funciones y su función no es establecer alcance*, no es obligación, por otro lado, que haya particulares que cumplan las descripciones "Ulises", "Remedios la Bella" o "sirena" para que estas oraciones puedan ser verdaderas o falsas. Esto no sucede, efectivamente, con oraciones del tipo de "son posibles los círculos cuadrados", en las que sus miembros transgreden la lógica interna del enunciado y, por lo mismo, su falsedad queda fuera de toda duda. Ahora bien, decir por ejemplo: "los unicornios son posibles", "las sirenas enamoran a los navegantes" o "Hamlet asesinó a Polonio" es *constatar* que una descripción es simple y llanamente *coherente*. No hay compromiso ontológico en oraciones que carecen de referencia, pues ellas no lo exigen; de este modo Hamlet asesinó a Polonio y, porque no ha habido nunca un Hamlet ni un Polonio, no es un hecho real, y, pese a ello, "Hamlet asesinó a Polonio", a diferencia de "Hamlet contrajo matrimonio con Ofelia", es un enunciado verdadero.

Lo que esto nos muestra es que, porque para determinar el valor de verdad de algunos enunciados no es necesaria la existencia (o no existencia) de un objeto, es más, *esas proposiciones no contienen compromiso existencial alguno, no todas las predicaciones atributivas tienen como referente un objeto*[54].

Detengámonos un momento —a modo de recapitulación de este apartado— en los siguientes cinco puntos:

1. Desde el análisis de "el actual rey de Francia es calvo", podemos decir que, como es evidente que no existe actualmente un individuo que sea rey de Francia, la oración original no se refiere al rey de Francia (puesto que no hay tal rey), aunque

---

[54] M. M. Gómez Alonso, "Individuos", *op. cit.*, p. 158.

aparente hacerlo; sino que será una *mera descripción definida abreviada*.

2. Por lo tanto, "el actual rey de Francia" no se refiere a un verdadero nombre propio, pues *no designa nada en absoluto*. Es una mera descripción enmascarada de un individuo (**X**), cuya única función es mostrar y enseñar la referencia, y en ningún caso representarlo. "Esto significa que la expresión 'el actual rey de Francia' ha sido eliminada y reemplazada por un complejo de cuantificadores, variables y predicados. Si fuera un nombre propio, no podría eliminarse"[55].

3. Russell afirma enfáticamente:

> La lógica, mantendría yo, no tiene que admitir un unicornio en mayor medida que pueda hacerlo la zoología (…). Decir que los unicornios tienen una existencia heráldica o en la literatura o en la imaginación es una evasión sobremanera lastimosa y mezquina. Lo que existe en heráldica no es un animal, hecho de carne y hueso, que se mueve y respira por su propia iniciativa. Lo que existe es una figura o una descripción en palabras[56].

4. Con este análisis, Russell aleja el fantasma inflacionista de Meinong y despoja a todos estos *supuestos nombres* del compromiso ontológico que el autor austríaco sí asumió. Y por lo mismo esto nos lleva de momento a decir que debemos dudar de lo que llamamos "nombres", pues el análisis de la oración

---

[55] Afirma el profesor Stroll: "(…) si nos fijamos en el análisis previo que hemos hecho de la oración 'el actual rey de Francia es calvo', veremos que la expresión 'el actual rey de Francia' no aparece como unidad simple en ninguna de las tres oraciones que, conjuntamente, nos ofrecen su significado. Esto significa que la expresión 'el actual rey de Francia' ha sido eliminada y reemplazada por un complejo de cuantificadores, variables y predicados. Si fuera un nombre propio, no podría eliminarse. Precisamente porque pueden eliminarse, Russell llama a las descripciones definidas 'símbolos incompletos'. Su teoría de las descripciones resulta ser así una teoría sobre la naturaleza y función de los símbolos incompletos". Cfr. A. Stroll, *La filosofía analítica del siglo XX*, *op. cit.*, p. 30.

[56] B. Russell, "Descripciones", *op. cit.*, p. 48.

"el actual rey de Francia es calvo" revela que no lo son *hasta que se demuestre lo contrario*, es decir, hasta que ellos puedan aportar un ejemplar portador del nombre.

5. Y por último: no se puede afirmar categóricamente la posibilidad o imposibilidad de "unicornio", "Hamlet", "sirena" o "Zorba" ya que no sabemos en verdad nada de tales "individuos". Desconocemos y carecemos del referente enunciado.

1.3. NOMBRES Y DESCRIPCIONES: *LOS VERDADEROS NOMBRES PROPIOS*

En enunciados como "el actual rey de Francia es calvo", "el *no-ser* es" o la famosa prueba ontológica que reza "Dios existe" es necesario, según Russell, contar con un "sentido robusto de la realidad" que nos permita alejarnos de inflacionismos y de compromisos ontológicos. Una revisión extensional que equivalga a dar cuenta de lo nombrado.

Siguiendo este sentido robusto de la realidad de Russell, tenemos que, los dos últimos enunciados mencionados unas líneas atrás, a saber, la paradoja de Parménides (el *no-ser* es) y la prueba ontológica, son dos de los rompecabezas de la historia de la filosofía que, desde el modelo "el actual rey de Francia es calvo", pueden ser "revalorados" y vistos como carentes de sentido lógico. Miremos el primer *rompecabezas*, la paradoja de Parménides.

Como advertimos anteriormente, en *Los principios de la matemática*, Russell se encontraba, al igual que Meinong, a favor de esta paradoja; pensaba en aquel entonces el autor inglés que *lo que no existe debe ser algo*, es decir, que el *no-ser* debe ser. Enunciar que el *no-ser no es*, efectivamente, es afirmar que hay "algo", y, por la misma razón, la afirmación del ser es redundante, *no es que sea falso, sino que carece de sentido*[57]. Desde esta fórmula "sin salida", sería imposible enunciar del

---

[57] B. Russell, *Los principios de la matemática*, op. cit., p. 508.

no-ser ni que es ni que no es. Ahora bien, la advertencia de la paradoja frente a la redundancia del ser es correcta, siempre y cuando se predique de un verdadero nombre propio. Meinong no tenía claro este aspecto, ya que para él "esos seres fantásticos" poseían un verdadero nombre que les garantizaba de "algún modo" su existencia o subsistencia. Pero constatamos, sin lugar a dudas, que Meinong no solo se confunde en este aspecto, *sino que mezcla arbitrariamente la lógica y la gramática*, comprometiéndose con la existencia de estos seres fantásticos. Como advierte el profesor Modesto M. Gómez:

> Es la creencia gramatical de que *todo lo que tiene la apariencia de nombre es un nombre* la que, porque "no-ser" parece nombrar algo, obliga a concluir que no puede negarse la existencia del no-ser. Se disuelve la paradoja en cuanto se desmitifica la gramática[58].

Esto mismo puede aplicarse a la prueba ontológica. Para sus defensores, "Dios" es plenamente un nombre que, al ser nombrado, o, en este caso, negado —"Dios no existe"—, necesariamente nos remite a "algo" que *sostiene* ese nombre, pues su negación o afirmación "asegura", "advierte", "garantiza" o "confirma" su existencia. De ahí que si fuese "Dios" el nombre de un "**X**", que posee todas las propiedades atribuidas y que cumple todos los requisitos para ser ese individuo "**X**", sería tautológico decir que "existe" y, por otro lado, contradictorio afirmar que "no existe"[59]. Tenemos, por lo mismo, que la res-

---

[58] M. M. Gómez Alonso, "Individuos", *op. cit.*, p.141.

[59] Escribe Russell en sus conferencias sobre el atomismo lógico que: "Cuando digo: 'Homero existe, éste es Homero, luego éste existe', se trata de una falacia del mismo género. Es totalmente erróneo razonar: 'Este es el autor de los poemas homéricos y el autor de los poemas homéricos existe, luego éste existe'. Sólo donde interviene una función proposicional es posible llevar a cabo con sentido la aserción de la existencia. Ustedes pueden afirmar 'El tal y tal existe', dando a entender con ello que hay exactamente un *c* que posee aquellas propiedades, pero una vez que lleguen a saber de un *c* que las posea, no podrán ya decir de dicho *c* que existe, ya que ello carece de sentido: no es que sea falso, sino que

puesta al *aferrado* defensor de la prueba ontológica es simple y contundente: el término "Dios" no es de ningún modo un *verdadero nombre propio* sino una función proposicional. Por eso, su negación no es, de ninguna manera, una *contradicción*[60]. A. Stroll, a propósito del análisis de Russell, dice que este logro tiene una importancia filosófica directa, pues aclara un *segundo enredo con la cuestión de la existencia*, a saber, cómo es posible negar, consistentemente, la existencia de algo. Supongamos que un ateo dice: "Dios no existe". Podemos ver, continua Stroll, que

> Parecería que dicho ateo, con sus propias palabras, está presuponiendo la existencia de algo, Dios, que no existe, de manera que parece que se está contradiciendo. Russell muestra que, en esa oración, "Dios" no es un nombre sino una descripción abreviada de "elxque es todopoderoso, omnisciente y benevolente" (en la concepción judeocristiana). La oración planteada por el ateo podría leerse ahora como: "No existe nada que sea todopoderoso, omnisciente y benevolente". El nombre aparente, "Dios", ha desaparecido de la oración expresada por el ateo. De esta manera, el análisis le permite expresar su posición filosófica sin caer en ningún tipo de inconsistencia[61].

Entonces tenemos que, si "Dios" no es propiamente un nombre verdadero sino por el contrario una descripción, negar la existencia de "Dios" no es negar un predicado o una propie-

---

carece por entero de sentido". Cfr. B. Russell, *La filosofía del atomismo lógico, op. cit.*, pp. 354-355.

[60] Afirma el profesor M. M. Gómez en "Individuos" que: "Basta un procedimiento análogo al de 'El actual rey de Francia' para mostrar que 'Dios' es una función proposicional cuya significatividad se mantiene aún en el caso de que no haya individuo alguno que la satisfaga. De nuevo la teoría de las descripciones parece exorcizar con éxito el fantasma del ontologismo militante". Cfr. M. M. Gómez Alonso, "Individuos", *op. cit.*, p. 142.

[61] A. Stroll, *La filosofía analítica del siglo XX, op. cit.*, p. 29.

dad del concepto, sino el concepto con todas sus predicaciones, ya que no es el "individuo" que posee el *nombre* "Dios", sino una descripción abreviada y su negación es una consecuencia lógica de su incumplimiento e instancia. "Dios" es una *función proposicional* que de ningún modo es un verdadero nombre. Para el autor del *atomismo lógico*, la existencia no es algo que se puede afirmar de estos términos, al nombrarlos, sino tan solo al describirlos. Nuevamente la *gramática nos confunde* y nos hace formular tesis erróneas. Escribe Russell:

> El hecho de que quepa someter a discusión la proposición "Dios existe" es una buena prueba de que "Dios", tal como dicho término no es usado en aquella proposición, constituye una descripción y no un nombre. Si fuese "Dios" un nombre, no cabría plantearse problema alguno acerca de la existencia de Dios[62].

Conclusión: los individuos concretos que hay en el mundo no existen, o más bien, no tiene sentido decir que existan, de la misma manera que tampoco lo tiene decir que no existan. No es válido predicar ni lo uno ni lo otro de los particulares.

Todo lo anterior nos lleva a decir que las únicas palabras que en teoría son idóneas para referirse a un particular son los *nombres propios*[63]. Nombre propio es igual a *palabras que se refieren a particulares*. Ahora bien, esta podría ser a grandes rasgos su teoría de las descripciones, pero en su primera versión —"Sobre la denotación" y *Los principios de la matemática*—, pues los verdaderos nombres propios, para Russell, eran los que se identificaban con los nombres de objetos físicos en el sentido ordinario. Todo particular existente poseía un nombre

---

[62] B. Russell, *La filosofía del atomismo lógico, op. cit.*, p. 351.
[63] Escribe Russell a propósito: "Las únicas palabras que en teoría son aptas para referirse a un particular son los nombres propios, y todo lo relativo a los nombres propios es bastante curioso.
Nombres propios=palabras que se refieren a particulares". Cfr. B. Russell, *La filosofía del atomismo lógico, op. cit.*, p. 280.

sin más. "Napoleón", "Walter Scott" o "Fernando Pessoa" son verdaderos nombres propios que se refieren a particulares existentes, y no por ejemplo "Ulises", "Zorba", "unicornio" o "Quijote", que no gozan de la existencia en el mundo físico.

El Russell de *La filosofía del atomismo lógico* retoca considerablemente este punto, acercándose al escepticismo y de algún modo a Frege, ya que los nombres para él *no van a ser los nombres de objetos físicos*, sino que, por el contrario, nombres como "Napoleón", "Walter Scott" o "Fernando Pessoa", que para el "común", para el lenguaje corriente son verdaderos nombres, van a ser meras *descripciones abreviadas, ya que no podemos acceder al* "individuo de carne y hueso", pues nos es desconocido. Estos "nombres" serán, de alguna manera, los desconocidos, los innombrables. Escribe el autor del *atomismo lógico*:

> Los nombres de que comúnmente nos servimos, como "Sócrates", no son en realidad otra cosa que descripciones abreviadas; más aún, lo que éstas describen no son particulares, sino complicados sistemas de clases o de series. Un nombre, entendido en su estricto sentido lógico de palabra cuyo significado es un particular, sólo podrá aplicarse a algún particular directamente conocido por el que habla, puesto que no es posible nombrar nada de lo que no se tenga conocimiento directo[64].

---

[64] Toda la cita de Russell dice: "En cuanto a nombres como 'Sócrates', 'Platón', etc., que pasan por tales en el lenguaje corriente, se destinaban en principio a esta misión de referencia a particulares. Pero ocurre que nosotros aceptamos como particulares, en la vida cotidiana, toda suerte de cosas que no lo son realmente. Los nombres de que comúnmente nos servimos, como 'Sócrates', no son en realidad otra cosa que descripciones abreviadas (…) Recordarán ustedes que, al poner Adán nombre a los animales, se llegó a ellos uno por uno y, adquiriendo conocimiento directo de los mismos, los nombró. Nosotros no conocemos directamente a Sócrates y, por tanto, no podemos nombrarlo. Cuando empleamos la palabra 'Sócrates', hacemos en realidad uso de una descripción. Lo que pensamos al decir 'Sócrates' podría traducirse por expresiones como 'El maestro de Platón', 'El filósofo que bebió la cicuta' o 'La persona de quien los lógicos aseguran que es mortal', mas no emplearemos ciertamente aquel

Según Russell, se debe distinguir claramente entre nombres ordinarios y *los nombres lógicamente propios*; estos últimos designan entidades que son conocidas por familiaridad, de modo *directo*. Son los *deícticos*, "esto", "aquello", "ahí"[65]. El autor inglés, en sus conferencias del *atomismo lógico*, dice que

> esto hace que resulte muy difícil aducir de algún modo algún ejemplo de nombre en el sentido estrictamente lógico del término. Las únicas palabras de que, de hecho, nos servimos como nombres, en el sentido lógico del término, son palabras como "esto" o "aquello". Podremos hacer uso de "esto" como de un nombre referido a algún particular directamente conocido en este instante[66].

Veamos, a pesar de su extensión, el siguiente ejemplo propuesto por el mismo Russell:

> Supongan que decimos "Esto es blanco". Si convienen en que "esto es blanco", refiriéndose al 'esto' que ven ustedes, estarán

---

nombre como un nombre en sentido propio". Cfr. B. Russell, *La filosofía del atomismo lógico, op. cit.*, p. 281.

[65] Russell ya en su libro *Los problemas de la filosofía* hacía la distinción entre conocimiento directo y conocimiento por referencia. En el capítulo dedicado a esta distinción dice el autor: "(...) diremos que tenemos conocimiento directo de algo cuando sabemos directamente de ello, sin el intermediario de ningún proceso de inferencia ni de ningún conocimiento de verdades. Así, en presencia de mi mesa, conozco directamente los datos de los sentidos que constituyen su apariencia —su color, forma, dureza, suavidad, etc.—; de ello soy inmediatamente consciente cuando veo y toco mi mesa. Puedo decir que es castaño, que es más bien oscuro, así sucesivamente. Pero estas manifestaciones, aunque me hacen conocer verdades *sobre* el color, no me hacen conocer el color mismo mejor que lo conocía antes: En lo que concierne al conocimiento del color mismo, como opuesto al conocimiento de verdades sobre él, conozco el color de un modo perfecto y completo cuando lo veo, y no es posible ni aun teóricamente un conocimiento ulterior de él. Así, los datos de los sentidos que constituyen la apariencia de la mesa son cosas de las cuales tengo un conocimiento directo, cosas que me son inmediatamente conocidas, exactamente como son". Cfr. B. Russell, *Los problemas de la filosofía*. Trad. J. Xirau (Barcelona, Labor 1993), pp. 47-48.

[66] B. Russell, *La filosofía del atomismo lógico, op. cit.*, p. 281.

usando 'esto' como un nombre propio. Pero si tratan de aprehender el sentido de la proposición por mí expresada al decir "Esto es blanco", ya no podrán usarlo como tal. Si se refieren a este trozo de tiza en cuanto objeto físico, ya no estarán usando 'esto' como un nombre propio. Sólo cuando usen 'esto' refiriéndose estrictamente al objeto inmediatamente presente a sus sentidos, funcionará de hecho aquel vocablo como un nombre propio. Y precisamente en este punto posee 'esto' una propiedad bien extraña para ser un nombre propio, a saber, que raramente significa la misma cosa en dos momentos ni significa lo mismo para el que habla que para el que escucha. Se trata de un nombre propio *ambiguo*, mas no por ello es menos un auténtico nombre propio, y casi la única palabra que alcanzo a imaginar que se use estrictamente y lógicamente como un nombre propio en el sentido en que he venido hablando de los nombres propios[67].

Ahora bien, si solo los deícticos —"esto", "ahí", "aquello"— son a los que se les podría llamar verdaderos nombres propios, esto nos lleva a la sorprendente conclusión de que, si no podemos acceder a esos portadores de nombres, a esos objetos que cotidianamente usamos y empleamos sin más —como "Cervantes", "Shakespeare" o "Nikos Kazantzakis"—, por lo mismo, no son menos metafísicos que, en palabras de Russell, la descripción abreviada "Dios". Este análisis revela, de nuevo, que lo que muchas veces denominamos nombres, no son tales, sino meras descripciones abreviadas. De esta manera Russell se acerca de algún modo a Frege, pues: "Frente a él, el significado de los nombres nunca es intencional; con él, el significado de los 'falsos' nombres propios que constituyen el lenguaje natural es *exclusivamente* su sentido"[68].

Ahora bien, ¿no será esto un absurdo *contraintuitivo*? ¿Cómo afirmar que estos nombres no lo son cuando el *común* los ha

---

[67] B. Russell, *La filosofía del atomismo lógico, op. cit.*, pp. 281-282.
[68] M. M. Gómez Alonso, "Individuos", *op. cit.*, p. 144.

utilizado desde siempre, sin más pretensiones que las de referirse a alguien? ¿No estará incurriendo Russell en una arbitrariedad? Estas dudas frente a la teoría de las descripciones de Russell no paran aquí. Como sugiere el profesor Modesto Gómez, si miramos con detalle la teoría se puede notar cierta *circularidad* cuando se afirma que la única manera de confirmar que nos encontramos frente a un verdadero nombre propio es su *anclaje* en la realidad, esto es, su referente. Luego esto quiere decir que la constatación de dicho individuo "portador del nombre" se da por el "sentido común" o, mejor, por decirlo con las sonoras palabras de Russell, por "el robusto sentido de la realidad". Esto significa que las herramientas que tenemos no dejan de ser herramientas *ad hoc*, pues "sabemos que algo es un nombre porque se refiere a un individuo y, por otro lado, sabemos que algo es un individuo porque es el referente de un nombre"[69].

Russell intenta superar esta *circularidad* de identificación de los verdaderos nombres propios apartándose del criterio ontológico *existente-inexistente* y abordando el problema desde la distinción epistemológica *dudables-indudables*, a saber, lo que no sabemos si existe frente a lo que, con certeza, sabemos que existe. En el criterio ontológico *existente-inexistente* la distinción semántica se comprobará de dos maneras: o bien por *la dubitabilidad de ciertas existencias*, o bien por *la verificación imposible de ciertas inexistencias*. Si seguimos el segundo criterio, *dudable-indudable*, "la incorregibilidad" (marca de lo indudable) *posibilita un dictamen neutral acerca de lo que existe sin, por otra parte, obligar a un compromiso ontológico negativo*. Esto significa que el círculo se rompe, pues la argumentación *ad hoc* que criticábamos desaparece, ya que los criterios de constatación de la existencia son epistemológicos mas no semánticos[70].

---

[69] M. M. Gómez Alonso, "Individuos", *op. cit.*, p. 143.
[70] "La argumentación *ad hoc* se disuelve. El filósofo transciende el círculo. Son razones epistemológicas, no semánticas, las que avalan la atribución de existencia,

Russell, ya desde su obra *Los problemas de la filosofía* (1912), afiló más que nunca su *navaja de Occam*[71], pues para él los *sense-data* (datos de los sentidos) son, además de garantes, una herramienta sólida para llegar al conocimiento directo de la referencia y, por ende, al nombre, que el particular posee, es decir, se puede llamar *verdaderos nombres propios* a aquellos signos *que etiquetan* esos *sense-data*. Russell, siguiendo al *Venerabilis*

---

razones que, además, poseen la solidez suficiente como para evitar cualquier duda concebible. Existe lo inmediato, aquello de lo que se tiene experiencia directa: los datos de la consciencia. Son nombres aquellos signos que etiquetan esos *datos*, únicos candidatos al cumplimiento del requisito esencial de la nominación: necesaria *referencialidad*". Cfr. M. M. Gómez Alonso, "Individuos", *op. cit.*, p. 145.

[71] Es interesante ver cómo este principio de economía influyó considerablemente en la obra de Russell. Desde sus inicios el autor de *Los principios de la matemática* deja clara su afiliación a la máxima de Occam, cuya fórmula tradicional y general puede enunciarse de la siguiente manera: *No hay que multiplicar los entes sin necesidad*. Escribe Russell en *La evolución de mi pensamiento filosófico*: "(...) pasado el tiempo, mi universo se hizo menos exuberante. En mi primera rebelión contra Hegel, creía que una cosa debe existir si no era válida la prueba de Hegel de que no existe. Gradualmente, la navaja de Occam me procuró una imagen más tersa y limpia de la realidad. No quiero decir que con ella pudiera probar la irrealidad de entidades que mostraban ser innecesarias; sólo quiero decir que suprimía argumentos a favor de su realidad. Todavía creo imposible la refutación de los enteros, de los puntos, de los instantes o de los dioses del Olimpo. Por cuanto yo sé, todos ellos pueden ser reales, pero no existe la más ligera razón para pensarlo así". Cfr. B. Russell, *La evolución de mi pensamiento filosófico, op. cit.*, p. 64.
Afirma Ferrater que la "regla de economía, de simplicidad del pensamiento", a saber: *Entia non sunt multiplicanda praeter necessitatem*, fue atribuida durante mucho tiempo a Guillermo de Occam, permitiendo que autores de la talla de Russell la llamaran la *Occam's Razor*. "Ahora bien, —continúa el autor español— dicha máxima en los textos de Occam no se encuentra propiamente expresada así, se pueden encontrar fórmulas similares, como: *Pluralitas non est ponenda sine necesitate* (No debe introducirse innecesariamente una pluralidad) y *Frustra fit per plura quod potets fieri per paucionari* (Es vano hacer con más lo que puede hacerse con menos), pero finalmente, todas están relacionadas en Occam con su tesis de que *nada debe afirmarse sin una razón suficiente* (*excepto cuando se trata de algo conocido por sí mismo, por experiencia o por revelación*)".
Sigue Ferrater Mora: "En la forma hoy más usual —*Entia non sunt multiplicanda praeter necessitatem*— parece que el más antiguo antecedente de ella se encuentra en la *Lógica vetus et nova* (1654), de Clauberg". Cfr. J. Ferrater, *Diccionario de filosofía, 2* (Madrid, Alianza 1979), pp. 948-949.

Inceptor tiene como principio fundamental de simplicidad la siguiente sentencia: "*Toda proposición que podamos entender debe estar compuesta exclusivamente por elementos de los cuales tengamos un conocimiento directo*"[72]. Lo anterior quiere decir categóricamente *que los* únicos *nombres verdaderos son los que etiquetan objetos de la experiencia directa*. Esto tiene como consecuencia la imposibilidad de referirnos a algo que ignoramos, la increíble imposibilidad de no poder nombrar aquello de lo que no tenemos ni podemos tener experiencia. Para Russell, como dijimos unas líneas más arriba, "nombres" (que cotidianamente se usan) como "Cervantes", "Shakespeare" o "Nikos Kazantzakis" son tan *innombrables* como los *nombres ficticios* "unicornio", "sirena" o "Remedios la Bella", por estar todos ellos lejos de nuestro alcance directo. Dice el autor inglés a propósito de esto en las conferencias de *La filosofía del atomismo lógico*:

> Un particular posee la autosubsistencia que tradicionalmente caracterizaba a la substancia, con la única salvedad de no persistir habitualmente más que un brevísimo espacio de tiempo, exactamente lo que dura nuestra experiencia. Es decir, ninguno de los particulares que se dan en el mundo depende en modo alguno lógicamente de otro particular. Pudiera suceder que uno cualquiera de ellos constituyese la totalidad del universo; que no sea éste el caso no pasa de una contingencia puramente empírica. No hay razón ninguna por la que no pudiera darse un

---

[72] B. Russell, *Los problemas de la filosofía, op. cit.*, p. 56. Frederick Copleston en su monumental *Historia de la filosofía* nos dice que son tres las características del "empirismo" de Occam, a saber: 1) Occam basa en la experiencia todo conocimiento del mundo existente. 2) Occam en su análisis de la realidad existente o de los enunciados que hacemos acerca de cosas sigue siempre el principio de economía: *No multiplicar los entes sin necesidad* o también *es vano hacer con más lo que se puede hacer con menos*. 3) Para Occam, cuando algunos postulan entidades innecesarias e inobservables, suele ser porque han sido desorientados por el lenguaje. Cfr. F. Copleston, *Historia de la filosofía. De Ockham a Suárez*. Trad. J. C. García-Borrón (Barcelona, Ariel 1981), pp. 81-82.

universo que contase de un único particular y nada más. Es ésta una peculiaridad de los particulares. Del mismo modo, lo único que se requiere para comprender el nombre de un particular es el conocimiento directo de este último[73].

Queda claro que en esta nueva revalorización de los nombres propios no se da la argumentación *ad hoc* que denunciábamos antes, ya que la epistemología, desde el conocimiento directo de los *sense-data*, se conjura contra tal argumentación y deja *fuera de circulación* el intento de ver la existencia del particular desde el horizonte metafísico, pues *los únicos nominables* son *los sense-data*. Ellos son los verdaderos nombres propios.

Ahora bien, esto crea un problema, pues podemos decir (adelantándonos a la crítica wittgensteiniana, que veremos en próximos capítulos) que, si bien el conocimiento directo exorciza las *circularidades* y confusiones ontológicas, este lanza a Russell a un problema tal vez más complejo como es el de la constitución de *los lenguajes privados*, problema al que Wittgenstein dedicará una buena parte de sus *Investigaciones filosóficas*. La crítica de Wittgenstein se centrará en el idealismo al que se ve abocado Russell, ya que los *sense-data*, si son los únicos nombrables, también son privados, íntimos e intransferibles. Es decir, los lenguajes privados nos llevan a la inaccesibilidad del otro individuo, a *la opacidad* de mi conocimiento para los otros. Ya lo reconocía, de algún modo, Russell en *Los problemas de la filosofía*:

> Cuando el caso de conocimiento directo es tal que yo pueda tener un conocimiento directo de él (...), es evidente que la persona que conozco soy yo mismo. Así, cuando conozco mi acto de ver el sol, el hecho complejo cuyo conocimiento tengo es "Yo-que-conozco-un-dato-de-los-sentidos"[74].

---

[73] B. Russell, *La filosofía del atomismo lógico, op. cit.*, pp. 282-283.
[74] B. Russell, *Los problemas de la filosofía, op. cit.*, pp. 50-51.

Somos desde esta perspectiva, una especie de cápsulas cerradas para los otros[75].

Como dijimos antes, si bien Russell ahuyentó genialmente la circularidad que producía el criterio ontológico, trajo consigo un problema mayor, a saber: *la constitución privada, intransferible, del lenguaje*. Pero preguntémonos (adelantándonos un poco a futuros desarrollos) junto con el Wittgenstein de las *Investigaciones filosóficas*: si Russell tiene razón, ¿cómo es posible que dos hablantes se puedan comprender cuando sus palabras se refieren a experiencias privadas y por tanto opacas para el otro? Se puede ver que:

> Russell desemboca en un idealismo similar al de Frege ("los significados están en la cabeza"), con el agravante de que si las intenciones son perfectamente identificables (y diferenciables) un particular parece tan poco reconocible como la nada de los metafísicos o el ser indeterminado de los panteístas[76].

Para terminar podemos ver que, hasta el momento, si bien Russell exorciza el inflacionismo, mantiene *erróneamente* su desconfianza en el uso común de aquellos nombres, como si

---

[75] Como hemos venido advirtiendo, el Wittgenstein de las *Investigaciones filosóficas* se dedica a combatir las tesis russellianas: la constitución privada del lenguaje y el postulado de un lenguaje referido a objetos provenientes de la experiencia privada. En capítulos siguientes desarrollaremos ampliamente esta crítica de Wittgenstein. Simplemente traigamos a colación un ejemplo de las *Investigaciones filosóficas* que posteriormente volveremos a citar. Dice así: "Supongamos que cada uno tuviera una caja y dentro hubiera algo que llamamos 'escarabajo'. Nadie puede mirar en la caja de otro; y cada uno dice que él sabe lo que es un escarabajo sólo por la vista de su escarabajo. — Aquí podría muy bien ser que cada uno tuviese una cosa distinta en su caja. Sí, se podría imaginar que una cosa así cambiase continuamente. — ¿Pero y si ahora la palabra 'escarabajo' de estas personas tuviese un uso? —Entonces no sería el de la designación de una cosa. La cosa que hay en la caja no pertenece en absoluto al juego del lenguaje; ni siquiera como un *algo*: pues la caja podría incluso estar vacía". Cfr. L. Wittgenstein, *Investigaciones filosóficas*, *op. cit.*, § 293, p. 245. *Werkausgabe*, p. 373.

[76] M. M. Gómez Alonso, "Individuos", *op. cit.*, p. 147.

nuestras formas usuales de comunicación estuvieran *esencialmente aún inanalizadas*; escribe Wittgenstein, "como si hubiera algo oculto en ellas que debiera sacarse a la luz"[77]. Russell desea que tengamos un *sentido robusto de la realidad*, pero, paradójicamente, desea, por otro lado, sacar "algo oculto" de la realidad del lenguaje, algo misterioso, por llamarlo así. Pero, como descubriremos —en respuesta a Russell— más adelante, el uso del lenguaje ordinario no exige más que su uso *sencillo, cotidiano y austero*, como lo defiende Wittgenstein a lo largo de sus *Investigaciones filosóficas*[78].

---

[77] L. Wittgenstein, *Investigaciones filosóficas, op. cit.*, 1, § 91, p. 113. *Werkausgabe*, p. 292.

[78] Dice J. J. Katz en su *Filosofía del lenguaje* sobre el desencanto de Wittgenstein de las teorías russellianas: "Los fundamentos filosóficos de la filosofía del lenguaje ordinario se deben a un buen número de filósofos, pero un filósofo cuya contribución fue especialmente importante es Wittgenstein. Wittgenstein empezó su carrera filosófica como empírico lógico. Su primer libro, *Tractatus Logico-Philosophicus*, abogaba por la aceptación de un lenguaje ideal, artificial, en el que los conceptos son definidos con precisión y las proposiciones expresan de un modo no ambiguo la forma real de los hechos. En realidad, sobre la base de este libro, Wittgenstein se dio a conocer como uno de los fundadores del empirismo lógico. Pero la creciente insatisfacción ante el concepto de un lenguaje ideal, artificial, acabó llevándole a separarse del empirismo lógico, emprendiendo un camino en el que sentaría las bases para una concepción alternativa del análisis y del tratamiento filosófico.
Wittgenstein *no* adoptó la posición de que el lenguaje artificial fracasaba porque no era científicamente suficiente. Al contrario, adoptó la posición de que fracasaba porque estaba demasiado científicamente orientado para su propósito. Los empíricos lógicos —declaraba ahora Wittgenstein— desean imitar la actividad de los científicos y por eso modelan sus lenguajes artificiales como sistemas científicos. Pero los sistemas científicos tratan de revelar la esencia de los objetos, hechos, estados, y proceden mediante definiciones precisas, empíricamente justificadas, que estudian las propiedades necesarias y suficientes para que algo sea un fenómeno de una determinada clase. Por lo tanto, al modelar sus lenguajes como sistemas científicos, los empíricos lógicos tratan de revelar la esencia de los conceptos tan lingüísticamente dados como 'conocimiento', 'verdad', 'espíritu', 'percepción', 'causa', 'existencia', etc. Buscan definiciones absolutamente precisas que den su significado como una condición necesaria y suficiente para que algo sea considerado como conocimiento, verdad, espíritu, percepción, causa, existencia, etc. Pero, según Wittgenstein, tales determinaciones de significados son sencillamente imposibles en filosofía". Cfr. J. J. Katz, *Filosofía del lenguaje, op. cit.*, pp. 67-68.

Dejemos las palabras finales a los primeros versos de un poema de Borges titulado "El Golem", que resumen con maestría las tesis de Frege y Russell que hemos intentado desarrollar en anteriores páginas. Escribe Borges:

> Si (como el griego afirma en el *Crátilo*)
> El nombre es arquetipo de la cosa,
> En las letras de *rosa* está la rosa
> Y todo el Nilo en la palabra *Nilo*[79].

---

[79] J. L. Borges, *Antología poética. 1923/1977* (Madrid, Alianza 1993), p. 59.

2. LOS SENDEROS QUE SE BIFURCAN: LAS TEORÍAS DESCRIPCIONISTAS Y LAS TEORÍAS DE LA REFERENCIA

Introducción

En este segundo capítulo queremos mostrar los senderos bifurcados que toman Strawson, Searle, Kripke y Putnam, senderos que fueron posibles por los primeros pasos dados por Frege y Russell; pasos que han permitido que los senderos se bifurquen sin cesar dentro *del jardín de la filosofía*. Estos autores han abierto nuevos y dispares senderos, senderos que en última instancia van y vienen sobre las tesis del significado, de los nombres, las palabras y las cosas. En este inmenso jardín sucede algo que podríamos llamar *rizomático*, pues no hay un único camino, son muchos los caminos para transitar dentro del de la filosofía analítica. Como decía Wittgenstein, *no hay un único método en filosofía, hay métodos, como diferentes terapias*. Strawson y Searle tienen su propia *terapia*. Ellos recorren el jardín pragmáticamente. Resaltan la importancia de *describir*, de tener en cuenta *el contexto y la comprensión* para el conocimiento de la realidad. Entienden que un nombre se apoya incesantemente en sus características, ya que existe una estrecha conexión (aunque *laxa*, como piensa Searle) del nombre con sus descripciones. Para estos autores, los nombres son ganchos donde se cuelgan descripciones, ellas sostienen un nombre, lo acompañan y lo contextualizan en el *uso* que hacemos de él.

Por otro lado, Kripke y Putnam son otro sendero más que se bifurca dentro de *la filosofía analítica*. Según estos autores, un nombre se agota en la pura referencia al objeto, no varía de contexto a contexto, sino es siempre el mismo en todos los mundos posibles donde pueda existir; de este modo, los nombres funcionan como *designadores rígidos*[1]. Ahora bien, imaginemos una situación contrafáctica en la que, por ejemplo, Borges en su cuento "El jardín de los senderos que se bifurcan" pudo haber dicho de su personaje de ficción lo siguiente: "Fang" es un nombre de ficción que se refiere siempre al mismo personaje en todos los mundos posibles donde pueda existir. Si esto es así, tendremos también que aceptar que, en el universo borgiano, el nombre "Fang" tiene un referente, referente de ficción pero referente al fin y al cabo. Esto significa que, si afirmamos que son los designadores rígidos aquellos nombres que siempre designan lo mismo independientemente del contexto o del mundo posible en el que se utilicen, tendremos que decir con-

---

[1] Para ilustrar la idea de los designadores rígidos de la teoría de la referencia directa, podemos citar el pasaje *sorprendente* del cuento "El jardín de los senderos que se bifurcan" de Borges en el que se enumeran algunas de las situaciones contrafácticas que le pueden suceder a Fang, el personaje de ficción de la novela de Ts'ui Pên. El pasaje dice así: "[En la ficción] del casi inextricable Ts'ui Pên, opta —simultáneamente— por todas. Crea, así, diversos porvenires, diversos tiempos, que también proliferan y se bifurcan. De ahí las contradicciones de la novela. Fang, digamos, tiene un secreto; un desconocido llama a su puerta; Fang resuelve matarlo. Naturalmente, hay varios desenlaces posibles: Fang puede matar al intruso, el intruso puede matar a Fang, ambos pueden salvarse, ambos pueden morir, etcétera. En la obra de Ts'ui Pên, todos los desenlaces ocurren; cada uno es el punto de partida de otras bifurcaciones. Alguna vez, los senderos de ese laberinto convergen". J. L. Borges, "El jardín de los senderos que se bifurcan", *Obras completas I* (Barcelona, Emecé Editores 1996), p. 477.

secuentemente que el personaje borgiano pudo haber matado al intruso, perdonarle la vida, huir o morir, pero no puede dejar de ser Fang en cualquier situación contrafáctica que se pudiera encontrar. Hay algo *esencial* en Fang, algo estructural que le hace ser Fang y no otra cosa. El significado no son las diferentes descripciones que se puedan hacer del nombre "Fang" sino el individuo mismo al que nombramos "Fang".

Ahora bien, preguntémonos en este punto: ¿qué es un nombre?, ¿cuál es el significado de un nombre?, ¿es el significado de un nombre un ramillete de descripciones o el objeto referido?, ¿hay algo esencial o no en los nombres?, ¿cuál de las dos tesis (descripcionistas o referencialistas) es más coherente?, ¿y qué pasa con aquellos nombres que carecen de ejemplares? Estas son las preguntas que intentaremos resolver desde las propuestas de la teoría de la referencia directa y las tesis descripcionistas. Dichas teorías son las encargadas de mostrarnos en este capítulo los *senderos bifurcados* y, además, serán ellas (alguna más que otra) las que nos darán las herramientas y las "fuerzas" necesarias para iniciar un camino propio en el que se puedan dar pasos hacia delante en el problema de la significatividad de los nombres.

Detengámonos por ahora en los importantes *avances* de Strawson, Searle, Kripke y Putnam y sus respectivas concepciones sobre el problema de los nombres, pues en la filosofía, como ya hemos advertido, "a pesar de todo, aparece algo parecido a un avance: hay mejoras en las técnicas que se utilizan y nuevos esquemas para resolver asuntos tradicionales"[2]. Mejoras y novedades que han enriquecido el panorama actual de la filosofía analítica.

---

[2] A. Stroll, *La filosofía analítica del siglo XX, op. cit.,* p. 4.

2.1. Teorías descripcionistas: *contextos, habilidades y conexiones al nombrar*

2.1.1. P. F. Strawson: *los nombres y sus usos*

P. F. Strawson (1916-2006), en los años cincuenta, presenta en el artículo titulado "Sobre el referir"[3] una brillante crítica a la famosa *teoría de las descripciones* de Russell[4]. Recordemos que la teoría de las descripciones de Russell parte de la tesis meinongniana de que un nombre refiere a un individuo señalándolo y particularizándolo, es decir, todo nombre *nombra* necesariamente "algo", tesis que llevó a Meinong a postular arbitrariamente la existencia o "subsistencia" de entidades fantásticas. Russell rechaza por completo este inflacionismo de la teoría apelando al *robusto sentido de la realidad*. El autor del atomismo lógico piensa que, efectivamente, los nombres deben nombrar "algo", pero, a diferencia de Meinong, cree que muchos nombres que solemos aceptar como tales no lo son de ningún modo. Por ejemplo, ciertas oraciones que involucran "nombres" sin respaldo, como el conocido ejemplo "el actual rey de Francia es calvo", no tienen un sujeto lógico definido

---

[3] P. F. Strawson, "Sobre el referir". Trad. L. Ml. Valdés Villanueva. En: L. Ml. Valdés Villanueva (ed.), *La búsqueda del significado, op. cit.*, pp. 57-82.

[4] Dice A. Stroll en *La filosofía analítica del siglo XX* a propósito de la publicación de "Sobre el referir" que: "El ataque lanzado por Strawson contra Russell y los presupuestos del atomismo lógico, se consideró, en general, correcto y fue uno de los principales factores que condujeron al abandono de ese enfoque previo". Cfr. A. Stroll, *La filosofía analítica del siglo XX, op. cit.*, p. 53. Ahora bien, es interesante leer las ocho páginas que dedica Russell en *La evolución de mi pensamiento filosófico* como respuesta al artículo de Strawson "Sobre el referir"; en ellas escribe que: "El propósito primordial del artículo [de Strawson] es refutar mi teoría de las descripciones. Como veo que algunos famosos filósofos a quienes respeto consideran que esta teoría ha cumplido su propósito con buen éxito, he llegado a la conclusión de que se hace necesaria una respuesta polémica. Para comenzar, puedo decir que soy totalmente incapaz de ver validez alguna en ninguno de los argumentos de Mr. Strawson. Si esta incapacidad se debe a senilidad por mi parte o a alguna otra causa, es cosa que dejo al juicio de los lectores". Cfr. B. Russell, *La evolución de mi pensamiento filosófico, op. cit.*, p. 250.

aunque aparenten tenerlo. Para Russell, la oración "el actual rey de Francia es calvo" no es una oración de *sujeto-predicado*, y, por lo mismo, el supuesto sujeto gramatical no es sino una mera *descripción abreviada* que además es falsa, pues, al no contar con un individuo tal (**X**) que cumpla con dichas funciones descritas, su valor de verdad, falso en este caso, está asegurado[5].

Ahora bien, Strawson cree que Russell está completamente equivocado al afirmar categóricamente que los *nombres ordinarios* son meras descripciones abreviadas. Para Strawson, la equivocación de Russell surge en no distinguir con claridad entre:

A1) una oración,
A2) un uso de una oración,
A3) una emisión de una oración.

Y correspondientemente, entre:

B1) una expresión,
B2) un uso de una expresión,
B3) una emisión de una expresión.

---

[5] J. Searle expondrá más adelante con detalle en su artículo "Nombres propios y descripciones" que esta atractiva teoría de Russell tiene notorias dificultades. Escribe el autor: "De acuerdo con una teoría largamente sostenida, los nombres propios simplemente representan objetos, sin tener ningún otro sentido o significado que el de representar objetos. Una formulación temprana de esta teoría está en el *Teeteto* de Platón, y las más sofisticadas versiones modernas de esta idea están en el *Tractatus Logico-Philosophicus* de Wittgenstein y en *Philosophy of Logical Atomism* de Russell. Según Wittgenstein, el significado de un nombre propio es simplemente el objeto por el que está. Tal vez la formulación más famosa de esta teoría del no sentido de los nombres propios es la afirmación de Mill de que los nombres propios tienen denotación pero no connotación. Para Mill un nombre común como 'caballo' tiene tanto una connotación como una denotación; connota aquellas propiedades que serían especificadas en una definición de la palabra 'caballo' y denota todos los caballos. Pero un nombre propio sólo denota a su portador.
La anterior es una famosa y atractiva teoría de los nombres propios pero hay ciertas notorias dificultades en ella". Cfr. J. Searle, "Nombres propios y descripciones". Trad. J. Fillol y E. Ujaldón, en: L. Ml. Valdés Villanueva (ed.), *La búsqueda del significado, op. cit.*, p. 83.

Para Strawson hay que tener clara esta distinción, ya que una misma oración puede usarse en diferentes *contextos* para hacer diferentes enunciados, unos verdaderos y otros falsos. Tomemos —dice el profesor de Oxford— la oración "el rey de Francia es sabio" y supongamos que se emite primero en tiempos de Luis XIV y luego en tiempos de Luis XV. Tenemos por consiguiente que se ha emitido la misma oración pero se han hecho *diferentes usos de la misma*,

> es decir, sería natural y correcto hablar de *una y la misma* oración que es emitida en todas estas diversas ocasiones. Usaré la expresión A1, "una oración", en el sentido en que sería correcto hablar de una y la misma oración que es emitida en todas esas diversas ocasiones[6].

Se podría decir también que quienes la *usan* en la primera ocasión y quienes la usan en la segunda ocasión hacen diferentes *usos* de la misma oración[7]. Para Strawson la oración propuesta por Russell "el actual rey de Francia es calvo" no es ni verdadera ni falsa, ya que lo únicamente verdadero o falso es *el uso* que se hace de ella[8].

---

[6] P. F. Strawson, "Sobre el referir", *op. cit.*, p. 62.

[7] Afirma el profesor Strawson: "Si en vez de considerar toda oración 'El rey de Francia es sabio' tomamos en cuenta aquella parte constituida por la expresión 'el rey de Francia', resulta obvio que podemos hacer distinciones análogas, aunque no idénticas, entre 1) la expresión, 2) un uso de la expresión y 3) una emisión de la expresión. Las distinciones no serán idénticas; obviamente, no podemos decir correctamente que la expresión 'El rey de Francia' se use para expresar una proposición verdadera o falsa, ya que en general sólo las oraciones pueden usarse verdadera o falsamente, y de modo similar, únicamente al usar una oración, y no al usar una expresión aislada, se puede hablar de una persona particular. En cambio, diremos en este caso que la expresión se usa para mencionar o hacer referencia a una persona particular cuando se usa la oración para hablar acerca de ella. Pero, como es obvio en este caso y en muchos otros, no puede decirse que la expresión B1 mencione, o haga referencia a algo, del mismo modo que no puede decirse que la oración sea verdadera o falsa". Cfr. P. F. Strawson, "Sobre el referir", *op. cit.*, p. 63.

[8] J. O. Cofré resalta con detalle este punto de Strawson en su libro *Examen*

Por otro lado, también advierte Strawson que la misma oración, ya sea verdadera o falsa, puede hacerse usando diferentes oraciones en *diferentes contextos*. Supongamos que se dice: "yo tengo calor" y usted, refiriéndose a mí, dice "él tiene calor". Con este sencillo ejemplo podemos notar que hemos usado *diferentes oraciones*, pero hemos hecho el mismo enunciado, es decir, nos hemos referido al mismo individuo y hemos predicado lo mismo de él, salvo desde "lugares distintos"[9]. Dice Strawson:

> Obviamente, tanto en el caso de esta oración como en muchas otras, no podemos hablar de que la *oración* será verdadera o falsa, sino sólo de que se usa para hacer una aserción verdadera o falsa, o (si se prefiere) para expresar una proposición verdadera o falsa. Y es igualmente obvio que no podemos hablar de que la oración sea acerca de una persona particular, puesto que la misma *oración* puede usarse en momentos diferentes para hablar *acerca de* personas particulares completamente diferentes; sólo podemos hablar de *un uso* de la oración para hablar acerca de una persona particular. Por último, quedará suficientemente claro a qué me refiero cuando hablo de una emisión de una oración, si digo que las dos personas que emitieron simultáneamente en el reinado de Luis XIV hicieron dos emisiones diferentes de la misma oración, aunque el mismo uso de ella[10].

Strawson cree que lo que hace Russell es "imaginarse" que hablamos de oraciones y expresiones cuando en realidad estamos hablando de *usos de oraciones y expresiones*. Para ello Strawson introduce la distinción entre *significar y ser-verdadero o falso*. El significado es función de los tipos (oración o expre-

---

filosófico de los entes de ficción. Cfr. J. O. Cofré, *Examen filosófico de los entes de ficción* (Valdivia, Universidad Austral de Chile 1993), p. 64.

[9] P. F. Strawson, "Sobre el referir", *op. cit.*, p. 64.
[10] P. F. Strawson, "Sobre el referir", *op. cit.*, p. 63.

sión): mencionar o hacer referencia[11]. Y la verdad o la falsedad son función del uso de la oración o de la expresión, es decir, son las cosas que alguien puede hacer al *usar* una oración o expresión. Strawson se aparta radicalmente en este punto de Russell, que identificaba el significado de un *auténtico término* singular con el objeto denotado por él. Russell pensó, dice Strawson, que si existiesen expresiones que tuviesen un uso referencial singularizador que fuesen lo que parecen ser y no otra cosa disfrazada, su significado tendría que ser el objeto particular al que se referían en su uso.

Por el contrario, para Strawson, si una oración o expresión es significativa o no, nada tiene que ver con la cuestión de si la oración emitida en una *ocasión* particular está siendo usada o no en esa ocasión para realizar una aserción verdadera o falsa, o si la expresión está siendo usada en esta ocasión para hacer referencia o mencionar algo. Para Strawson, el significado no es de ninguna manera el referente, sino es el conjunto de reglas, hábitos, convenciones para *su uso al hacer referencia*, y, por no entender este "detalle", dice el autor enfáticamente, se da "la enojosa mitología del nombre lógicamente propio"[12].

El problema fundamental es confundir referir, mencionar, con significar[13]. Strawson afirma a propósito del significado de una expresión:

---

[11] Strawson usa "tipo" como abreviatura de oración o expresión. Escribe el autor a propósito: "No estoy diciendo, entonces, que haya oraciones y expresiones (tipos), y usos y emisiones de ellas, del mismo modo que hay barcos y zapatos y lacre. Estoy diciendo que no podemos decir las mismas cosas acerca de los tipos, usos de los tipos y emisiones de los tipos. Y el hecho es que hablamos acerca de los tipos; y esta confusión es fácil que surja al no advertir las diferencias entre lo que puede decirse acerca de éstos y lo que sólo puede decirse acerca de los usos de tipos". Cfr. P. F. Strawson, "Sobre el referir", *op. cit.*, p. 64.

[12] P. F. Strawson, "Sobre el referir", *op. cit.*, p. 65.

[13] El profesor Strawson nos da un ilustrativo ejemplo al respecto: "Si hablo de mi pañuelo, puedo, quizás, sacar de mi bolsillo el objeto al que me estoy refiriendo, pero no puedo sacar de mi bolsillo el significado de la expresión 'mi pañuelo'". Cfr. P. F. Strawson, "Sobre el referir", *op. cit.*, p. 65.

Dar el significado de una expresión (…) es dar directrices generales para su uso para hacer referencia a, o mencionar, objetos o personas particulares; dar el significado de una oración es dar las directrices generales para su uso al hacer aserciones verdaderas o falsas. (…). El significado de una oración no puede identificarse con la aserción que hacemos mediante su uso, en una ocasión particular. Hablar sobre el significado de una expresión o una oración no es hablar sobre su uso en una ocasión particular, sino sobre las reglas, hábitos y convenciones que gobiernan su uso correcto, en todas las ocasiones, para hacer referencia o aseverar[14].

Se puede ver, sin lugar a dudas, que Strawson se acerca a Frege cuando considera que el sentido de una expresión no es su referente exclusivamente, sino *el conjunto presuposicional* formado por las proposiciones que más frecuentemente mencionarían *los usuarios* del nombre si se les preguntara cuáles son los hechos más relevantes acerca de su portador. Escribe Alfonso García Suárez en su libro *Modos de significar*:

> No sólo anticipa Frege la postura de Strawson en este punto, sino que también, para él, cuando la presuposición es falsa, el enunciado presuponiente carece de valor de verdad. Así, cuando en un enunciado aparezca un término que carece de referencia, como sucede en "Ulises fue desembarcado en Ítaca profundamente dormido", el enunciado como todo carecerá a su vez de valor de verdad, ya que para Frege la referencia de un enunciado es lo verdadero o lo falso (…). En un caso así tenemos un enunciado que tiene sentido pero no referencia. El que el enunciado carece de referencia —esto es, de valor de verdad— se sigue del principio de composicionalidad para la referencia, según el cual la referencia de una expresión compleja es función de las referencias de sus partes[15].

---

[14] P. F. Strawson, "Sobre el referir", *op. cit.*, pp. 64-65.
[15] A. García Suárez, *Modos de significar. Una introducción temática a la filosofía del lenguaje* (Madrid, Tecnos 1997), p. 71.

Ahora bien, cabe aquí preguntarnos: ¿y qué sucede con oraciones que carecen de referente como pueden ser "Ulises fue desembarcado en Ítaca profundamente dormido" o "la señora Bardell se ha desmayado en brazos del señor Pickwick"?, ¿qué sucede con aquellas oraciones donde falla el referente?, ¿cuál es el *conjunto presuposicional* que sostiene estos "nombres" vacíos? Siguiendo la misma línea, podemos decir que para Strawson cuando el referente falla —es decir, cuando no hay tal objeto al cual referirse—, *la oración* simplemente *carece de valor de verdad*, no es ni verdadera ni falsa, pero continúa siendo una oración perfectamente *significativa*. "Es, si se quiere —dice Strawson— un uso espurio de la oración, aunque podamos (o no) creer erróneamente que se trata de un uso genuino"[16]. Tales usos espurios o secundarios se dan en mayor medida en la literatura, en el mundo de la ficción. Para nuestro autor, si empezáramos diciendo por ejemplo: "el rey de Francia es sabio", y continuáramos con "vive en un castillo de oro y tiene cien esposas" y "tiene un caballo alado que lo lleva todas las mañanas hasta el cielo", etc., un oyente *entendería perfecta e inmediatamente* que mi discurso está en el plano de la ficción literaria y que, por ende, es absurdo buscar un referente o decir que es un enunciado falso o verdadero[17]. Afirma el profesor Strawson:

---

[16] P. F. Strawson, "Sobre el referir", *op. cit.*, p. 68.

[17] Continúa el profesor de Oxford en "Sobre el referir" que: "(…) allí donde el uso de oraciones y expresiones pertenezca abiertamente al mundo de ficción, el sentido de las palabras 'acerca de' puede cambiar. Como dijo Moore, es perfectamente natural y correcto decir que algunos de los enunciados de los *Pickwicks Papers* son acerca de Mr. Pickwick. Pero donde el uso de oraciones y expresiones no pertenece abiertamente al mundo de la ficción, este uso de 'acerca de' parece menos correcto, esto es, no sería en general correcto decir que un enunciado era acerca del Sr. X. o de tal-y-tal, a menos que existiese tal persona o cosa. Sólo donde el novelar corre el riesgo de ser tomado en serio podríamos responder a la pregunta '¿Acerca de quién está hablando?' con 'No habla acerca de nadie'; pero al decir esto no estamos diciendo que lo que se decía era falso o sin sentido". Cfr. P. F. Strawson, "Sobre el referir", *op. cit.*, pp. 68-69.

Desde luego, el hecho de que sea significativa es lo mismo que el hecho de que pueda usarse correctamente para hablar de algo y que, al usarla así alguien hará una aserción verdadera o falsa. Y añadiré que se usará para hacer una aserción verdadera o falsa *sólo* si la persona que la usa *está* hablando de algo. Si, cuando la emite, no habla de nada, entonces su uso no es genuino, sino un uso espurio o pseudo-uso; no hace una aserción verdadera o falsa, aunque pueda pensar que la está haciendo. Y esto señala el camino hacia la respuesta correcta al problema al que la teoría de las descripciones da una respuesta fatalmente incorrecta[18].

Vale la pena resaltar que en este *aspecto* Strawson se acerca considerablemente a G. E. Moore, quien rechaza la idea de que una oración sea verdadera o falsa en virtud de su correspondencia o falta de correspondencia con la realidad o con una situación distinta de la oración misma. Moore, al contrario, piensa que la verdad o la falsedad es una propiedad identificable de la oración misma, que pertenece a ella en virtud de la relación que se da en la oración entre los conceptos que la componen. Para Moore, por ejemplo, el *significado* que tiene a veces una oración como "algunos tigres domesticados no existen" es el que posee cuando se *usa* con el mismo significado que "algunos tigres domesticados son imaginarios" o "algunos tigres domesticados no son reales". No se puede negar, por lo tanto, —y en esto Strawson está de acuerdo— que la oración "algunos tigres domesticados son imaginarios" puede expresar realmente una oración *significativa*. Según Moore, este tipo de oraciones, en el terreno de la ficción, por ejemplo, como en el de la narración de historias sobre seres imaginarios, cuentos, fabulas y demás, *tienen carácter plenamente significativo*. Más adelante dirá Moore en su artículo de 1933 "Objetos imaginarios" que los nombres propios solo se *usan y nada más*. Tomemos el siguiente ejemplo propuesto por Moore:

---

[18] P. F. Strawson, "Sobre el referir", *op. cit.*, p. 66.

Si presento a mi amigo Smith a una persona que ni lo conoce ni ha oído hablar de él, y digo "éste es mi amigo Smith", parte de lo que afirmo es "el nombre de esta persona es 'Smith'". Pero si en un acto público muestro al señor Baldwin a una persona que no lo conoce de vista, pero que sé que ha oído hablar de él frecuentemente, y digo "mira, ése es el señor Baldwin", entonces no forma parte de lo que digo el enunciado "esa persona se llama 'Baldwin'"[19].

Para Moore, *se usa sencillamente el nombre*. En la inmensa mayoría de los casos en que se usan nombres propios, tanto en la vida ordinaria como en la historia o la ficción, no se dice *nada en absoluto* sobre el nombre usado; *se usa solamente*. Ahora bien, volvamos a la oración "el rey de Francia es calvo" y veremos con detalle el uso que *implica* dicha oración. En ella, según Strawson, hay *dos cosas verdaderas* y *dos cosas falsas* que expone Russell.

Las cosas verdaderas son:

1) Es una oración significativa; si alguien la emitiese ahora estaría emitiendo una oración significativa.

2) Si alguien la emitiese ahora haría una aserción verdadera sólo si, actualmente, existiera de hecho uno y sólo un rey de Francia, y si éste fuera calvo.

Y *las cosas falsas* que nos dice Russell son:

---

[19] Y continúa Moore: "Me parece que en la inmensa mayoría de los casos en que se usan nombres propios, tanto en la vida ordinaria como en la historia o en la ficción, no se dice nada en absoluto sobre el nombre usado: se usa *solamente*. Es decir, la proposición expresada con el enunciado en el que aparece el nombre 'N', ni afirma ni tampoco implica la proposición 'Algo se llama N'. Como es natural, al usar el nombre *damos a entender* que alguien se llama 'N', pero no en el sentido en que la proposición que expresamos *implique* esta proposición". Cfr. G. E. Moore, "Objetos imaginarios". Trad. C. Solís, en: G. E. Moore, *Defensa del sentido común y otros ensayos* (Barcelona, Orbis 1983), pp. 119-120.

1) Que cualquiera que la emitiese en la actualidad estaría haciendo una aserción verdadera o falsa.

2) Que parte de lo que estaría afirmando sería que en la actualidad existe uno y sólo uno que es rey de Francia[20].

Como vemos, para Russell, cualquiera que exprese ahora la oración "el rey de Francia es calvo" estaría haciendo una aserción falsa, puesto que no cumpliría la condición de contar con referente. Strawson, por el contrario, diría que tal aserción sería carente de valor de verdad; es decir, no es ni verdadera ni falsa, puesto que la cuestión sobre si su enunciado es verdadero o falso *simplemente no se plantea*, ya que es evidente que no hay rey de Francia. Esto no quiere decir, por supuesto, que la oración que se emitió carezca de significado, ya que la oración, en cuanto *tipo*, es ciertamente significativa. Por ejemplo: si alguien emite con seriedad (es decir creyéndolo) la oración "el rey de Francia es sabio", se podría decir que en cierto sentido *implica* ("implicar" aquí no equivale a "entrañar" o a "implicar lógicamente") que hay un rey de Francia. En el caso de que nosotros respondiéramos a esta persona diciendo que no hay un rey en Francia, pues no hay monarquía en ese país, no estaríamos *contradiciéndolo* y mucho menos afirmando que su enunciado es falso, sino que estaríamos "más bien dando una razón para decir que la cuestión de si es verdadero o falso no se plantea"[21]. Cuando alguien usa la oración "el rey de Francia es calvo" se compromete con la existencia de un único rey en Francia, pero no se trata de que su enunciado *entrañe* la existencia de ese único rey de Francia, sino de que la *presupone*; tal es así que cuando falla la presuposición, es decir, cuando no hay tal objeto, la oración carece de valor de verdad, esto es, ni es verdadera ni es falsa[22].

---

[20] P. F. Strawson, "Sobre el referir", *op. cit.*, pp. 66-67.
[21] P. F. Strawson, "Sobre el referir", *op. cit.*, p. 67.
[22] Para Strawson los lógicos, empezando por el propio Russell, no han logrado captar la importancia de la distinción entre lo que *puede decirse* de una expre-

Strawson nos dice que uno de los propósitos para los que usamos el lenguaje es el de "enunciar hechos acerca de cosas, personas y eventos"[23]. De ahí que, a partir de preguntas como ¿de qué (de quién, de cuál) está usted hablando? y ¿qué estás diciendo de ello (de él, de ella)?, tenemos la oportunidad de distinguir y adelantarnos a las reglas (condiciones) de hacer referencia y a las reglas para atribuir, respectivamente. Según Strawson, estas condiciones para hacer referencia han sido descuidadas o mal interpretadas por los siguientes motivos:

1) La preocupación de la mayoría de los lógicos por las definiciones. Por el contrario, piensa Strawson que una definición es una especificación de las condiciones del uso adscriptivo o clasificatorio correcto de una oración o expresión. Las definiciones no tienen en cuenta requisitos contextuales. Buscar significado, buscar el análisis de una oración o expresión no debe entenderse como la búsqueda de definición.

2) La preocupación de algunos lógicos (por ejemplo Leibniz y Russell) por los sistemas formales, es decir por las matemáticas y la lógica formal. Strawson nos dice que el constructor de cálculos no interesado en, ni obligado a, hacer enunciados fácticos, se

---

sión y lo que *puede decirse* de un uso particular de ella. El profesor Strawson nos da un genial ejemplo: "Supongamos que extiendo mis manos hacia alguien, poniéndolas cuidadosamente en forma de copa, y diciéndole a la vez que lo hago: 'Esto es un rojo hermoso'. Esa persona al mirar mis manos y no ver nada en ellas, puede decir: '¿Qué es?, ¿de qué estás hablando?'. O quizás: '¡Pero si no hay nada en tus manos!'. Desde luego, sería absurdo decir que, al emitir lo anterior la persona, estuviera negando o contradiciendo lo que dije. De esta manera, 'esto' no es una descripción disfrazada en el sentido de Russell. Ni es un nombre lógicamente propio. Porque es necesario saber lo que significa la oración para reaccionar de esa manera ante su emisión. Precisamente a causa de que el significado de la palabra 'esto' es independiente de cualquier referencia particular que pueda hacerse al usarla, aunque no independiente del modo en que puede usarse para hacer referencia, puedo, como en este ejemplo, usarla para fingir que estoy haciendo referencia a algo.
La moraleja general de esto es que la comunicación es un asunto de aserción explícita o disfrazada en bastante menor medida de lo que los lógicos suelen suponer". Cfr. P. F. Strawson, "Sobre el referir", *op. cit.*, pp. 70-71.

[23] P. F. Strawson, "Sobre el referir", *op. cit.*, p. 72.

acerca la mayoría de las veces a la lógica aplicada con un prejuicio. De este modo —continúa el autor— vemos a Leibniz *luchando desesperadamente* por hacer de la unicidad de las referencias singularizadoras una cuestión de lógica en sentido estricto, y a Russell luchando igualmente, aunque de manera diferente, tanto con la implicación de unicidad como con la de existencia[24].

Para terminar con la crítica que hace Strawson a la teoría de las descripciones de Russell y a la lógica tradicional, traigamos el ilustrativo y clarificador ejemplo que dice así:

> Si a una persona que toma las cosas al pie de la letra y que no tiene hijos se le pregunta si todos sus hijos están durmiendo, ciertamente no responderá "Sí", dado que no tiene ninguno, pero tampoco responderá "No" sobre la misma base. Ya que no tiene hijos la cuestión no se plantea. Decir esto no es decir que no se pueda usar la oración "Todos mis hijos están dormidos" con la intención de engañarte haciéndote pensar que los tengo. Ni supone un debilitamiento de mis tesis el conceder que las frases singulares de la forma "el tal-y-tal" puedan a veces usarse con un propósito similar[25].

Concluye Strawson enfáticamente su crítica a la teoría de las descripciones revalorando el uso ordinario del lenguaje con estas palabras: "Ni las reglas aristotélicas ni las russellianas dan cuenta de la lógica exacta de cualquier expresión del lenguaje ordinario, porque el lenguaje ordinario no tiene lógica exacta"[26]. Ahora bien, Russell responderá en su libro *La evolución de mi pensamiento filosófico* a esta crítica de Strawson lo siguiente: "No veo por qué sólo la filosofía ha de tener prohibido intentar una tal aproximación a la precisión y

---

[24] P. F. Strawson, "Sobre el referir", *op. cit.*, pp. 74-75.
[25] P. F. Strawson, "Sobre el referir", *op. cit.*, p. 82.
[26] *Ibíd.*

exactitud (...) Los lenguajes técnicos que difieren del lenguaje de la vida diaria son indispensables para los fines técnicos"[27] y más adelante continúa el autor del *atomismo lógico* diciendo:

> Estoy de acuerdo, sin embargo, con Mr. Strawson cuando afirma que el lenguaje ordinario no tiene lógica exacta. Míster Strawson, a pesar de su muy auténtica competencia lógica, tiene un curioso prejuicio contra la lógica. En la página 43, tiene un repentino ataque ditirámbico en el que afirma la superioridad de la vida sobre la lógica y que utiliza para dar una interpretación completamente falsa a mis doctrinas[28].

2.1.2. SEARLE: *LOS NOMBRES*, GANCHOS DE LOS QUE CUELGAN LAS DESCRIPCIONES[29]

John Searle (1932) se acerca de modo más estrecho a la teoría descripcionista propuesta por Frege. Searle cree que Frege tiene razón al afirmar que *todos los nombres propios tienen un sentido*, que su referencia es indirecta, pero entiende que ese sentido no

---

[27] B. Russell, *La evolución de mi pensamiento filosófico, op. cit.*, pp. 256-257.

[28] B. Russell, *La evolución de mi pensamiento filosófico, op. cit.*, p. 257.

[29] Las profesoras M. J. Frápolli y E. Romero afirman en su trabajo dedicado a J. Searle que: "Wittgenstein, con trabajos como el de las *Investigaciones filosóficas* (1953) y *El cuaderno azul* (1958), y Austin, con *Cómo hacer cosas con palabras*: *palabras y acciones* (1962), han generado una tradición en la Filosofía del Lenguaje que se conoce como la 'Teoría de los actos del habla'. Esta teoría del significado tiene como representante más destacado a Searle (...). La estrategia central es considerar el lenguaje como un instrumento para hacer cosas y explicar lo que significan ciertas partes del lenguaje en función de su uso o finalidad. Sin embargo, no es una estrategia nueva explicar el significado de una expresión por el uso que los hablantes hacen de ella. Locke, por ejemplo, defendió que las palabras en su significación primaria sólo significan las ideas con las que la mente de su usuario las asocia. Lo que hay de nuevo en la tradición de la Teoría de los Actos del habla es el modo de entender la noción, un tanto imprecisa, de *uso*. El uso al que se está haciendo referencia es el uso del lenguaje para hacer cosas". Cfr. M. J. Frápolli y E. Romero, "La teoría de los actos de habla de J. Searle", en: M. J. Frápolli y E. Romero, *Una aproximación a la filosofía del lenguaje* (Madrid, Síntesis 1998), p. 207. También, para este punto, es útil el libro de la profesora V. Camps, *Pragmática del lenguaje y filosofía analítica* (Barcelona, Península 1976), pp. 67-141.

es solo (y esto es muy importante) un *conjunto de descripciones* que singularizan el objeto al que se refiere el nombre. Frege[30] vio correctamente que cualquier término singular debe tener algún "modo de presentación", pero su error fue considerar como una definición a la *descripción identificadora* que podemos sustituir por un nombre[31]. Searle resalta que:

> El instinto de Frege iba por buen camino al inferir del hecho de que hacemos enunciados de identidad fácticamente informativos usando nombres propios que éstos deben tener un sentido, pero estaba equivocado al suponer que este sentido es tan claro como una descripción definida. Su famoso ejemplo de "la estrella de la mañana—la estrella de la tarde", lo extravió aquí, porque, aunque el sentido de estos nombres está claro, estas expresiones no son nombres propios paradigmáticos, sino que están en la línea fronteriza entre las descripciones definidas y los nombres propios[32].

---

[30] Escribe Searle de Frege que: "La solución de Frege fue argüir que, además de los nombres y los objetos a los que refieren, debemos distinguir un tercer elemento, el sentido (*Sinn*) del nombre en virtud del cual y sólo en virtud del cual se refiere el objeto. En el enunciado 'La estrella de la tarde es idéntica a la estrella de la mañana', las expresiones 'la estrella de la tarde' y 'la estrella de la mañana, tienen la misma referencia pero diferentes sentidos. El sentido proporciona el modo de presentación (*Art des Gegebenseins*) del objeto; el objeto está, por así decirlo, iluminado desde un lado (*einseitig beleuchtet*) por el sentido de la expresión, y es gracias a que las dos expresiones tienen diferentes sentidos por lo que el enunciado puede transmitirnos información fáctica. Lo que el enunciado trasmite es que uno y el mismo objeto tiene dos conjuntos diferentes de propiedades especificadas por los dos sentidos diferentes de los nombres, y así un enunciado tal puede ser un enunciado de hecho y no una mera trivialidad o una decisión verbal arbitraria. Todos los nombres propios, para Frege, tenían sentido del mismo modo que lo tienen las expresiones 'la estrella de la mañana' y 'la estrella de la tarde'". Cfr. J. Searle, "Nombres propios y descripciones", *op. cit.*, p. 84.

[31] Según Frege, el sentido de un nombre propio contiene el "modo de presentación" que identifica el referente, y desde luego un predicado descriptivo simple no nos provee de un modo de presentación (una descripción identificadora). Cfr. J. Searle, "Nombres propios y descripciones", *op. cit.*, p. 89.

[32] J. Searle, "Nombres propios y descripciones", *op. cit.*, p. 91.

Siguiendo la exposición de "Nombres propios y descripciones" de Searle, se puede ver con detalle cómo la teoría del sentido de G. Frege entra en contradicción con la teoría clásica del no-sentido, la cual cree que, para que los nombres sean realmente nombres deben tener necesariamente un referente, y no un sentido. Para la teoría clásica del no-sentido, especialmente para Platón y el Wittgenstein del *Tractatus*, los nombres propios son el vínculo conector entre las palabras y el mundo. Russell no se distancia de los dos. Para el autor del *atomismo lógico* los nombres no son más que una especie de descripciones disfrazadas, donde nombrar es anterior a describir. Para Frege, todo lo contrario, describir es anterior a nombrar, ya que un nombre solo nombra *describiendo* el objeto que nombra[33].

Ahora bien, preguntémonos: ¿qué *pros* y qué *contras* tienen estas dos teorías?, ¿son equivalentes los nombres a las descripciones o no?, ¿por cuál teoría debemos inclinarnos? En un primer momento, según Searle, el sentido común parece decantarnos hacia la teoría del no-sentido, pues los nombres propios no son equivalentes a las descripciones definidas, puesto que "llamar a un objeto por su nombre no es un modo de describirlo. Nombrar es una preparación para describir, no un modo de describir"[34]. Al igual que las descripciones no son equivalentes definicionales del nombre, ya que estas descripciones son solo contingentemente verdaderas para el nombre, pues, si no es así, el significado del nombre (y tal vez la identidad del objeto) cambiaría cada vez que hubiese un cambio en el objeto, y el mismo nombre tendría diferentes significados para los diferentes usuarios del nombre[35].

---

[33] Cfr. J. Searle, "Nombres propios y descripciones", *op. cit.*, p. 84.
[34] J. Searle, "Nombres propios y descripciones", *op. cit.*, p. 85.
[35] Escribe Searle: "No solamente no tenemos equivalentes definicionales, sino que no resulta claro cómo podríamos llegar a conseguir que éstos sustituyesen a los nombres propios en todos los casos. Si intentamos presentar una descripción

Estas apreciaciones del *sentido común* son importantes para inclinarnos más por esta teoría, pero Searle nos deja ver que dicha teoría del no-sentido tiene serias dificultades. La primera dificultad, por ejemplo, es que no puede dar cuenta de la ocurrencia de nombres propios en enunciados informativos de identidad. La segunda dificultad es que, de modo similar, es incapaz de explicar la ocurrencia de los nombres propios en enunciados existenciales, por ejemplo al proferir enunciados tales como "existe un lugar tal en África" y "Cancerbero no existe". De este modo,

> los nombres propios no puede decirse que tengan referencia, pues ningún sujeto de un enunciado existencial puede tenerla. Si la tuvieran, la precondición de que poseyese un valor de verdad garantizaría su verdad si fuese afirmativo y su falsedad si fuese negativo[36].

Según Searle, esto es una manera de decir que "*existe*" *no es un predicado*, puesto que *todo enunciado existencial afirmativo* establece en efecto que un cierto concepto o predicado es instanciado. Dice Searle en *Actos de habla* que:

> De este modo, si un nombre propio aparece en un enunciado existencial debe tener algún contenido descriptivo o conceptual. Intentos como los de Russell de eludir este punto han tomado la forma de decir que tales expresiones no son realmente nombres

---

completa del objeto como el sentido del nombre, resultarían consecuencias extrañas, por ejemplo, cualquier enunciado verdadero sobre el objeto, usando el nombre como sujeto, sería analítico; cualquier enunciado falso sería autocontradictorio; el significado de un nombre (y quizá la identidad del objeto) debería cambiar siempre que hubiese algún cambio en el objeto; el nombre tendría significados diferentes para personas diferentes, etc. Así, parece que el punto de vista de que los nombres propios son descripciones no puede ser verdadero tampoco". Cfr. J. Searle, *Actos de habla. Ensayo de filosofía del lenguaje*. Trad. L. Ml. Valdés Villanueva (Madrid, Cátedra 1980), p. 170.

[36] J. Searle, "Nombres propios y descripciones", *op. cit.*, p. 85.

propios, una maniobra desesperada que muestra que hay algo que no marcha bien en las suposiciones que conducen a esto[37].

Para el Wittgenstein del *Tractatus* el significado de un nombre propio es exactamente el objeto por el que está; de este modo parece que: "La existencia de esos objetos que son nombrados por los nombres propios genuinos no puede ser un hecho contingente ordinario"[38]; es decir, no podría tener ningún sentido afirmar o negar la existencia de los objetos nombrados por nombres propios genuinos, y la razón de esto es que, por ejemplo, "cambios tales en el mundo como la destrucción de algunos objetos no pueden destruir el significado de las palabras, porque cualquier cambio en el mundo debe no obstante ser descriptible en palabras"[39].

Ahora bien, ¿puede haber proposiciones que contengan un nombre propio como sujeto y una expresión descriptiva como predicado analítico? Esta pregunta, dice Searle, tiene una forma débil y otra fuerte que se pueden enunciar de la siguiente manera: (a) *La débil*: ¿hay tales enunciados analíticos?

---

[37] J. Searle, *Actos de habla. Ensayo de filosofía del lenguaje*, *op. cit.*, p. 169.

[38] J. Searle, "Nombres propios y descripciones", *op. cit.*, p. 86.

[39] Hay dos modos, según Searle, de tratar este problema de la existencia, un modo metafísico y otro lingüístico. Veámoslos: por ejemplo, en el *Tractatus* se opta por una conclusión metafísica, afirmando que los objetos forman la sustancia del mundo. Su existencia no puede ser ni aseverada ni negada. Anscombe, por su parte, adopta una salida lingüística para el problema pues solo las expresiones que tienen portadores son nombres propios genuinos. Si aceptamos esto, muchos nombres propios obvios, como "Hamlet" y "Zeus" no existirían: ¿y es esto verdad?, o, por el contrario, ¿no es una posición arbitraria usar la expresión "nombre propio genuino" de tal manera que solo las expresiones que tengan portadores sean nombres propios genuinos? Russell, en su período del atomismo lógico —y siguiendo al Wittgenstein del *Tractatus*—, dice que lo que en el lenguaje ordinario consideramos que son nombres propios no lo son en absoluto, porque la existencia de sus portadores es un hecho contingente y de ningún modo se sigue del *estatus* de las expresiones del lenguaje. Tales supuestos nombres no son realmente nombres lógicamente propios sino meras descripciones definidas disfrazadas. Cfr. J. Searle, "Nombres propios y descripciones", *op. cit.*, p. 86-87.

y (b) *La fuerte*: ¿son analíticos los enunciados en los que el sujeto es un nombre propio y el predicado es una descripción identificadora?

Para responder a la primera cuestión, *la débil*, Searle dice que se debe tener presente la característica que tiene un nombre propio de ser usado para referirse al *mismo* objeto en ocasiones diferentes, pues "el uso del mismo nombre en tiempos diferentes de la historia del objeto presupone que el objeto es el mismo; una condición necesaria de identidad de la referencia es la identidad del objeto al que se hace referencia"[40]. Pero Searle nos advierte que admitir que el objeto es el mismo *presupone* a su vez un criterio de identidad, es decir, debe *presuponer* una habilidad por parte del hablante para responder a la pregunta: ¿el objeto en el tiempo *t1* es *aquello* mismo que el objeto en el tiempo *t2*? y el vacío indicado por "aquello" ha de ser llenado mediante un término descriptivo general; es la misma montaña, la misma persona, el mismo animal, etc. Por esto mismo afirma Searle que cualquier cosa que no sea una montaña no podría ser por ejemplo el Everest, ya que para "asegurar la continuidad de la referencia necesitamos un criterio de identidad, y el término general asociado al nombre nos proporciona ese criterio"[41].

Para responder a la segunda cuestión, *la fuerte*, Searle nos recuerda que, si bien para Frege el sentido de un nombre propio contiene el "modo de presentación" que identifica el referente, se debe tener en cuenta que

> un simple predicado descriptivo no nos proporciona un modo de presentación; no nos proporciona una descripción identificadora. Que Sócrates es un hombre puede ser analíticamente verdadero, pero el predicado "hombre" no es una descripción identificadora de Sócrates[42].

---

[40] J. Searle, *Actos de habla. Ensayo de filosofía del lenguaje, op. cit.*, p. 170.
[41] J. Searle, "Nombres propios y descripciones", *op. cit.*, p. 88.
[42] J. Searle, *Actos de habla. Ensayo de filosofía del lenguaje, op. cit.*, p. 171.

Según Searle cualquier persona que use un nombre propio y se lo enseñe a otros, bien sea de manera ostensiva o por medio de una descripción (ambos métodos conectan el nombre al objeto para distinguirlo de otros objetos), *debe estar preparada* para sustituirlo por una descripción identificadora del objeto al que se hace referencia mediante el nombre propio, es decir, debe tener la habilidad para responder a la pregunta: ¿acerca de quién o de qué estás hablando? Searle escribe que

> (...) las respuestas a esta pregunta, cuando son adecuadas, tomarán la forma o de descripciones verbales identificadoras o de presentaciones ostensivas del objeto. Ambas consideraciones sugieren una estrecha conexión entre la capacidad de usar el nombre y un conocimiento de las características del objeto suficientes para distinguirlos de otros objetos[43].

Para ver mejor la *conexión* entre la capacidad de usar el nombre y el conocimiento de las características suficientes del objeto, traigamos a colación el siguiente ejemplo con el nombre "Aristóteles". Preguntemos a un usuario del nombre "Aristóteles" cuáles son los hechos y las características esenciales acerca de dicho nombre. Seguramente responderá que "Aristóteles" era un filósofo griego, alumno de Platón, tutor de Alejandro Magno, fundador de la escuela conocida como el Liceo de Atenas, autor de la *Metafísica*, de la *Ética a Nicómaco* y de la *Política*, etc. Sus *diferentes* respuestas sobre el nombre "Aristóteles" constituirán un *conjunto de descripciones* y a la totalidad de ellas podría dársele el nombre de *descripción identificadora*. Aunque ningún elemento particular de estas descripciones está *analíticamente ligado* con el nombre "Aristóteles", dice Searle, algún *subconjunto indefinido* de ellas lo está. Podría, por eso mismo, descubrirse sin mayor "alteración" que algunos de los miembros del conjunto de descripciones del portador del nombre "Aris-

---

[43] J. Searle, "Nombres propios y descripciones", *op. cit.*, p. 89.

tóteles" han desaparecido. Podría descubrirse por ejemplo que "Aristóteles" no fue el tutor de Alejandro Magno o que él no fue en realidad el fundador del Liceo de Atenas. Estos descubrimientos no pueden causar "mayor alteración"[44] al conjunto de descripciones, ya que se puede seguir usando el nombre "Aristóteles" si finalmente se garantiza el *conjunto de descripciones identificadoras*, es decir, algunas características *esenciales* que permitan identificar el nombre "Aristóteles" entre los demás nombres, pues es una *condición necesaria* para que un objeto sea Aristóteles que *cumpla* al menos con alguna de las descripciones que se han hecho sobre "Aristóteles". Escribe Searle a propósito del conjunto de descripciones identificadoras:

> (...) pero si un erudito clásico afirmase haber descubierto que Aristóteles no escribió ninguna de las obras que se le atribuyen, que nunca tuvo ninguna relación con Platón o con Alejandro, que nunca estuvo cerca de Atenas, y ni siquiera fue un filósofo sino que de hecho era un oscuro pescadero veneciano del Renacimiento tardío, entonces el "descubrimiento" sería un mal chiste. El conjunto original de los enunciados sobre Aristóteles constituye el respaldo descriptivo del nombre en virtud del cual y sólo en virtud del cual podemos enseñar y usar el nombre. Tiene sentido el negar alguno de los miembros del conjunto de descripciones del portador del nombre, pero negar todos ellos es hacer desaparecer totalmente las precondiciones para usar el nombre[45].

Searle defiende que el sentido de un nombre propio estaría más bien constituido por una descripción que expresara varias disyuntivas, cada una de las cuales recogería diferentes aspectos

---

[44] Dice Searle que: "Debería advertirse entre paréntesis que la descripción 'llamado Aristóteles', aunque tiene un estatus peculiar, no es más crucial que cualquier otra descripción, porque es un hecho contingente que Aristóteles fuese y sea llamado Aristóteles". Cfr. J. Searle, "Nombres propios y descripciones", *op. cit.*, p. 90.

[45] J. Searle, "Nombres propios y descripciones", *op. cit.*, pp. 89-90.

de la información poseída sobre el referente, que nunca aparecería en completa separación de las descripciones, pues sin descripción alguna la referencia sería enteramente imposible; ellas nos "capacitan para referirnos públicamente a objetos sin estar forzados a plantear cuestiones y llegar a un acuerdo con respecto a qué características descriptivas constituyen exactamente la identidad del objeto"[46].

Ahora bien, se debe tener en cuenta que este *ramillete* o *racimo* de descripciones funciona como soporte del nombre, mas no como nombres propios, pues los nombres no son meras descripciones, sino "ganchos de los que se cuelgan las descripciones"[47], siendo esas *características identificadoras* las que confirman al objeto referido. Pueden faltar una o más

---

[46] J. Searle, "Nombres propios y descripciones", *op. cit.*, p. 92.

[47] J. Searle, *Actos de habla. Ensayo de filosofía del lenguaje, op. cit.*, p. 176. Escribe a propósito de la teoría del racimo, el profesor Alfonso García Suárez en *Modos de significar* que: "La teoría del racimo encuentra una versión elaborada en *Individuos* de Peter Strawson (1959). La introducción de particulares en proposiciones, afirma Strawson, requiere conocimiento de al menos un hecho empírico. Si esa introducción se realiza por medio de un nombre, el hablante debe estar preparado para sustituir el nombre por una descripción identificadora del particular. En este sentido podemos decir que los nombres propios son *completos o saturados*, como Frege pretendía. La relación que se da entre un nombre propio y los hechos o proposiciones que le confieren su completud puede ser elucidada en términos de un conjunto presuposicional formado por las proposiciones que más frecuentemente mencionarían los usuarios del nombre si se les preguntara cuáles son los hechos más relevantes acerca del portador. Todo lo que se requiere es que una proporción razonable de esas proposiciones resulte verdadera. Pero no están dejados de modo preciso ni los límites del conjunto ni lo que constituiría una proporción suficientemente razonable de sus miembros (…).

Ha sido John Searle (1967) quien más ha contribuido a popularizar la teoría del racimo. Searle presenta su posición como un compromiso entre Mill y Frege. Mill estaba en lo correcto al sostener que los nombres propios no tienen definiciones, pero Frege vio correctamente que cualquier término singular debe tener algún modo de presentación. Su error, interpreta Searle, fue considerar como una definición a la descripción identificadora que podemos sustituir por el nombre. En la medida en que los nombres tienen un sentido se trata de un sentido impreciso. Pero esta imprecisión es parte de la eficiencia del lenguaje. Si los criterios para los nombres propios fuesen rígidos y precisos, entonces un nombre propio sería una abreviatura para esos criterios y resultaría

descripciones, pero el nombre propio tendrá sentido en la medida en que haya otras que lo confirmen y le den el respaldo necesario para seguir siendo ese nombre y no otro. Quitar una o poner otra no altera de ningún modo el sentido del nombre. De este modo podemos abandonar el nombre "Aristóteles" y en sustitución de ese nombre decir, por ejemplo, "el maestro de Alejandro". Entonces, continúa Searle,

> es una verdad lógica que el hombre al que se refiere es el maestro de Alejandro —pero es un hecho contingente que Aristóteles enseñara a Alejandro— (aunque es un hecho necesario que Aristóteles tiene la suma lógica —disyunción inclusiva— de las propiedades comúnmente atribuidas a él)[48].

2. 2. LAS TEORÍAS DE LA REFERENCIA DIRECTA: LOS NOMBRES Y SU RIGIDEZ

2.2.1. KRIPKE Y LOS NOMBRES EN TODOS LOS MUNDOS POSIBLES

A partir de los años setenta, las teorías del sentido, lideradas por Strawson y Searle, dejaron su lugar a la llamada *teoría de referencia directa*, teoría introducida propiamente por Kripke (1940) para los nombres propios y extendida a los términos de magnitud física y las palabras de clase natural por Putnam. Dicha teoría de la referencia directa es heredera indiscutible de las tesis russellianas. Tanto Saul Kripke como Hilary Putnam, en sus artículos "Identidad y necesidad" (1971)[49] y "El significado de 'significado'" (1975)[50], respectivamente, siguen

---

definicionalmente equivalente al conjunto de descripciones que lo respalda".
Cfr. A. García Suárez, *Modos de significar, op. cit.*, pp. 91-92.

[48] J. Searle, "Nombres propios y descripciones", *op. cit.*, p. 92.

[49] S. Kripke, "Identidad y necesidad". Trad. M. M. Valdés, en: L. Ml. Valdés Villanueva (ed.), *La búsqueda del significado, op. cit.*, pp. 98-130.

[50] H. Putnam, "El significado de 'significado'". Trad. J. J. Acero, en: L. Ml. Valdés Villanueva (ed.), *La búsqueda del significado, op. cit.*, pp. 131-194.

las tesis fundamentales de las primeras versiones de la teoría de las descripciones de Russell. En ellas, como advertimos, el autor del *atomismo lógico* considerava que los nombres propios del lenguaje ordinario son *verdaderos nombres*. De ahí que sea indudable la existencia de particulares como Platón, Napoleón y Kant, ya que: "Los particulares constituyen el mundo; los nombres, que refieren directamente a esos particulares, desempeñan la función de anclaje entre el lenguaje y las cosas tal como son en sí mismas"[51].

Para los teóricos de *la referencia directa*, los nombres refieren directamente al ejemplar nombrado. De ahí que conciban categóricamente que únicamente el significado de un nombre *es* su portador y no sus características aparenciales. Un nombre no son las descripciones que puedan darse de él, es únicamente su extensión. Decía Russell: "Un nombre propio, si ha de cumplir su función de modo completo, no habría de necesitar definiciones con otras palabras, debería denotar algo que tendríamos que conocer de un modo inmediato"[52]. Esta teoría reúne no solo los aportes russellianos sino también algunas tesis de Aristóteles y Mill, quienes pensaban que la relación entre los términos singulares y el mundo, no estaba mediada por ningún concepto descriptivo. Hay que tener en cuenta, como afirma el profesor Valdés Villanueva, que:

> (…) la teoría de la referencia directa no afirma que la relación entre nombres y los *nominata* no pueda estar mediada en modo alguno, sino que se limita a la afirmación *más cauta* de que no es el sentido de una expresión, su modo de presentación en términos fregeanos, lo que lleva al referente: el nombre propio "Platón" no es entonces abreviatura alguna para un conjunto de descripciones analizables en, por así decirlo, una cascada

---

[51] M. M. Gómez Alonso, "Individuos", *op. cit.*, p. 166.
[52] B. Russell, *La evolución de mi pensamiento filosófico, op. cit.*, p.175.

de nuevas descripciones, cada una de las cuales contiene un nombre propio[53].

Ahora bien, ¿son posibles los enunciados *contingentes* de identidad? Para Kripke —desde los trabajos de la profesora R. Barcan Marcus[54]— este tipo de enunciados no son posibles. Kripke nos presenta el argumento de esta manera:

1. El principio de identidad de Leibniz dice que si dos objetos son el mismo, entonces tienen todas sus propiedades en común. Se suele traducir en el cálculo de predicados de primer orden con identidad de la siguiente manera.
1) $[(x)(y)((x=y) \rightarrow (Fx \rightarrow Fy))]$.
2. Tenemos la necesidad de que cualquier objeto sea idéntico a sí mismo, es decir la imposibilidad de que algo sea distinto de sí mismo. Usando los signos de un cálculo modal cuantificado:
2) $[(x) \square (x=x)]$
3. Pero si necesariamente **X** es idéntico a **X**, para cualquier objeto **X**, entonces todo objeto idéntico a **X** tendrá también toda propiedad que **X** tenga, en este caso la de ser idéntico a **X**. Esto es, si **X** tiene la propiedad $\square$ (**X**=...), todo objeto igual a **X** tendrá, de acuerdo con el principio de identidad de Leibniz (1), la propiedad $\square$ (**X**=...), que es la propiedad por la que se sustituye a F en 1.
3) $[(x)(y)((x=y) \rightarrow [\square(x=x) \rightarrow \square(x=y)))]$

---

[53] L. Ml. Valdés Villanueva, "Teorías de referencia directa", en: L. Ml. Valdés Villanueva (ed.), *La búsqueda del significado, op. cit.*, p. 97.

[54] Frápolli y Romero advierten que Kripke en el inicio de su artículo se apoya en el argumento que construyó R. Barcan Marcus para demostrar que *toda identidad verdadera es necesaria*. Este argumento hace uso del principio de *indiscernibilidad de los idénticos* (Leibniz), y se aplica a propiedades modales, es decir a propiedades que involucran las nociones de *posibilidad/necesidad* en contextos regidos por un operador modal. Seguiremos el desarrollo propuesto por el mismo Kripke y las ampliaciones de las profesoras Frápolli y Romero. Cfr. M. J. Frápolli y E. Romero, "Referencia y necesidad. El externalismo del significado de S. Kripke", en: M. J. Frápolli y E. Romero, *Una aproximación a la filosofía del lenguaje, op. cit.*, pp. 150-152.

4. A partir de 2 y 3, se sigue que para toda x e y, si x es igual a y, entonces es necesario que x sea igual a y. Esto es,

4) [(x) (y) ((x=y) → ☐ (x=y))]

Esto es así porque la cláusula ☐ (x=y) del condicional, se elimina dado que se sabe que es verdadera [55].

Para Kripke, desde la posibilidad de los *juicios sintéticos a priori*, advierte que ciertas nociones como "*a priori*", "analítico" y "necesario" son utilizadas erróneamente, sin distinción alguna, de hecho se echan en el mismo "lugar" a tal punto que suele afirmarse erróneamente que si un enunciado es *a priori* es del mismo modo necesario.

Para demostrar que no todos los conocimientos que se obtienen *a priori* son necesariamente verdaderos, Kripke nos da el brillante y conocido ejemplo de "el metro de París", que podríamos enunciar de esta manera: digamos, "el trozo de madera tiene un 1 metro de largo" donde "B" se refiere al trozo de madera medida estándar de París. Este enunciado por lo tanto sería *a priori* porque, dado que hemos fijado el sistema métrico por referencia a ese trozo de madera, sabemos *a priori* que mide 1 metro. Pero sería *contingente* porque en alguna situación contrafáctica el trozo habría podido tener una longitud distinta. Esto nos lleva a decir, siguiendo a Kripke, que quien ha fijado un sistema de medida, por el mero hecho de estipular que un metro es la longitud de un determinado trozo de madera, ha adquirido cierta información contingente acerca del mundo, ha aprendido un hecho que no conocía. De ahí que

---

[55] S. Kripke, "Identidad y necesidad", *op. cit.*, p. 99. También expuesto con detalle en: M. J. Frápolli y E. Romero, "Referencia y necesidad. El externalismo del significado de S. Kripke", *op. cit.*, pp. 150-151. Para Kripke: "en ambos casos, tanto en el de los nombres como en el de las identificaciones teóricas, los enunciados de identidad son necesarios y no contingentes. Esto es, son necesarios si es que son verdaderos; desde luego los enunciados falsos de identidad no son necesarios". Cfr. S. Kripke, "Identidad y necesidad", *op. cit.*, p. 108.

esto no convierte en una verdad necesaria que *B* (trozo de madera) tenga un metro de largo en to. De hecho, bajo ciertas circunstancias, *B* no habría tenido un metro de largo. La razón es que un designador ("un metro") es rígido y el otro designador ("la longitud de B en to") no lo es[56].

Entonces preguntémonos: ¿cuál es el *estatus epistemológico* del enunciado: "el trozo de madera (*B*) tiene un metro de largo en un tiempo **To**" para alguien que ha fijado el sistema métrico por referencia al trozo de madera (*B*)? Podemos responder con Kripke que ese *alguien* lo sabe de manera *a priori*, ya que, si usa el trozo de madera (*B*) para fijar la referencia del término "un metro", entonces, como resultado de esta clase de "definición", sabe automáticamente —sin necesidad de más investigación— que (*B*) tiene un metro de largo. Ahora bien, aun si (*B*) se usa como el patrón de un metro, el *estatus metafísico* de "*B* tiene un metro de largo" será el de un enunciado contingente, siempre y cuando "un metro" se considere como *un designador rígido*, teniendo presente que en otras circunstancias *B* habría tenido una longitud diferente de un metro. Tenemos que, afirma Kripke, "en este sentido, hay verdades contingentes *a priori*"[57].

Ahora bien, no solo hay verdades contingentes *a priori*, sino que también se puede demostrar que la verdad de ciertos descubrimientos que se dan por la experiencia no son contingentes por el hecho de ser *a posteriori*, ya que un enunciado como "Hésfero es Fósforo" puede ser *a posteriori*, pero no por ello contingente; concluir que es *contingente*, sin lugar a dudas, es confundir necesidad con *apriolidad*, es decir, confundir necesidad metafísica con necesidad epistémica.

Tenemos que, por ejemplo, "Hésfero es Fósforo" o "la estrella matutina es la estrella vespertina" han sido fruto efectivamente de un descubriendo científico, es decir de la

---

[56] S. Kripke, *El nombrar y la necesidad*, op. cit., p. 58.
[57] S. Kripke, *El nombrar y la necesidad*, op. cit., p. 59.

experiencia, pero, por el hecho de que su conocimiento haya sido por medio de la experiencia, no quiere decir que no sea una verdad necesaria que "Hésfero sea Fósforo", pues

> la salvaguarda del principio de identidad obliga, por tanto, a recusar la vinculación entre el modo de descubrimiento y el tipo de validez del juicio. El recurso a la experiencia no está vinculado a la contingencia; algunos descubrimientos científicos son el desvelamiento de verdades necesarias[58].

Un enunciado como "Hésfero es Fósforo" lo único que quiere decir es que es *necesariamente verdadero* en todo mundo posible y que por lo tanto no podría ser de otro modo.

Por otro lado, hay que resaltar que esta verdad necesaria no implica que tal enunciado deje de tener informatividad y sea una simple y llana tautología; todo lo contrario, la informatividad del enunciado "Hésfero es Fósforo" se garantiza por el hecho de que "alguien" desconoce que efectivamente Hésfero y Fósforo son la misma estrella, es decir, por la *novedad* que despierta en alguien dicha tautología. Como advierte el profesor Modesto Gómez, "una proposición de identidad es informativa porque es relevante para alguien, porque ese alguien se encuentra en un estado cognitivo en el que una tautología representa una novedad"[59]. Kripke, en su primera conferencia de *El nombrar y la necesidad*, advierte:

> Los términos "necesario" y "a priori", entonces, en tanto que se aplican a enunciados, *no* son sinónimos obvios. Puede haber un argumento filosófico que los conecte, quizá que inclusive los identifique, pero se requiere un argumento, no simplemente la observación de que los dos términos son claramente intercambiables[60].

---

[58] M. M. Gómez Alonso, "Individuos", *op. cit.*, p. 169.
[59] M. M. Gómez Alonso, "Individuos", *op. cit.*, p. 170.
[60] S. Kripke, *El nombrar y la necesidad*, *op. cit.*, p. 41. Se puede seguir leyendo

Ahora bien, desde las aclaraciones anteriores Kripke distingue entre lo que él llama *designadores rígidos y designadores no rígidos o accidentales*. Los designadores rígidos son aquellas expresiones que siempre designan lo mismo independientemente del contexto o del mundo posible en el que se utilicen. Como ejemplo de *designador rígido* se puede tomar el nombre "Benjamín Franklin" y, como *designador no rígido-accidental*, "el inventor de las lentes bifocales". Tomemos el siguiente ejemplo de Kripke para explicar *los designadores no rígidos*:

> Supongamos que fue Benjamín Franklin quien inventó los lentes bifocales, de manera que la expresión "el inventor de los lentes bifocales" designa o se refiere a un hombre determinado, esto es, a Benjamín Franklin. Sin embargo, podemos imaginar fácilmente que el mundo pudo haber sido distinto, que en otras circunstancias diferentes alguien más hubiera llegado a esta invención antes de lo que llegó Benjamín Franklin y, en ese caso, *él* hubiera sido el inventor de los lentes bifocales. Así, en este sentido, la expresión "el inventor de los lentes bifocales" es no rígida. Bajo ciertas circunstancias un hombre hubiera sido el inventor de los lentes bifocales, bajo otras circunstancias otro hombre lo hubiera sido[61].

Un designador rígido, a diferencia de un no rígido, es un término que designa, etiqueta al mismo objeto en todos los mundos posibles. Los nombres, como "Gödel", "Borges", "Nixon" o "Cicerón", para Kripke, son designadores rígidos que tienen la misma referencia en todos los mundos posibles.

---

unas líneas más adelante: "Creo que si la gente ha pensado que estas dos cosas deben significar lo mismo se debe a las razones siguientes: primero, si resulta que algo es verdadero no sólo en el mundo que de hecho se da, sino que es también verdadero en todo mundo posible, entonces, por supuesto, recorriendo en nuestras cabezas todos los mundos posibles, deberíamos ser capaces haciendo un esfuerzo de ver, si un enunciado es necesario, que es necesario y, así, de conocerlo a priori. Pero en realidad esto no es de ninguna manera tan obviamente factible". Cfr. S. Kripke, *El nombrar y la necesidad*, *op. cit.*, p. 42.

[61] S. Kripke, "Identidad y necesidad", *op. cit.*, p. 108.

Designan por lo tanto al mismo individuo en toda situación contrafactual en que ese individuo pueda existir. Kripke llama a estos enunciados "necesarios" por tratarse de enunciados verdaderos y que no podrían ser de otra manera. Por ejemplo, el designador rígido "Nixon" no hubiera podido ser otra persona diferente de la persona que, de hecho, fue, a pesar de que el trigésimo séptimo presidente de los Estados Unidos podría haber sido Humphrey u otra persona. Esto quiere decir, según Kripke, que la frase "trigésimo séptimo presidente de los Estados Unidos" es no rígida, en tanto que parecería que "Nixon" *es rígido*[62].

Para Kripke los únicos designadores rígidos son los nombres propios y no las descripciones. Ellas no tienen la capacidad de designar rígidamente, ya que todas son accidentales y provisionales. El autor norteamericano escribe:

> Entenderé aquí por un nombre un nombre propio, esto es, el nombre de una persona, de una ciudad, de un país, etcétera. (…) Usaremos el término "nombre" de manera que *no* incluya las descripciones definidas de esa clase, sino solamente aquellas cosas que en el lenguaje ordinario serían llamadas nombres propios. Si queremos un término común que abarque tanto los nombres como las descripciones, podemos usar el término "designador"[63].

Para el autor de *El nombrar y la necesidad*, las descripciones no son garantía de identificación del individuo, pues la mayoría de las veces los hablantes no cuentan con una *descripción identificadora* como respaldo del nombre que usan. Por ejemplo, al decir "Cicerón" se piensa solo en un orador romano, pero esta descripción definida no es identificadora singularmente, esto es, el que Cicerón haya sido un orador romano no *etiqueta* a "Cicerón", no lo identifica, no garantiza finalmente la

---

[62] S. Kripke, "Identidad y necesidad", *op. cit.*, p. 114.
[63] S. Kripke, *El nombrar y la necesidad, op. cit.*, p. 29.

identidad del individuo, pues los nombres propios carecen de rasgos intensionales y, por lo mismo, Cicerón pudo dedicarse a otra cosa muy distinta a la oratoria y seguir siendo llamado perfectamente "Cicerón". Para poder continuar en este punto, es importante precisar lo que significa para Kripke *mundos posibles*, pues erróneamente se consideran los mundos posibles como si fueran especies de planetas extraños, mundos lejanos o lugares estratosféricos que de algún modo existen en una dimensión diferente a la nuestra. Dice Kripke a propósito de esto:

> Más aún, si uno desea evitar la *Weltangst* y las confusiones filosóficas que muchos filósofos han asociado a la terminología de "mundos", recomendaba como posiblemente mejor la terminología de "estado (o historia) posible del mundo" o "situación contrafáctica". Uno debe incluso recordarse a sí mismo que la terminología de "mundos" puede reemplazarse frecuentemente por el habla modal "es posible que..."[64].

Los *mundos posibles* son maneras de cómo podría ser el mundo. Pensemos por ejemplo, dice Kripke, en el lanzamiento de un dado: tenemos seis posibles caras resultantes, llámense 2, 4, 6, etc. Cada posible cara es un "posible" mundo a suceder, pero solo una cara es el resultado final. Solo una cara dará un número *real*, las otras caras (que no cayeron) son posibilidades. Es decir, solo tenemos un mundo real: la cara en la que ha caído el dado, las demás son meras posibilidades, y de ninguna manera, según Kripke, tenemos que postular que hay otras seis entidades existentes en la tierra de "nunca jamás" que corresponderían al objeto físico frente a mí.

Tampoco tenemos que preguntar —según Kripke— si estas entidades fantasmales se componen de "contrapartes" (fantasmales) de los dados reales individuales, o si se componen de alguna

---

[64] S. Kripke, *El nombrar y la necesidad, op. cit.*, p. 21.

manera de los mismos dados individuales considerados en sí mismos pero en "otra dimensión"[65].

Mundos posibles no se debe entender como un país lejano, extranjero, con el que nos encontramos o al que vemos a través de un telescopio desde la lejanía. Este simple e inocente juego de tirar los dados (como lo llama el propio Kripke) no nos debe llevar a contraer un "oscuro" compromiso metafísico, o un *estatus* de esos mundos. Son meras posibilidades con las que se contaba antes de "lanzar los dados". Ahora bien, se debe recordar que todo designador rígido debe ser el mismo en todos los diferentes mundos posibles, es decir, que debe designar el mismo objeto en toda situación contrafactual, sin exigir que deban existir los objetos en todos los mundos posibles. Pero, eso sí, donde existan deben designar (sin discusión alguna) al mismo objeto, esto es, que en cualquier mundo posible donde el objeto en cuestión exista o en cualquier situación en la que el objeto existiera o pudiera existir, se usa el designador rígido para designar a ese objeto. Dice el profesor Kripke en *El nombrar y la necesidad*:

> Es claro que Nixon podría no haber existido si sus padres no se hubiesen casado, en el curso normal de las cosas. Cuando pensamos que una propiedad es esencial al objeto, lo que generalmente queremos decir es que es verdadera del objeto en cualquier caso en el que el objeto hubiese existido. Un designador rígido de algo necesariamente existente puede llamarse *rígido en sentido fuerte* [*strongly rigid*][66].

Un *nombre propio*, para Kripke, designa a un individuo y no lo describe, pues el nombre se agota en la pura referencia al objeto. Por esta razón, un nombre no puede variar de *contexto*

---

[65] S. Kripke, *El nombrar y la necesidad*, op. cit., p. 22.
[66] S. Kripke, *El nombrar y la necesidad*, op. cit., p. 51.

a contexto o de mundo posible a mundo posible. Nombrar, por tanto, no es describir ciertas características de algo, sino tener la *capacidad* o *habilidad* de designar rígidamente algo, aunque este algo pueda perder todas las descripciones que posee en ese momento, pues el sentido de un nombre no está en la accidentalidad de sus descripciones sino en la *rigidez esencial* de su nombre.

Para Kripke, un nombre propio de "una cosa" no tiene significado alguno, pues su única función es nombrar, etiquetar y señalizar a los particulares mismos, no enumerar un *cúmulo de descripciones* (teorías descripcionistas) y de apoyos que sostengan al referente. Y, por esto mismo, escribe el profesor Modesto M. Gómez:

> "Estrella", "tigre" o "agua" no significan ni pueden ser traducidos correctamente por las *características aparenciales* con las que relacionamos normalmente las estrellas, al agua o a los tigres; su única función es, más bien, nombrar (señalar, etiquetar) a las cosas mismas que hay tras esas apariencias, a los géneros particulares que, aunque satisfagan un grupo determinado de descripciones, ni se identifican ni son reductibles a ese grupo. Lo que implica que los rasgos aparenciales son *contingentes* respecto de la cosa misma, y que lo que la identifica es una *estructura profunda* que la hace ser lo que es y que es invariable (criterio de identificación) en la totalidad de las situaciones contrafácticas en las que la cosa exista[67].

Pero, ¿cuál es esa *rigidez esencial* del nombre? Para responder a esta cuestión recordemos que los nombres propios para Kripke no tienen sentido sino solo referencia, y, por supuesto, no son meras *descripciones abreviadas disfrazadas* como pensó Russell. Un nombre, por ejemplo, como "Borges", designa al mismo individuo en todos los mundos posibles, mientras que

---

[67] M. M. Gómez Alonso, "Individuos", *op. cit.*, p. 166.

una descripción como "el autor de *El Aleph*" puede designar a otro cualquiera, ya que no es una obligación (esencial) para ser "Borges" tener que haber escrito *El Aleph*. De hecho, según la tesis de Kripke, podría haberse dedicado a otra "cosa" distinta a la escritura, como ser un cuchillero de oficio o un alquimista del siglo XIV, pero este "accidente" *profesional* —es decir, esta situación contrafáctica— no impide de ningún modo que Borges siga siendo Borges. Kripke sostiene que aunque se puede fijar inicialmente la referencia del nombre "Borges" por medio de descripciones definidas —como pueden ser "el autor del cuento "Las ruinas circulares", "el hombre que tuvo como esposa a María Kodama" o "el individuo que vivió en la Avenida 9 de Julio de Buenos Aires"—, estas descripciones *son completamente accidentales* al individuo, ya que no es "esencial" que Borges escribiera, se casara con cierta persona, o viviera en una calle o en otra ciudad distinta en la que vivió. Ahora bien, si afirmamos que este tipo de descripciones son accidentales, ¿qué hace que Borges sea Borges y no otro?, ¿qué propiedades, aparte de la identidad consigo mismo (Borges=Borges), tiene que tener este individuo para que siga siendo Borges?, ¿cuáles son las propiedades esenciales con las que lo identificamos?

Kripke nos da en "Identidad y necesidad" un sencillo e ilustrador ejemplo para responder a estas preguntas. Pensemos inicialmente en un atril. Una propiedad esencial de "este atril" es estar hecho de madera y no de hielo, pero ¿podría este atril estar hecho de hielo? Kripke responderá que no, pues:

> Uno tiene la impresión de que *no* podría (…) haber sido hecho de hielo; esto es, que en cualquier situación contrafáctica de la cual pudiésemos decir que este atril de alguna manera existió, tendríamos que decir también, que no estaba hecho de agua del Támesis congelada. (…) podemos hablar de este *mismísimo objeto* (el atril) y de si por ejemplo, podría haber estado en otro cuarto distinto al que en realidad está, aun en este preciso mo-

mento, pero no podría haber sido hecho desde el principio de agua congelada[68].

Para ver estas "propiedades esenciales" del atril, es importante tener en cuenta la distinción hecha unas páginas atrás entre las nociones de verdad *a priori* y *verdad a posteriori*. Sabemos que no está hecho de hielo, pero *a posteriori*, pues descubrimos en primer lugar que los atriles "generalmente" no están hechos de hielo, pero sí de madera. Comprobamos por medio del tacto u otro sentido que efectivamente es madera, de tal modo que a estas alturas de la experiencia no valen los engaños, pues su propiedad esencial es, sin lugar a dudas, ser de madera y no de hielo. Una conclusión como esta solo se puede alcanzar por medio de la experiencia, es decir, *a posteriori*.

La propiedad esencial es la estructura profunda de las sustancias, es decir, ser de tal o cual material o de tal o cual sustancia. Por esto mismo, el "origen" de Borges constituye su propiedad esencial y profunda, es decir, ser hijo de Jorge Guillermo Borges y Leonor Acevedo. Podemos decir, según esto, que contrafácticamente Borges pudo haber pertenecido a la selección argentina de fútbol que ganó el mundial del 78, pero no podría no haber sido hijo de los Borges. Para Kripke, lo que a un "individuo" lo hace ser uno u otro cualesquiera, es su *origen*, es decir, el día que por un ritual, en un "bautismo inicial", se le asigna un nombre[69].

---

[68] S. Kripke, "Identidad y necesidad", *op. cit.*, p. 117.

[69] Avrum Stroll afirma en su capítulo dedicado a las teorías de la referencia directa que: "Los teóricos hacen suya esta intuición y la ponen como base de la concepción de la referencia directa. Es decir, comienzan por distinguir entre nombres propios y descripciones definidas. Sin embargo, hay un argumento que sirve de apoyo a la intuición. Consiste en plantear que un nombre se adjunta a su portador de manera especial. Es como una etiqueta o un adhesivo. Imaginemos algunos muebles en una tienda. El propietario le pone a las sillas y mesas etiquetas de diversos colores. Si quiere organizar diversos grupos de muebles para hacer envíos, podría sencillamente organizarlos de acuerdo con el color de las etiquetas. Las etiquetas no tienen significado especial. Simple-

Veamos qué quiere decir Kripke con la expresión "bautismo inicial". Antes que nada se debe entender que un bautismo inicial es siempre un ritual, es decir, que hay una puesta en escena donde se realizan ciertos "ceremonias". Dice el autor norteamericano:

> Una formulación burda de una teoría podría ser la siguiente: tiene lugar un "bautismo inicial". En este caso el objeto puede nombrarse ostensivamente, o la referencia del nombre puede fijarse mediante una descripción. Cuando el nombre pasa "de eslabón en eslabón", quien recibe el nombre, pienso yo, al aprenderlo tiene que usarlo con la misma referencia con la cual lo usa el hombre de quien lo escuchó. Si escucho el nombre "Napoleón" y decido que sería un nombre simpático para mi oso hormiguero doméstico, no satisfago esta condición. (Tal vez alguna falla en conservar la referencia fijada es la que da cuenta de la divergencia entre los usos presentes de "Santaclós" y el pretendido uso original).[70]

Gracias a la cita anterior se comprueba que difícilmente se *elimina* la noción de referencia; por el contrario, "toma la noción de tener la intención de usar la misma referencia que una referencia dada. Se apela también a un bautismo inicial, el cual se explica en términos de fijar la referencia mediante una descripción o por ostensión"[71]. Para ver esto, pensemos en la siguiente situación contrafáctica.

En cierto lugar hay un individuo **X**, culto y versado, que dice que Gödel es el hombre que probó la incompletud de

---

mente son un procedimiento para seleccionar diversos muebles. Ahora bien, de acuerdo con los teóricos de la referencia directa, los nombres propios funcionan exactamente de la misma manera. Son como etiquetas que, por medio de una ceremonia bautismal en la que se asigna un nombre, pegamos a una persona o a un lugar. En este aspecto difieren de las descripciones definidas". Cfr. A. Stroll, *La filosofía analítica del siglo XX, op. cit.*, p. 252.

[70] S. Kripke, *El nombrar y la necesidad, op. cit.*, p. 96.
[71] S. Kripke, *El nombrar y la necesidad, op. cit.*, p. 97.

la aritmética y, además, dicho individuo, con facilidad puede enunciar el teorema de incompletud de Gödel. La gente común y corriente, por su parte, no sabe mucho de Gödel pero conoce una característica importantísima, a saber: "Gödel es el que descubrió la incompletud de la aritmética". Ahora bien, Kripke nos pide que nos imaginemos una situación contrafactual. Supongamos que Gödel no fue el autor de este teorema sino que se lo robó a un "tal Schmidt", al que después asesinó. Por lo tanto, al proferirse que "Gödel fue el primero que demostró la incompletud de la aritmética", tal enunciado no puede significar "el descubridor de la incompletud de la aritmética". A través de este ejemplo descubrimos que puede ser posible que una serie de "respaldos" descriptivos tengan un error *ab initio*, y que esas descripciones que sostenían el nombre "Gödel" no sean en realidad verdaderas o que fueran en realidad ejecutadas por el portador del nombre. Esto significa que todos hasta el momento hemos estado equivocados al suponer que fue verdaderamente Gödel quien demostró la incompletud de la aritmética. Frente a este equívoco, lo único que nos restaría para intentar sostener por algún medio el nombre "Gödel" es recurrir a las tesis descripcionistas que afirman que la garantía del nombre se puede *salvaguardar* con el apoyo de otras propiedades del portador el nombre. Pero de inmediato nos preguntamos si esta opción no es arbitraria, ya que ¿cómo continuar "confiando" en un nombre cuando está viciado desde su inicio? Kripke cree que esto no es posible, que un ejemplo como este es simplemente un "cuento", una mentira, una fantasía, pues "simplemente no nos estamos refiriendo a Schmidt"[72], ya que hay una *cadena real de comunicación* que garantiza el buen uso del nombre "Gödel". Veamos a través de esta extensa cita qué quiere decir Kripke con una *cadena real de comunicación*.

---

[72] S. Kripke, *El nombrar y la necesidad*, *op. cit.*, p. 85.

Alguien, digamos un bebé, nace, sus padres le dan un cierto nombre. Hablan acerca de él con sus amigos. Otra gente lo conoce. A través de distintas suertes de discurso el nombre se va esparciendo de eslabón en eslabón como si se tratara de una cadena. Un hablante que se encuentra al final de esta cadena, el cual ha oído hablar, por ejemplo, sobre Richard Feynman, en el mercado o en otra parte, puede referirse a Richard Feynman, aun cuando no pueda recordar a quién oyó hablar por primera vez de Feynman o a quién oyó hablar alguna vez de Feynman. Sabe que Feynman es un físico famoso. Determinada transmisión de comunicación que conduce en último término hasta el hombre mismo llega al hablante. Él, entonces se refiere a Feynman, aun cuando no pueda identificarlo como algo único. No sabe lo que es el diagrama de Feynman, no sabe lo que es la teoría de Feynman de la producción y aniquilación de pares. No sólo esto; se vería en problemas para distinguir entre Gell-Mann y Feynman. De manera que no tiene que saber estas cosas; pero, en cambio, se ha establecido una cadena de comunicación que llega hasta Feynman mismo en virtud de que el hablante es miembro de una comunidad que pasó el nombre de eslabón en eslabón y no mediante una ceremonia que realiza en privado en su estudio: "Querré decir con 'Feynman' el hombre que hizo tal y cual y cual cosa"[73].

Se puede apreciar que esta tesis de *cadena real de comunicación* "aparentemente" es cercana a la tesis (*descripción identificadora*) sostenida por Strawson, pero Kripke afirma que tiene diferencias importantes, pues el autor de "Sobre el referir" sigue sus análisis desde un contexto puramente descripcionista. Dice Kripke:

Aparentemente Strawson exige que el hablante *sepa* de quién obtuvo su referencia, de manera que pueda decir: "Quiero decir con 'Gödel' el hombre a quien *Juan* llama 'Gödel'". Si no

---

[73] S. Kripke, *El nombrar y la necesidad, op. cit.,* pp. 91-92.

recuerda cómo seleccionó la referencia, no puede dar semejante descripción[74].

A diferencia de la teoría de Kripke, que no pide de ningún modo tal cosa. Se puede no recordar muy bien a quién oyó hablar de Gödel y se puede equivocar uno acerca de a quién se le oyó decir el nombre, pues finalmente lo importante no es cómo piensa el hablante que obtuvo la referencia, sino *la cadena real de comunicación*[75].

Ahora bien, en este punto nos preguntamos: ¿qué sucede para Kripke con aquellos nombres que no cuentan con un respaldo, es decir, que no tienen un referente o ejemplares para su confrontación?, ¿tendremos que afirmar categóricamente como Russell que los nombres "unicornio", "sirena" o "Zorba", al carecer de referente, son imposibles definitivamente y como tales simplemente debemos aceptar que su inexistencia (ausencia de particular) significa su imposibilidad?

Kripke sostiene que esta tesis russelliana es contraintuitiva, pues ella atenta contra el uso corriente que hacemos de dichos nombres de ficción. Para resolver tales paradojas, el autor en

---

[74] S. Kripke, *El nombrar y la necesidad, op. cit.,* p. 92.

[75] Veamos el siguiente ejemplo de Kripke: "Supongamos que el hablante ha oído el nombre 'Cicerón' de Smith y otros, quienes usan el nombre para referirse a un famoso orador romano. Sin embargo, más tarde, piensa que tomó el nombre en cuestión de Juan, quien (cosa que ignora el hablante) usa 'Cicerón' como el nombre de un notable espía alemán y nunca ha oído de ningún orador del mundo antiguo. Entonces, de acuerdo con el paradigma de Strawson, el hablante debe determinar su referencia mediante la siguiente resolución: 'Usaré "Cicerón" para referirme al hombre a quien Juan llama con ese nombre', en tanto que, de acuerdo con el presente enfoque, el referente será el orador, a pesar de la falsa impresión del hablante respecto de dónde tomó el nombre. La idea central es que Strawson, al tratar de dar cabida a la tesis de la cadena de comunicación dentro de la teoría descripcionista, se apoya en lo que el hablante *piensa* que era fuente de su referencia. Si el hablante ha olvidado su fuente, la descripción que usa Strawson está fuera del alcance del hablante; si la recuerda mal, el paradigma de Strawson puede dar resultados equivocados. En nuestro enfoque, lo relevante no es cómo piensa el hablante que obtuvo la referencia, sino la cadena real de comunicación". Cfr. S. Kripke, *El nombrar y la necesidad, op. cit.,* pp. 92-93.

El nombrar y la necesidad nos ofrece uno de los más destacados ejemplos sobre este punto. Es el ejemplo del *unicornio*. Dice así:

> Una afirmación corriente dentro del panorama filosófico contemporáneo es la de que existen ciertos predicados que, aun siendo vacíos —disponiendo de una extensión nula—, no por ello lo son necesariamente, sino, por el contrario, de forma contingente. Bien, *eso* no lo pongo en cuestión; pero un ejemplo que se suele proporcionar es el del *unicornio*. De forma que se dice que, aunque todos nosotros hemos averiguado que no existen los unicornios, es evidente que *podrían* haber existido. Bajo circunstancias concretas *podría* haber unicornios. Y esto es un ejemplo de algo que considero falso. En lo que a mí respecta, la verdad no debería expresarse diciendo que es necesario que no pueda haber unicornios, sino que no podemos señalar bajo qué circunstancias podría haberlos. Es más, pienso que incluso si los arqueólogos o los geólogos llegasen a descubrir mañana fósiles que mostrasen de forma concluyente la existencia pasada de animales que satisficiesen todo lo que sabemos de los unicornios a través del mito del unicornio, incluso entonces, eso no demostraría que los unicornios existieron[76].

Veámoslo más detenidamente. Recordemos que el nombre de ficción "unicornio" sigue siendo un nombre en la medida en que *etiqueta* a un particular. Ahora bien, el descubrimiento de su limitado alcance, de la ausencia de referencia, no es razón para negar que "unicornio" no sea un nombre como tal, pues "hemos de aceptar que un nombre, aunque no incluye la existencia de su referente, es nombre en la medida en que su función es referencial. Un nombre no ha de tener referente, pero, porque es nombre, ha de referir"[77].

Como vimos en el capítulo primero, la tesis de alcance de Russell vincula la existencia con la posibilidad, afirmando

---

[76] S. Kripke, *El nombrar y la necesidad*, *op. cit.*, pp. 28-29.
[77] M. M. Gómez Alonso, "Individuos", *op. cit.*, p. 171.

tajantemente que si un "unicornio" no existe, por lo mismo es imposible. Kripke, por su parte, comparte únicamente con Russell el afán de que *un nombre señale, etiquete y refiera a un particular*, pero, como vemos, rechaza de plano la vinculación de la inexistencia del particular con la imposibilidad del mismo. Russell, apelando al *robusto sentido de la realidad*, cae en el error de reducir la modalidad a la lógica extensional, concluyendo que solo podemos hablar con verdad de lo que efectivamente hay o existe. Lo que se salga de este *robusto sentido de la realidad* es para el autor británico íntegramente falso o imposible.

Kripke cree que Russell está equivocado pues esta reducción no es posible, ya que no podemos asegurar con verdad la imposibilidad o posibilidad de tales seres fantásticos por la simple y sencilla razón de que no tenemos ejemplares de los mismos. Ahora bien, puede ser que contemos con unas pocas, dudosas y aproximadas señas de estos seres a través de los "descubrimientos" futuros de los geólogos, descubrimientos que se cotejarán con las múltiples y diferentes descripciones que hacen de estos seres imaginarios los cuentos y mitos, pero, en la medida en que los nombres no se sostienen en las limitadas y accidentales descripciones, es imposible identificar esos descubrimientos con el nombre "unicornio". No podemos saber con verdad, de ningún modo, si esos fósiles pertenecen o no al particular que llamamos "unicornio". Kripke rechaza por completo cualquier *especulación*[78] (que afirme o que niegue) sobre cómo analizar esos nombres, ya que carecemos del objeto de estudio. Kripke afirma enfáticamente en la adenda de *El nombrar y la necesidad* que:

> (...) no hay ninguna especie real de unicornios y, con respecto a las varias especies hipotéticas diferentes con distintas estructuras internas (algunas de reptil, algunas de mamífero, algunas de anfibio), las cuales tendrían las apariencias externas que, según

---

[78] A. Stroll, *La filosofía analítica del siglo XX, op. cit.*, p. 256.

se postula, convienen a los unicornios en el mito del unicornio, uno no puede decir cuál de entre esas especies míticas distintas habría *sido* la especie de los unicornios. Si suponemos, como yo lo hago, que los unicornios del mito constituían supuestamente una especie particular, pero que el mito no nos suministra una información suficiente sobre su estructura interna de manera que determine a una única especie, entonces no hay ninguna especie real o posible de la que podamos decir que ésa hubiera sido la especie de los unicornios[79].

Conclusión: un nombre, sin importar su alcance, siempre se refiere a algo, a algún particular, pero el hecho de que ese particular no exista —esto es, que no contemos con ejemplares del nombre "unicornio" o "sirena"— no quiere decir que sean imposibles los unicornios o las sirenas, todo lo contrario. Al no tener ejemplares, lo único que se afirma es que no contamos con "herramientas" necesarias para afirmar tanto la posibilidad como la imposibilidad de tales seres.

2.2.2. PUTNAM: LOS SIGNIFICADOS NO ESTÁN EN LA CABEZA

Otro de los defensores de la *teoría de la referencia directa* es Hilary Putnam (1926)[80]. Este profesor estadounidense ha de-

---

[79] S. Kripke, *El nombrar y la necesidad, op. cit.*, pp. 153-154.

[80] Sobre el realismo de Putnam, Franca D' Agostini en su obra *Analíticos y continentales* afirma: "Por tanto, sintéticamente, el trasfondo problemático del pensamiento putnamiano es la cuestión del realismo que se elabora en un primer momento (sobre la estela de Quine) en el contexto de una renovación de la tradición neopositivista y analítica y, por tanto, concentrada en una interpretación neo pragmática y neokantiana del problema. Putnam ha transitado a lo largo de los años desde una posición de 'realismo metafísico' a una nueva teoría, que él denomina 'realismo interno' y que consistiría en una actualización del kantismo en un sentido 'anti-fundacional' y pluralista". Cfr. F. D'Agostini, *Analíticos y continentales. Guía de la filosofía de los últimos treinta años, op. cit.*, pp. 296-297. También se puede consultar, A. Stroll, *La filosofía analítica del siglo XX, op. cit.*, pp. 270-289 y M. J. Frápolli y E. Romero, *Una aproximación a la filosofía del lenguaje, op. cit.*, pp. 147-148.

dicado gran parte de su obra filosófica a responder a las inquietudes que genera el problema del realismo. Preguntas como ¿qué es la realidad?, ¿existe una realidad? y ¿de qué manera los nombres se refieren a esa realidad? han acompañado sus esmerados escritos. Uno de ellos es el artículo de 1975 titulado "El significado de 'significado'" en el que se intenta dar respuesta a dichas cuestiones. Además, como veremos en las siguientes líneas, Putnam amplía la teoría de la referencia directa a los "llamados términos para clases naturales, es decir, a los nombres comunes que se refieren a las especies o substancias que se encuentran en la naturaleza, por oposición a artefactos como mesas y sillas"[81].

Empecemos resaltando que Putnam rechaza dos de los *supuestos* sobre el significado que sostienen a la tradición filosófica y que se aceptan sin crítica alguna. Ellos son:

(I) *Conocer el significado de un término no es sino estar en un cierto estado psicológico.*

(II) *El significado de un término (en el sentido de "intensión") determina su extensión, es decir, mismidad de intensión implica mismidad de extensión*[82].

Putnam, en su artículo "El significado de 'significado'", se propone demostrar que estos dos supuestos no son satisfechos por ninguna noción de significado, ya que *el concepto tradicional de significado es un concepto que se sostiene en una teoría falsa*[83].

---

[81] A. Stroll, *La filosofía analítica del siglo XX*, op. cit., p. 270.
[82] H. Putnam, "El significado de 'significado'", *op. cit.*, p.136.
[83] Escribe Putnam que "la dimensión del lenguaje asociada a la palabra 'significado' pese al actual aluvión de esfuerzos heroicos, cuando no mal encaminados, sigue en la oscuridad en igual medida que siempre (…).
Desde la Edad Media, al menos, los que han escrito teorías del significado han pretendido descubrir una ambigüedad en el concepto ordinario de significado y han introducido un par de términos –*extensión e intensión*, o *Sinn* (sentido) y *Bedeutung* (referencia), o lo que sea– para deshacer la ambigüedad de la noción.

Para tal propósito, defiende que es posible que dos hablantes se hallen *exactamente* en el mismo estado psicológico (en sentido estricto), a pesar de que la extensión sea distinta, es decir, es posible estar en un mismo estado psicológico y sin embargo no referirse a las mismas cosas. Para tal fin, Putnam renuncia tajantemente al supuesto de que dicho estado determina la extensión; por el contrario, piensa el autor norteamericano que la intensión puede tener distinta extensión.

Para demostrar que dos hablantes pueden estar en idéntico estado psicológico pese a referirse a cosas muy distintas, Putnam nos regala uno de sus más conocidos ejemplos, el llamado la Otra Tierra o la Tierra gemela (*"Twin Earth"*). Dicho ejemplo puede enunciarse así:

Supongamos que en algún lugar de la galaxia hay un planeta al que llamaremos la Otra Tierra. La Otra Tierra es en gran medida como la Tierra; es exactamente como la Tierra misma y en ella podemos encontrar una copia exacta de cada uno de nosotros. En la Otra Tierra también se habla español con unas pequeñas diferencias y matices, "peculiaridades" propias de cada planeta. Incluso un ojo divino que observase desde un punto externo a las dos tierras las encontraría indistinguibles. Una de estas "peculiaridades" de la Otra Tierra es que el líquido llamado "agua" no tiene la composición química H_2O sino una muy diferente, cuya fórmula química se puede abreviar simplemente de esta manera: XYZ.

Supongamos que XYZ no se distingue del *agua* a temperaturas y presiones normales. En particular, sabe como el agua y como el agua calma la sed. Además, los océanos, lagos y mares de la Otra Tierra contienen XYZ y no agua; llueve XYZ y no agua, los ríos llevan en sus cauces XYZ y no agua, etc. Ahora bien, si una nave espacial de la Tierra llegara alguna vez a la

---

La extensión de un término, en el parloteo lógico común, es simplemente el conjunto de cosas de las que el término es verdadero". Cfr. H. Putnam, "El significado de 'significado'", *op. cit.*, pp. 132-133.

Otra Tierra, entonces al principio supondrá que "agua" tiene el mismo significado allí que en la Tierra. Pero cuando estos "viajeros espaciales" descubran que "agua" en la Otra Tierra es XYZ, esta suposición se rectificaría; y enviarían un rápido mensaje a la Tierra diciendo: "*En la Otra Tierra, la palabra 'agua' significa XYZ*".

Y, por otro lado, si sucediera lo mismo en la Tierra, es decir, que los de la Otra Tierra visitaran la Tierra nuestra, al descubrir tal hallazgo, no dudarían en enviar de igual manera a su "Tierra" el siguiente mensaje: "*En la Tierra* (es decir la nuestra, y la otra para ellos), *la palabra 'agua' significa* H_2O".

Ahora bien, supongamos además que estamos en 1750, cuando aún no se había descubierto la composición química del agua en ninguna de las dos Tierras. Tenemos también dos individuos (idénticos): Óscar1, habitante de la Tierra, y Óscar2, su contrapartida en la Otra Tierra. Podemos suponer que no hay ninguna creencia que Óscar1 tenga acerca del agua que no la tenga Óscar2 acerca del "agua". Sin embargo, la extensión del término "agua" en la Tierra es H_2O tanto en 1750 como en 1950; y la extensión del término "agua" en la Otra Tierra es XYZ tanto en 1750 como en 1950. Óscar1 y Óscar2 entendían el término "agua" de forma diferente en 1750, *pese a estar en el mismo estado psicológico*[84] y pese a que, dada la situación de la ciencia en ese tiempo, a sus respectivas comunidades científicas les llevaría unos cincuenta años descubrir que entendían el término "agua" de modo diferente. Es decir, tanto Óscar1 como Óscar2, están en el mismo estado psicológico cuando piensan en "agua", pero refiriéndose a cosas distintas.

Siguiendo a Stroll, se pueden concluir los siguientes puntos:

1. Los terrícolas y los habitantes de la Otra Tierra pueden tener el mismo concepto de agua en la mente (mismo estado psicológico).

---

[84] H. Putnam, "El significado de 'significado'", *op. cit.*, p. 141.

2. La referencia (extensión) de ese concepto es un líquido que es H_2O en la Tierra y XYZ en la Otra Tierra (siendo XYZ diferente de H_2O).
3. Los líquidos a los que se refiere uno por el mismo término, "agua", resultan ser sustancias diferentes.
4. Por eso mismo la tesis fregeana que afirma que la intensión determina la extensión es errónea. Y por ello, el significado de un nombre no es su sentido o cúmulo de sentidos.
5. Debido a que los terrícolas y los habitantes de la Otra Tierra están usando el mismo concepto (el mismo significado en la mente) y debido a que el concepto selecciona dos referencias diferentes, H_2O y XYZ, se concluye que la intensión no determina la referencia[85].

Este ilustrativo ejemplo "dinamita" los supuestos (I) y (II) de la tradición del significado que reza que los estados psicológicos determinan la extensión de los términos, y que, por ende, a idénticos estados psicológicos deberían corresponder idénticas extensiones. Por el contrario, Putnam cree que el estado psicológico del hablante *no* determina la extensión de la palabra, ya que la intensión no establece de ningún modo la extensión. Aunque el "agua" en la Tierra pueda ser similar al líquido de la Otra Tierra, los dos líquidos "en realidad" tienen estructuras moleculares muy diferentes. No basta que se tenga idéntica intensión (apariencias similares) para que se esté hablando de lo mismo. El hecho "de que no podamos sustituir *salva veritatis* 'agua' por el conjunto de sus rasgos aparenciales implica que el significado de 'agua' no son las descripciones asociadas al agua, sino que 'agua' señala la cosa misma, siendo su significado la sustancia a la que nombra"[86]. La intensión que tienen los hablantes frente a "algo" es irrelevante, ya que,

---

[85] Cfr. A. Stroll, *La filosofía analítica del siglo XX, op. cit.*, p. 272.
[86] M. M. Gómez Alonso, "Individuos", *op. cit.*, p. 167.

como enfáticamente proclama Putnam, "¡los 'significados' no pueden estar en la *cabeza*!"[87].

Para Putnam el estado psicológico no fija la extensión de los términos, por el contrario, en el caso de los nombres comunes la referencia es fijada por individuos concretos en virtud del *principio de división del trabajo lingüístico*. Dice el autor: "Apenas podríamos emplear palabras como 'olmo' y 'aluminio' si no hubiera nadie que estuviera en posesión de una pauta para reconocer los olmos y el aluminio; pero no todos aquellos para quienes la distinción es importante son capaces de hacerla"[88]. Tomemos por ejemplo la palabra "oro" para entender este *trabajo lingüístico de fijación*. Consideremos a nuestra comunidad lingüística como una gran y organizada "factoría". En esta "factoría" algunos hacen el "trabajo" de buscar y encontrar el oro, otros de llevar anillos de oro, otros hacen el "trabajo" de vender anillos de boda de oro, otros, por su parte, hacen el "trabajo" de *decir* si algo realmente es o no oro. Los que hacen el trabajo de revisar si se trata de oro o no son los joyeros y especialistas en metales. Son ellos los que determinan si un metal es oro o no, ese es su trabajo: reconocer las *estructuras* profundas de ese metal. Son ellos, los especialistas, los que sacan de las dudas a la comunidad hablante, es decir, evidencian si "cierto metal parecido al oro" efectivamente reúne las características propias, estructurales y *esenciales* de lo que usualmente llamamos oro.

---

[87] H. Putnam, "El significado de 'significado'", *op. cit.*, p. 144.
[88] H. Putnam, "El significado de 'significado'", *op. cit.*, p. 144. En *Representación y realidad* afirma Putnam: "Los hablantes individuales no tienen por qué saber cómo se distingue la especie 'petirrojo' de otras especies similares, o cómo se distinguen los olmos de las hayas o el aluminio del molibdeno, etc. Siempre pueden consultar a los expertos. Aun en el caso de un metal tan importante como el oro, la persona media es poco digna de confianza (en cuanto a distinguir el oro del bronce, etc.) y lo sabe. Por eso consulta al joyero (o incluso al químico o al físico) cuando quiere asegurarse de que algo es realmente oro". Cfr. H. Putnam, *Representación y realidad. Un balance crítico del funcionalismo.* Trad. G. Ventureira (Barcelona, Gedisa 1999), p. 50.

En esta "recreación" del trabajo lingüístico son los especialistas, y no el *hablante común* (que normalmente no ha estudiado tales "especialidades concretas"), los que tienen la tarea asignada de determinar la extensión del término. Frente a este trabajo colectivo y organizado de la factoría de la comunidad lingüística, Putnam nos ofrece la *hipótesis de la división del trabajo lingüístico* que reza así:

> Toda comunidad lingüística posee al menos algunos términos cuyos correspondientes 'criterios' sólo los conoce un subconjunto de los hablantes que los aprendieron y cuyo uso por parte de los restantes depende de una cooperación estructurada entre éstos y los hablantes de los subconjuntos relevantes[89].

Por lo mismo tenemos que cada vez que un término se halle sujeto a la *división del trabajo lingüístico*, el hablante "medio" que lo aprenda no adquiere nada que determine su extensión. No es el estado psicológico individual lo que fija la extensión, "es sólo el estado sociolingüístico del cuerpo lingüístico colectivo al que pertenece el hablante lo que determina la extensión"[90]. Según Putnam, las palabras no son "herramientas simples" individuales y privadas, son por el contrario "herramientas complejas" que para su buen desempeño dependen de la división del trabajo lingüístico, es decir, de una *tarea colectiva lingüística*.

En esta "factoría" hay un trabajo de *fijación*. Entonces podemos preguntarnos ¿qué se fija?, ¿cómo se fija? y ¿bajo qué criterios se fija? Frente a estas preguntas, S. Kripke y H. Putnam se unen, pues los dos autores acuñan para responderlas (como vimos unas páginas atrás al referirnos a Kripke) el término de "designadores rígidos" para mostrar el trabajo de fijación. Veamos, a través de un ejemplo, esta relación entre Putnam y Kripke:

---

[89] H. Putnam, "El significado de 'significado'", *op. cit.*, pp. 145-146.
[90] H. Putnam, "El significado de 'significado'", *op. cit.*, p. 146.

Pensemos en dos mundos posibles en los que podamos existir, digamos por ejemplo *M1* y *M2*, mundos en los que exista "este vaso" y en los cuales pueda "yo" concretamente dar una explicación del significado señalando el vaso y diciendo "esto es agua". Digamos además que en *M1* el vaso está lleno de H_2O y que en *M2* el vaso está lleno de *XYZ*. Supongamos también que *M1* es el mundo *real* y que *XYZ* es la sustancia a la que comúnmente se llama "agua" en el mundo *M2*.

Putnam dice que con este ejemplo se pueden dar dos teorías acerca del significado de "agua", ellas son:

1. Se podría decir que "agua" era relativa-al-mundo, pero de significado constante (es decir, la palabra tendría un significado relativo constante). Según esta teoría, "agua" significa lo mismo en M1 que en M2; sólo que en M1 el agua es H_2O y en M2 es XYZ.
2. Se podría decir que agua es H_2O en todos los mundos (la sustancia llamada "agua" en M2 no es agua), pero que "agua" no tiene el mismo significado en M1 y en M2[91].

Putnam afirma que la segunda teoría es correcta, pues, cuando digo "este líquido es agua", el "*este*" es, por decirlo así, un "*este*" *de la cosa* en particular, de la cosa misma; es decir, la entidad a la que "este" refiere significa la entidad a la que "este" se refiere en el mundo *real*, y tiene por ello referencia con independencia de la variable ligada "M". Ahora bien, siguiendo a Kripke podemos afirmar que, si hacemos extensiva la noción de *rigidez* a los nombres y las sustancias, el término "agua" es sin lugar a dudas *rígido*[92], al igual que, cuando doy la definición

---

[91] H. Putnam, "El significado de 'significado'", *op. cit.*, p. 148.
[92] Recordemos que para Kripke un designador rígido se refiere al mismo individuo en todo mundo posible en el que el designador designe algo. Dice Kripke: "Parece verosímil suponer que, en algunos casos, la referencia de un nombre se fija efectivamente mediante una descripción, de la misma manera como se fijó el sistema métrico. Cuando el agente mitológico vio por primera vez a Héspero, pudo muy bien haber fijado su referencia diciendo: 'Usaré 'Héspero' como un

ostensiva "*este* líquido es agua", el demostrativo "este" es también *rígido*. "Kripke denomina 'rígido' a un designador (en una oración dada) si en esa oración refiere al mismo individuo en todo mundo en el que el designador designe algo"[93].

Tenemos que una entidad **X** de un mundo posible es agua sí y solo sí, se halla en relación "mismo líquido" con la sustancia que llamamos con el nombre "agua" en el mundo real; es decir, una vez que se ha *descubierto* que el agua (en el mundo real) es H_2O, *no puede haber ningún mundo posible donde el agua no sea H_2O* (Kripke). Un nombre, por lo mismo, para Putnam es aquel que se refiere a un individuo, señalándolo, etiquetándolo, pues, en los nombres, al carecer de intensión, su significado es simplemente el portador del nombre; es decir, *donde haya un nombre existirá necesariamente el objeto nombrado* —esto es, "si no hubiese agua no podríamos nombrar el agua"[94]—. Los nombres funcionan como *designadores rígidos* que designan siempre al mismo "tigre" o "agua" en todo mundo posible donde puedan existir. Dice Putnam: "Concretamente, si un enunciado 'lógicamente posible' es el que es verdadero en

---

nombre para el cuerpo celeste que aparece en aquella lejana posición en el cielo'. Fijó entonces la referencia de 'Héspero' por su posición celeste manifiesta. ¿Se sigue de esto que sea parte del *significado* del nombre el que Héspero tenga tal y cual posición en el momento en cuestión? Evidentemente no: si Héspero hubiera sido golpeado por un cometa en un momento anterior, podría haberse visto en una posición diferente en ese momento. En semejante situación contrafáctica diríamos que Héspero no habría ocupado esa posición, pero no que Héspero no habría sido Héspero. La razón de esto es que 'Héspero' designa rígidamente un determinado cuerpo celeste y 'el cuerpo celeste en aquella lejana posición' no; un cuerpo diferente —o ningún cuerpo— podría haber estado en esa posición, pero ningún otro cuerpo podría haber sido Héspero (aunque otro cuerpo, no Héspero, podría haberse llamado 'Héspero'). Efectivamente, como he dicho, sostendré que los nombres son siempre designadores rígidos". Cfr. S. Kripke, *El nombrar y la necesidad, op. cit.*, p. 60. También en: H. Putnam, "El significado de 'significado'", *op. cit.*, pp. 149-152.

[93] H. Putnam, "El significado de 'significado'", *op. cit.*, p. 149.
[94] M. M. Gómez Alonso, "Individuos", *op. cit.*, p. 167.

algún 'mundo lógicamente posible', *no es lógicamente posible que el agua no sea* H_2O"[95].

Putnam piensa que la doctrina de Kripke acerca de que las palabras que designan clases naturales son *designadores rígidos* y la suya, según la cual son *palabras indicadoras*, son dos formas de hacer la misma observación. Por lo mismo, los nombres comunes que designan a las especies o a las sustancias que se encuentran en la naturaleza —distintos a los artefactos, mesas, sillas, relojes; como por ejemplo "agua", "tigre" y "oro"— tienen para Putnam un *elemento indicador* oculto, profundo, estructural y, por decirlo así, *esencial* que responde a la naturaleza real de las cosas.

> Si hay una estructura oculta, ésta determina generalmente qué sea ser un miembro de una clase natural, no sólo en el mundo real, sino en todos los mundos posibles. Dicho de otra forma: determina qué podemos y qué no podemos suponer contrafácticamente acerca de la clase natural ("¿podría haber sido vapor todo el agua?", sí / "¿podría haber sido el XYZ agua?", no). Pero el agua local, o lo que fuere, puede tener dos o más estructuras ocultas —o tantas que la "estructura oculta" se haga irrelevante y las características superficiales se conviertan en decisivas—[96].

Hasta ahora hemos podido ver, según Putnam, que la extensión de un término no se fija mediante un concepto que el hablante individual tenga en su cabeza, ya que la extensión está *socialmente* determinada por el trabajo de la comunidad

---

[95] Escribe Putnam: "El 'agua' de la Otra Tierra no es agua, incluso aunque sea como dice la definición operacional, porque no está en la relación *mismoL* con la sustancia local que cuadra con la definición operacional; y la sustancia local que cumple con la definición operacional, pero que posea una micro-estructura distinta de la del resto de las sustancias locales que se ajustan a la definición operacional, tampoco es agua, ya que no se halla en la relación *mismoL* con los ejemplos normales del 'agua' local". Cfr. H. Putnam, "El significado de 'significado'", *op. cit.*, p. 150.

[96] H. Putnam, "El significado de 'significado'", *op. cit.*, p. 160.

lingüística que descubre la *naturaleza* real de las cosas, o, en palabras de Kripke, su estructura esencial. De ahí que la extensión de nuestros términos *dependa de la naturaleza real de las cosas* particulares que sirven de *paradigmas*[97].

Esta naturaleza real, como advertimos, no es conocida por la mayoría de los hablantes, pues esta tarea de conocimiento es asignada básicamente a los especialistas. Esta es la razón por la que el autor norteamericano advierte irónicamente que: "La teoría semántica tradicional omite solamente dos formas de contribuir a la extensión ¡la contribución de la sociedad y la contribución del mundo real!"[98].

Escribe Putnam enfáticamente sobre la labor del trabajo lingüístico que:

> (...) si dejamos de lado las ideas preconcebidas (...) las ideas del lenguaje grotescamente erróneas que son y han sido siempre habituales reflejan dos tendencias filosóficas específicas y muy centrales: la tendencia a tratar la cognición como si fuera una cuestión puramente *individual* y la tendencia a *ignorar* el mundo en la medida en que consta de más que las "observaciones" de los individuos. Ignorar la división del trabajo lingüístico es ignorar la dimensión social de la cognición; ignorar lo que hemos

---

[97] En este punto podemos recordar el ejemplo del atril propuesto por Kripke. En él advierte el autor enfáticamente que el atril no podría ser de hielo sino de madera, ya que es una propiedad esencial de "ese atril particular" estar hecho de madera, esto es, "no podría haber sido hecho desde el principio de agua congelada". Cfr. S. Kripke, *El nombrar y la necesidad, op. cit.*, p. 117.
También podemos traer en este momento a colación el chiste de Putnam sobre el "hombre tetera". Este dice así: "Hay un chiste sobre un paciente que está a punto de salir de un asilo para locos. Durante algún tiempo, los doctores le han estado interrogando, y ha dado respuestas perfectamente cuerdas. Deciden dejarle ir y, al final de la entrevista, uno de los doctores pregunta por casualidad: '¿Qué quiere ser cuando salga?' 'Una tetera', responde aquél. El chiste sería ininteligible si literalmente no se pudiera concebir que una persona pudiese ser una tetera". Cfr. H. Putnam, "El significado de 'significado'", *op. cit.*, p. 163.

[98] H. Putnam, "El significado de 'significado'", *op. cit.*, p. 164.

denominado la *indicabilidad* de la mayor parte de las palabras es ignorar la contribución del medio.[99]

En esta división del trabajo lingüístico el hablante común no necesita saber con todo rigor y detalle, pues hay muchas cosas que se escapan a su real conocimiento. Ahora bien, si esto es así —es decir si *la naturaleza real de las cosas* no es conocida plenamente por la gente del común— tendremos que preguntarnos: ¿qué se supone entonces que debe saber un individuo para poder hablar con facilidad (habilidad) de algo como puede ser el "agua" o el "tigre"?, ¿cuánto debe saber para ser competente? Putnam dice que a los hablantes solo se les pide un mínimo de *información y de competencia*[100] para dar cuenta de lo que se les pregunta. Por ejemplo, a alguien que utilice la palabra "tigre" lo único que se le pide (entre las muchas características que pueden tener tales animales) es que sepa que los tigres *estereotípicos* tienen la piel rayada. Para el autor norteamericano, la explicación de lo que significa *estereotipo* viene de la noción de *obligación* lingüística, es decir, de la obligatoriedad de adquirir la información *estereotípica* mínima sobre los "tigres" (por ejemplo saber el aspecto). No han de ser unos felinólogos profesionales, sino simplemente saber que los tigres tienen "la piel rayada". Los detalles constitutivos son para los expertos. Pero es importante tener en cuenta que esta información mínima y general, que no exige mayor "sabiduría"

---

[99] H. Putnam, "El significado de 'significado'", *op. cit.*, p. 193.
[100] Escribe Putnam: "La naturaleza del mínimo nivel de competencia exigido depende, no obstante, en gran parte tanto de la cultura como del tema. En nuestra cultura, a los hablantes se les pide que sepan cuál es el aspecto de los tigres (si es que han de adquirir la palabra 'tigre', y esto es virtualmente obligatorio); no se les pide que conozcan los pequeños detalles (como la forma de las hojas) de la apariencia de un olmo. A los hablantes hispanos su comunidad lingüística les pide que puedan distinguir los tigres de los leopardos; no les pide que sepan distinguir las hojas de los olmos de las hojas de las hayas". Cfr. H. Putnam, "El significado de 'significado'", *op. cit.*, p. 168.

por parte del hablante, depende sin lugar a dudas tanto de la cultura como del tema al que nos refiramos[101].

Ahora bien, Putnam advierte que el hecho de que un rasgo como "el de tener la piel rayada" se incluya en el estereotipo asociado a una palabra **X** "*no significa que sea una verdad analítica*, que todos los **X** tengan ese rasgo, ni que lo tengan muchos **X**, ni que todos los **X** normales lo posean, ni que algunos **X** lo posean"[102]. Los tigres con tres o cinco patas y los tigres albinos o rosados *no son entidades contradictorias*, ya que en el caso de que los tigres perdieran sus rayas, no por eso dejarían de ser tigres. Según Putnam, aceptar que los tigres con tres y cinco patas son contradictorios es volver a la *falsa concepción* de que el sentido de un nombre depende única y exclusivamente de las descripciones que posea el portador[103]. Esto es volver al

---

[101] "Preguntémonos: ¿qué pasaría si eliminásemos la división del trabajo lingüístico por el procedimiento de hacer de cada hablante un experto en todo? Esto lo responde Putnam con otras preguntas: ¿qué interés tendría la posible existencia de un lenguaje al que le falta un rasgo constitutivo del lenguaje humano? Un mundo en el que todos fuésemos expertos en todo sería un mundo en el que las leyes sociales diferirían de las actuales hasta un punto difícil de imaginar. ¿Qué motivo hay para tomar tal mundo y tal lenguaje como modelos del análisis del lenguaje humano?" Cfr. H. Putnam, "El significado de 'significado'", *op. cit.*, p. 187.

[102] H. Putnam, "El significado de 'significado'", *op. cit.*, p.170.

[103] El profesor Putnam nos dice que si es correcto todo lo hasta aquí planteado, entonces, "hay una gran cantidad de trabajo por hacer": (1) descubrir qué tipos de elementos pueden tener cabida en los estereotipos. (2) desarrollar un sistema conveniente de representaciones de estereotipos; etc. Putnam escribe a propósito: "Una idea que tiene valor es la de *marcadores semánticos*, idea original de J. Katz y J. A. Fodor. Podemos imaginarnos (una posibilidad muy remota y extraña) que los tigres no sean animales, sino robots, pero si son robots deben serlo desde siempre. Nada de conversiones o suplantaciones. (...) Rasgos como 'animal', 'ser vivo', 'artefacto', 'día de la semana' y 'periodo de tiempo', no sólo ocupan un lugar muy central en las palabras 'tigre', 'silla', 'viernes' y 'hora' respectivamente, sino que también forman parte de un sistema de clasificación importante usado. Es la centralidad la que garantiza que los elementos clasificados bajo tales encabezamientos virtualmente no habrán de ser re-clasificados nunca. Estos encabezamientos son los que resulta natural

supuesto de que la *intensión determina la extensión*. Escribe Putnam a propósito:

> Es posible darle a una palabra como "mariposa" un sentido según el cual las mariposas dejarían de ser mariposas de perder sus alas —por mutación, por ejemplo—. Por ello, uno puede hallar un sentido de "mariposa" de acuerdo con el cual "las mariposas tienen alas" sea analítico. Pero el sentido más importante del término es, creo, aquel en el que las mariposas sin alas siguen siendo mariposas[104].

Nos preguntábamos al principio del capítulo ¿qué es un nombre?, ¿cuál es el significado de un nombre?, ¿es el significado de un nombre el cúmulo de descripciones o el objeto nombrado?, ¿hay algo esencial o no en los nombres?, ¿por cuál de las dos teorías, la descripcionista o la referencialista, podemos decantarnos? y ¿qué pasa con aquellos nombres de entes de ficción? Todas estas preguntas acompañaron este tramo de la investigación desde las propuestas de *la teoría de la referencia directa* y *las tesis descripcionistas*.

Ambas hacen importantes aportes al problema del significado de los nombres, pero optar por una de ellas implica renunciar a la otra inevitablemente. El eclecticismo no es válido aquí, pues la modificación o el ajuste de una teoría hacia la otra no es más que una perfidia con respecto a la teoría original. De ahí que en el siguiente capítulo nos dejemos guiar desde el horizonte pragmático de *las tesis descripcionistas*. Wittgenstein será nuestro compañero de viaje. Ahora bien, dejarnos guiar no es de ningún modo una aceptación resignada y cerrada, es por el contrario caminar bifurcándonos por caminos que vemos más transitables, claros y abiertos para el tratamiento de

---

utilizar, en plurales contextos, como indicadores de categoría". Cfr. H. Putnam, "El significado de 'significado'", *op. cit.*, pp. 188-190.

[104] H. Putnam, "El significado de 'significado'", *op. cit.*, p. 170.

los nombres de ficción. Los senderos de la filosofía analítica son siempre plurales. Caminar es bifurcarse. La filosofía se corresponde con y sugiere un perpetuo caminar.

3. WITTGENSTEIN Y LA PERFECTA SIGNIFICATIVIDAD DE LOS NOMBRES DE FICCIÓN

INTRODUCCIÓN

Ludwig Wittgenstein afirma en sus *Investigaciones filosóficas* que:

> Prestamos atención a nuestros propios modos de expresión concernientes a estas cosas, pero no los entendemos, sino los malinterpretamos. Somos, cuando filosofamos, como salvajes, hombres primitivos, que oyen los modos de expresión de hombres civilizados, los malinterpretan y luego extraen las más extrañas conclusiones de su interpretación[1].

De esta manera describía Wittgenstein la forma "salvaje" según la que los filósofos malinterpretamos y enredamos *los modos* sencillos y cotidianos que tienen para comunicarse los "hombres civilizados". Para Wittgenstein los filósofos nos

---
[1] L. Wittgenstein, *Investigaciones filosóficas, op. cit.*, 1, § 194, p. 197. *Werkausgabe*, p. 341.

enredamos y confundimos fácilmente en discursos que en sus orígenes no representaban problema alguno. Según el autor de las *Investigaciones* es como si estuviéramos *hechizados* a la hora de interpretar el lenguaje, *enredando* a nuestro paso toda *la filosofía*. No tejemos ni bifurcamos caminos, todo lo contrario; según Wittgenstein trazamos círculos sobre un mismo punto, buscando por todos los medios *soluciones definitivas* que no llegan nunca. En este sentido, el autor colombiano Nicolás Gómez Dávila observaba en uno de sus *escolios* que en muchas ocasiones "Las soluciones en filosofía son el disfraz de nuevos problemas"[2].

Wittgenstein entendió que, más que dar respuestas definitivas y concluyentes, lo que la filosofía debe buscar y a lo que debe aspirar es a la *claridad*. La claridad, según el autor austríaco, es el único camino posible para el trabajo filosófico, pues, si contamos con claridad en la filosofía, todo problema y *nudo* debe desatarse seguidamente y, por lo mismo, no puede haber ya lugares oscuros e intransitables para el pensamiento. Wittgenstein aspiró a la *claridad completa*[3].

Siguiendo con la imagen wittgensteiniana, la filosofía debe aspirar en última instancia a ser menos "salvaje" y "más civilizada", es decir, a ser más habitable. En el parágrafo 133 de las

---

[2] N. Gómez Dávila, *Escolios a un texto implícito. Selección* (Bogotá, Villegas Editores 2001), p. 424.

[3] Ray Monk trae a colación un significativo pasaje de Heinrich Hertz que influyó notablemente en Wittgenstein. Escribe Monk en su cuidada biografía *Ludwig Wittgenstein. El deber de un genio*: "Hertz propone que, (...) 'Cuando eliminemos estas dolorosas contradicciones', escribe, 'la cuestión referente a la naturaleza de la fuerza no habrá sido respondida; pero nuestras mentes, al no estar ya irritadas, dejarán de hacer preguntas ilegitimas'. Wittgenstein conocía este pasaje de Hertz virtualmente palabra por palabra, y lo invocaba frecuentemente para describir su propia concepción de los problemas filosóficos y la manera correcta de solventarlos. Como ya hemos visto, el pensamiento filosófico comenzó para él como 'dolorosas contradicciones' (y no con el deseo russelliano de cierto conocimiento); su deseo fue siempre resolver estas contradicciones y reemplazar la confusión por la claridad". Cfr. R. Monk, *Ludwig Wittgenstein. El deber de un genio*. Trad. D. Alou (Barcelona, Anagrama 2002), p. 41.

Investigaciones filosóficas Wittgenstein deja ver su itinerario intelectual. Dice el autor austríaco:

> Pues la claridad a la que aspiramos es en verdad completa. Pero esto sólo quiere decir que los problemas filosóficos deben desaparecer completamente. El descubrimiento real es el que me hace capaz de dejar de filosofar cuando quiero. Aquel que lleva la filosofía al descanso, de modo que ya no se fustigue más con preguntas que la ponen a *ella misma* en cuestión[4].

Es precisamente a este punto al que queríamos llegar: *al descanso de la filosofía*. "Descanso" que no es más que el *alivio* al deshacernos de ciertos problemas filosóficos que en el fondo no lo son y que han contribuido no solo al "fustigamiento" de la misma actividad filosófica, sino, como afirma Wittgenstein, también a su rechazo. Para el autor de las *Investigaciones* estos *enredos* hacen que la actividad filosófica sea *violenta*. Estos enredos la ciegan, le imposibilitan el encuentro de una salida que muchas veces ha tenido ante sus ojos. Pero por el afán de dar soluciones concluyentes ha sido lanzada por sendas estrechas y por caminos de difícil tránsito. El filósofo es como una persona que está *presa* en una habitación y que violenta la puerta hasta romper el picaporte sin darse cuenta de que, por hacer movimientos tan "agresivos y fustigantes", pasó por alto que, en vez de tirar, lo que debía era empujar la puerta que nunca estuvo cerrada. El filósofo es para Wittgenstein "aquél que ha de curar en sí mismo muchas enfermedades del entendimiento antes de que pueda llegar a las nociones del sentido común"[5].

---

[4] L. Wittgenstein, *Investigaciones filosóficas, op. cit.*, 1, § 194, p.133. *Werkausgabe*, pp. 341-342.

[5] L. Wittgenstein, *Observaciones sobre los fundamentos de la matemática*. Trad. I. Reguera (Madrid, Alianza 1987), V, § 53, p. 253. Vale la pena citar las críticas a la filosofía del norteamericano R. Rorty, especialmente las partes segunda y tercera de su libro *La filosofía y el espejo de la naturaleza*. Cfr. R. Rorty, *La filosofía y el espejo de la naturaleza*. Trad. J. Fernández Zulaica (Madrid,

El filósofo no se cura gracias a los calmantes, sino por la eliminación del mal que lo aqueja, es decir, por *la eliminación de los falsos- problemas- filosóficos.*

Dentro de la gran lista de *falsos-problemas-filosóficos* podemos encontrar, sin lugar a dudas, el tema que nos atañe, a saber, la significatividad de los nombres de los entes de ficción. Este "problema", como veremos, ha creado muchas confusiones; de ahí que deseemos disolverlas con la ayuda de Wittgenstein. Por esto, antes de buscar soluciones, revisaremos la validez de ciertas preguntas, esto es, analizaremos si tal o cual enunciado es o no significativo dentro de cierto universo lingüístico.

Recuerda Norman Malcolm que Wittgenstein dijo en una de sus clases:

Lo que proporciono es una morfología del uso de una expresión. Muestro cómo una expresión tiene usos en los que ni siquiera habíais soñado. En filosofía uno se siente *forzado* a mirar un concepto de cierta forma. Lo que yo hago es sugerir, o incluso inventar, otras formas de mirarlo. Sugiero posibilidades en las que previamente no habíais pensado. Pensabais que había una posibilidad, o a lo sumo sólo dos. Pero os hice pensar en otras. Es más, os hice ver que la esperanza de que el concepto se adaptase a esas estrechas posibilidades era absurda. Así, vuestro calambre

---

Cátedra 2001). También el artículo del mismo autor titulado "Introducción: pragmatismo y filosofía". Cfr. R. Rorty, "Introducción: pragmatismo y filosofía", en: R. Rorty, *Consecuencias del pragmatismo, op. cit.*, pp. 19-59. Por otro lado, en *The Cambridge Companion to Wittgenstein* podemos contar con un importante artículo del profesor R. Fogelin titulado "Wittgenstein's Critique of Philosophy". En dicho artículo se resaltan los puntos más comunes de la crítica wittgensteiniana a la filosofía. Cfr. R. Fogelin, "Wittgenstein's Critique of Philosophy", en: H. Sluga & D. G. Stern (eds.), *The Cambridge Companion to Wittgenstein* (Cambridge, Cambridge University Press). También el pequeño libro de Leszek Kolakowski *Horror metaphysicus,* en el que el autor desarrolla en varios apartados la idea de la filosofía y la crítica de sí misma. Cfr. L. Kolakowski, *Horror metaphysicus*. Trad. J. M. Esteban Cloquell (Madrid, Tecnos 1990), pp. 9-17. L. Kolakowski, *Horror metaphysicus*. Trad. J. M. Esteban Cloquell (Madrid, Tecnos 1990).

mental se alivia, y quedáis libres para contemplar el alcance (*field*) del uso de la expresión y sus diferentes utilizaciones[6].

Según Wittgenstein, los verdaderos problemas de la filosofía "se resuelven, no aduciendo nueva experiencia, sino compilando lo ya conocido. La filosofía es una lucha contra el embrujo de nuestro entendimiento por medio del lenguaje"[7]. Este capítulo responde a esta lucha. Wittgenstein es su inspirador. Nos desembruja para ver con *claridad* el "problema" de los nombres de los entes de ficción. Queremos dar, de este modo, un tratamiento *terapéutico* al "problema" de los nombres de los entes de ficción, asunto que, si bien no abordó directamente Wittgenstein, creemos que se puede afrontar desde sus obras y, propiamente, desde lo que podríamos llamar su "segunda filosofía", de manera muy diferente a como se ha venido tratando a lo largo de la historia de la filosofía. Al respecto escribe el profesor Modesto Gómez Alonso que:

> Si, hasta Wittgenstein, se consideraba que el filósofo calaba hondo allí donde el sentido común se quedaba con simples superficialidades, con Wittgenstein se produce una revolución incruenta, revolución donde la "aristocracia del pensamiento" pierde su posición privilegiada y el hombre ordinario queda justificado. La única filosofía admitida será "terapéutica", es decir, *actitud crítica frente a las pretensiones de la filosofía*, desbroce de los enigmas filosóficos mediante el desenmascaramiento de las confusiones conceptuales que los originan[8].

---

[6] N. Malcolm, *Ludwig Wittgenstein. A Memoir* (Oxford, Oxford University Press 2001), p. 43.

[7] L. Wittgenstein, *Investigaciones filosóficas, op. cit.*, I, § 109, p. 123. *Werkausgabe*, p. 298.

[8] M. M. Gómez Alonso, "Fundamentación y alcance del escepticismo", en: *Revista de la Facultad de Filosofía de la Universidad Autónoma Latinoamericana* (Medellín, UNAULA 2004), pp. 104-105.

Wittgenstein afirmaba que tanto un juego como un lenguaje y una práctica son una *institución*. Es de esta manera como funciona el lenguaje, es decir, a partir de prácticas, acuerdos e instituciones. Los juegos de lenguaje se aprenden a jugar mediante la *práctica* de los mismos; de este modo, las confusiones solo aparecen "cuando el lenguaje marcha en el vacío, no cuando trabaja"[9]. Para Wittgenstein son muchos los universos lingüísticos que se definen dentro de sus prácticas y acuerdos, dentro de sus *parecidos de familia*. Prácticas y acuerdos que no son más que las "formas de vida" que puede tener una comunidad hablante. De este modo pueden existir diferentes universos lingüísticos en los que algunas formas de vida son aceptadas y otros no, en los que ciertos enunciados son válidos y otros no[10].

---

[9] L. Wittgenstein, *Investigaciones filosóficas, op. cit.*, I, § 132, p. 133. *Werkausgabe*, p. 304.

[10] Traigamos a colación un universo lingüístico —muy particular, pero perfectamente aceptado— llamado "Tlön", planeta ficticio creado por Borges que tiene sus propias reglas de juego, es decir, sus propias *formas de vida*. En este cuento se narra que existe un planeta desconocido y misterioso, en el que ciertas prácticas son condenadas y otras no. Los habitantes de Tlön son idealistas y el realismo es "condenado" como una herejía. Su lenguaje y las derivaciones del lenguaje, como son la religión, las letras o la metafísica, presuponen el idealismo; de ahí que el mundo para los habitantes de Tlön no sea un concurso de objetos en el espacio, sino una variada serie de actos independientes. En la literatura de Tlön, escribe Borges, "abundan los objetos ideales convocados y disueltos en un momento, según las necesidades poéticas. Los determina, a veces, la mera simultaneidad. Hay objetos compuestos de dos términos, uno de carácter visual y otro auditivo". Y continúa el cuento: "Este monismo o idealismo total invalida la ciencia. Explicar (o juzgar) un hecho es unirlo a otro; esa vinculación, en Tlön, es un estado posterior del sujeto, que no puede afectar o iluminar el estado anterior. Todo estado mental es irreductible: el mero hecho de nombrarlo —*id est*, de clasificarlo— importa un falseo. De ello cabría deducir que no hay ciencias en Tlön —ni siquiera razonamientos. La paradójica verdad es que existen, en casi innumerable número. Con las filosofías acontece lo que acontece con los sustantivos en el hemisferio boreal. El hecho de que toda filosofía sea de antemano un juego dialéctico, una *Philosophie des Als Ob*, ha contribuido a multiplicarlas". Wittgenstein decía que un juego, un lenguaje, una práctica son todos ellos una *institución*. De ahí que podamos afirmar que el universo lingüístico creado por Borges sea, sin lugar a dudas,

3.1. NOMBRAR, REFERIR Y CORRESPONDER: EL "AXIOMA" DE LA REFERENCIA

En *La filosofía analítica del siglo XX* y más concretamente, en las páginas dedicadas a la exposición y crítica de las teorías de la referencia directa, A. Stroll[11] nos advierte de los alcances y problemas de dichas teorías, resaltando, principalmente, la falsa concepción de los nombres de los entes de ficción. Para el autor norteamericano, esta concepción se resume en cinco grandes tesis, todas ellas recusables, las cuales se pueden enunciar de esta manera:

1. Los nombres propios son *etiquetas* o como los llama Kripke "designadores rígidos" [*strongly rigid*][12].
2. Las etiquetas marcan, determinan algo, se pegan sobre algo, es decir, requieren la existencia de algo para poder etiquetarlo.

"toda una institución". Institución muy particular, por cierto, de normas de juego en las que se dan diversas prácticas en las que los habitantes participan. El lenguaje funciona de esta manera, a partir de prácticas, acuerdos e instituciones. Algo similar a lo que sucede en Tlön, el mundo contrafáctico de Borges. Cfr. J. L. Borges, "Tlön, Uqbar, Orbis Tertius", *op. cit.*, pp. 435-436.

[11] Avrum Stroll nos deja ver en estas páginas su genial y particular forma de encarar los problemas de la referencia. El profesor norteamericano no ahorra espacio para exponer con detalle las *teorías de la referencia directa*, y más propiamente las tesis de S. Kripke y H. Putnam. Stroll cree que las tesis de Kripke y Putnam son limitadas a la hora de encarar el problema de los nombres de ficción, ya que ellas se mueven bajo el "axioma de la referencia". De ahí que para este apartado nos dejaremos guiar por el análisis y el desarrollo de A. Stroll, además nos valdremos de su "manera" pedagógica e ilustrativa de describir los problemas de la referencia. Pedagogía que no le resta de ningún modo profundidad a los asuntos, todo lo contrario: los pone a la orden del día y sobre todo aleja de ellos toda oscuridad posible. En este punto A. Stroll podría ser comparado con la efectiva y significativa manera que tenía Wittgenstein de abordar los problemas filosóficos. Cfr. A. Stroll, *La filosofía analítica del siglo XX, op. cit.*, pp. 248-289.

[12] S. Kripke, *El nombrar y la necesidad, op. cit.*, p. 29.

3. Los nombres de ficción no existen, o por lo menos no contamos con ejemplares. Por eso mismo no pueden etiquetarse tales nombres[13].
4. Los entes de ficción tienen "nombres propios" en el lenguaje común.
5. Un "nombre propio" es lo que normalmente se entiende por nombre propio[14].

Nos señala Stroll que para ver las incongruencias de estas tesis, debemos empezar por ver cómo las *personas corrientes* hablan y piensan sobre los nombres y en especial sobre los nombres de entes ficción, esto es, *qué cuenta como nombre* en el habla cotidiana. Ahora bien, aquí nos encontramos ante un problema y este es: saber si efectivamente estos "hombres corrientes" se hacen "en verdad" este tipo de cuestiones. Stroll afirma que efectivamente

> [Los hombres del común] no pasan el tiempo, si es que lo hacen alguna vez, pensando seriamente sobre los problemas que perturban a los filósofos del lenguaje. También es bastante dudoso que esa persona corriente, sea hombre o mujer, disponga de algo que pudiéramos calificar de "teoría" sobre los propios[15].

El autor norteamericano nos pone sobre aviso de dos puntos claves para empezar a corregir cada tesis, a saber: a) que los hombres corrientes usan los nombres simplemente y b) que a la hora de hacer uso de estos nombres, los hombres del común no tienen problema alguno, es decir, no necesitan de teoría alguna a la hora de utilizarlos.

Para ver mejor esto, rastreemos ciertos nombres en el diccionario. Pensemos en los muchos nombres que empiezan,

---

[13] S. Kripke, *El nombrar y la necesidad, op. cit.*, pp. 153-154.
[14] A. Stroll, *La filosofía analítica del siglo XX, op. cit.*, p. 261.
[15] *Ibíd.*

por ejemplo, por la letra **U**, en un diccionario normal. En este rastreo podemos entresacar algunos, como podrían ser: "Ugolino", "Uruguay", "Ulises", "Ulrica", "Úrsula Iguarán", "Uroboro" o "Urano". Como vemos, todos ellos son claramente identificables como legítimos nombres, incluidos, por supuesto, aquellos nombres de entes de ficción, como "Ugolino", "Ulises", "Úrsula Iguarán", "Uroboro" o "Ulrica". El diccionario no discrimina nombres, los clasifica como *nombres* sin importar si son lo que podría llamarse "verdaderos nombres propios" o nombres de entes de ficción. La gente del común hace lo mismo: no discrimina nombres, no cuenta con una teoría "especial" a la hora de usar los nombres.

Nos recuerda A. Stroll que:

> Puede que los hablantes comunes tengan cosas importantes que decirnos sobre los nombres, cosas que los filósofos han pasado por alto o ignorado. Si le preguntásemos a esa gente lo que piensan sobre los cinco pasos [tesis] que planteábamos anteriormente es posible que nos dieran algunas respuestas muy instructivas[16].

Concuerda la anterior cita con el siguiente parágrafo de las *Investigaciones filosóficas*:

> Cuando los filósofos usan una palabra —"conocimiento", "ser", "objeto", "yo", "proposición", "nombre"— y tratan de captar la *esencia* de la cosa, siempre se ha de preguntar: ¿Se usa efectivamente esta palabra de este modo en el lenguaje que tiene su tierra natal?
>
> *Nosotros* reconducimos las palabras de su empleo metafísico a su empleo cotidiano[17].

---

[16] A. Stroll, *La filosofía analítica del siglo XX, op. cit.*, p. 262.
[17] L. Wittgenstein, *Investigaciones filosóficas, op. cit.*, I, § 116, p. 125. *Werkausgabe*, p. 300.

Como vemos Stroll, desde el espíritu wittgensteiniano, entiende que para recusar las cinco tesis de la teoría de la referencia directa conviene desconfiar de todo uso ininteligible de las palabras y, por lo mismo, concederle la palabra no ya al "filósofo" (que es quien las ha hecho ininteligibles) sino al que las usa cotidianamente, estos son, como diría el autor norteamericano, los "hablantes comunes".

Ahora bien, empecemos por rechazar la última tesis, *la tesis quinta* que dice "que un nombre propio es lo que normalmente se entiende por un nombre propio". Stroll asegura que esta tesis es insostenible, ya que en la vida cotidiana nadie hace tales distinciones de nombres, nadie divide entre lo que podemos llamar "nombres" o "nombres propiamente genuinos". De hecho, con el ejemplo de la pesquisa de los nombres en el diccionario, nos percatamos que este tipo de divisiones o "tecnicismos" son usos propios de los gramáticos y de las personas dedicadas a estas áreas específicas del lenguaje y no de la gente del común. La gente del común no ve tales diferencias y no las necesita para comprenderse; la gente, cotidianamente, según Stroll, no dice

> que las personas o los lugares tengan nombres propios. Hablan sobre los nombres *simpliciter* de tales entidades y objetos. Normalmente preguntarán: "¿cuál es el nombre de la ciudad que visitaste el año pasado?" y no "¿cuál es el nombre propio de la ciudad que visitaste el año pasado?"[18].

La tesis cuarta de la teoría de la referencia directa es, por el momento, corregible, no recusable. En ella se sostiene que "los nombres de ficción tienen nombres propios en el lenguaje común". Esta tesis es aceptable si se elimina la distinción, que resaltábamos atrás, entre los "nombres propios" y los demás nombres. Los nombres de entes de ficción, como pueden ser "Zorba", "Mafalda", "Úrsula Iguarán" o "Ulises" son tan

---

[18] A. Stroll, *La filosofía analítica del siglo XX*, *op. cit.*, p. 263.

"nombres" como lo son los nombres de "Gabriel García Márquez", "Jorge Luis Borges" o "James Joyce". Todos ellos son nombres sin más. Esto significa que: *un nombre es un nombre sin importar la entidad o a quien se refiere*[19].

Ahora bien, habría espacio para las siguientes preguntas: ¿por qué pensar que no son nombres cuando se les utiliza en la ficción?, ¿cuál es el motivo para pensar esto?, ¿qué se pretende al negar estos nombres? Por ahora, dejemos estas preguntas y sus posibles soluciones para más adelante. Nos quedan —siguiendo a Stroll— tres tesis por recusar y son precisamente las

---

[19] Vale la pena traer en esta nota la exposición y la serie de ejemplos que nos da Stroll sobre la indistinción de los nombres. "Supongamos, afirma el autor norteamericano, que un filósofo le pregunta a una persona corriente que seleccione los nombres propios que aparecen, por ejemplo, en una lista como esta:
Dora Alejandra
Mafalda
El descubridor de América
Un metal
Santa Claus
Colón
Zeus
El jefe del equipo
Afirma Stroll que en el supuesto de que comprenda la pregunta, porque se utiliza el término 'nombre propio', la persona en cuestión podría seleccionar 'Dora Alejandra', 'Mafalda', 'Santa Claus', 'Colón' y 'Zeus' y rechazar seguramente por no ser nombres 'el descubridor de América', 'un metal' y 'el jefe del equipo'. No parece que podamos imaginar que se ponga a un recién nacido el nombre 'el descubridor de América'. No podemos concluir que, para los hablantes cotidianos, Santa Claus y Zeus, nombres de esas entidades de ficción, sean lo que los filósofos consideran nombres propios por el simple hecho de que hayan sido seleccionados en la lista.
Un segundo argumento: supongamos que una persona está buscando en un listado de nombres para seleccionar el que le va a poner a un niño recién nacido. La lista puede incluir 'Sherlock', 'Lancelot' o 'Hamlet'. Son nombres famosos en el ámbito de la ficción occidental, pero puede que se utilicen como nombres de personas realmente existentes. De esta forma, ¿por qué pensar que no son nombres cuando se utilizan en la ficción? Un nombre es un nombre y es un nombre en cualquier contexto, como habría podido decir Gertrude Stein. Una persona normal no encontraría obstáculo alguno para identificar esas palabras como nombres. Jugando al juego de la filosofía, incluso podríamos decir que son 'nombres propios'". Cfr. A. Stroll, *La filosofía analítica del siglo XX, op. cit.*, pp. 263-264.

que sostienen a unísono que los nombres son "etiquetas", en palabras de Kripke *designadores rígidos*. Recordemos *la tesis dos* que afirma que "para poder etiquetar algo ese algo debe existir" y *la tercera* —que va por el mismo cauce— y dice "que ya que los entes de ficción no existen, por lo mismo es imposible llegar a etiquetarlos". Las dos tesis descansan, como advertimos, en la concepción errónea de que un nombre se agota en la referencia del objeto nombrado, es decir: *que un nombre es simple y llanamente una etiqueta*. Teoría que entiende además que

> [los nombres propios] no significan ni pueden ser traducidos correctamente por las *características aparenciales* (...). Su única función es, más bien, nombrar (señalar, etiquetar) a las cosas mismas que hay tras esas apariencias[20].

El suelo donde descansan estas tres primeras tesis es, según Stroll, el reconocido "axioma de la referencia", axioma que se puede enunciar de esta manera: *no podemos referirnos a lo que no existe*[21].

Continúa el autor norteamericano que este axioma "aunque se acepte como verdadero prácticamente por todas las filosofías del lenguaje, es manifiestamente falso"[22]. Es un axioma clásico, que descansa sobre compromisos ontológicos y metafísicos, y que hoy sigue siendo, por extraño que parezca, aceptado sin mayor objeción. Stroll piensa que "resulta interesante reflexionar sobre la razón de que los filósofos lo hayan aceptado acríticamente y de manera casi universal"[23]. Creemos que el afán de la filosofía por el fundamento ha sido, sin lugar a dudas, una de las razones por las que este axioma ha sido aceptado

---

[20] M. M. Gómez Alonso, "Individuos", *op. cit.*, p.166.
[21] A. Stroll, *La filosofía analítica del siglo XX*, *op. cit.*, p. 265.
[22] A. Stroll, *La filosofía analítica del siglo XX*, *op. cit.*, p. 266.
[23] A. Stroll, *La filosofía analítica del siglo XX*, *op. cit.*, p. 270.

sin discusión y, por lo mismo, aplicado en la mayoría de las corrientes del pensar[24].

Lo anterior nos lleva a concluir por ahora que los compromisos metafísicos de la filosofía hacen del referencialismo un buen aliado para conseguir sus fines. Fines que se reducen, como vimos en los primeros capítulos, a la idea russelliana de encontrar un lenguaje ideal en el que cada nombre *corresponda* con la realidad, esto es: en donde la significatividad esté ligada a la referencia que pueda tener un nombre.

Según Stroll, si abandonamos por completo el falso "axioma de la referencia", las tres primeras tesis perderían todo sentido y, por lo mismo, "no necesitaríamos ninguna teoría especial sobre el uso en la ficción de los llamados nombres propios"[25]; todo lo contrario, como dice el autor de *La filosofía analítica del siglo XX*:

> Si comenzamos desde una perspectiva del lenguaje mismo —preguntándonos qué es lo que cuenta como un nombre en el habla

---

[24] Dice J. O. Cofré en un apartado titulado "La falacia de la referencia" de su libro *Examen filosófico de los entes de ficción*: "Según explican los filósofos nominalistas, se comete la falacia de la referencia cuando a un término (nombre) que de suyo no posee denotación empírica, se le atribuye una denotación 'misteriosa' y se cree en consecuencia que las palabras y las oraciones denotan cosas que existen cuando en realidad son pura y simplemente nombres. Si alguien afirma: 'El flogisto se libera con el calor', los filósofos, dirían estos pensadores, se sienten tentados y obligados a buscar la referencia de este término y caen así en la metafísica, en los extravíos y las discusiones más absurdas. La cuestión para estos pensadores es sencilla: el 'flogisto' no existe, es sólo un término vacío, huero, como todos los términos de la metafísica y como todos los términos que supuestamente se refieren a determinado tipo de entes llamados de ficción. No existen entes metafísicos ni entes de ficción, luego no hay qué discutir y si alguien cree que está haciendo filosofía cuando medita sobre estas supuestas entidades se equivoca, ya que sólo está meditando acerca de palabras. Su ciencia es pseudo-ciencia y lo que estudia no existe, es nada.
Pero como advertimos en su oportunidad, estas teorías pasan por un concepto muy estrecho de realidad y toman por artículo de fe que sólo existe lo que es real concreta o históricamente, por donde van a parar a la convicción de que las palabras sólo significan si denotan este tipo de realidades causal y empírica". Cfr. J. O. Cofré, *Examen filosófico de los entes de ficción*, op. cit., pp. 123-124.

[25] A. Stroll, *La filosofía analítica del siglo XX*, op. cit., p. 268.

cotidiana y cómo se utilizan tales nombres— se desvanecen todas esas inadecuadas concepciones filosóficas. Entre ellas la noción de que los nombres propios son etiquetas y que solamente podemos referirnos a lo existente[26].

En las siguientes páginas veremos cómo L. Wittgenstein recusa el axioma y el modelo referencialista y cómo nos lanza a una manera distinta y sin anteojeras de tratar el problema de los nombres de los entes de ficción.

3.2. WITTGENSTEIN: LA RECUSACIÓN DE UN LENGUAJE LÓGICAMENTE PERFECTO

Advertíamos en un apartado anterior, titulado "Russell: el lenguaje ideal y la teoría de las descripciones", que el autor inglés tenía como objetivo encontrar un *lenguaje lógicamente perfecto* traducible al mismo lenguaje de la ciencia en el que no habría lugar para ningún ente que no se correspondiera con la realidad. Por ejemplo, si no contamos con ejemplares de "unicornios" en un zoológico es absurdo incluir tales nombres de entes de ficción dentro de un lenguaje lógicamente perfecto. Tales criaturas, según Russell, solo podrían hacer parte del excéntrico universo inflacionista de Meinong. Vale la pena recordar lo que dice el autor de *La filosofía del atomismo lógico* con estas dos extensas e importantes citas:

> Hace un momento hablaba de las considerables ventajas que para nosotros se derivan de las imperfecciones lógicas del lenguaje, del hecho de que todas nuestras palabras sean ambiguas. (...) En un lenguaje lógicamente perfecto, los términos de una proposición se corresponderían uno por uno con los componentes del hecho a que aquélla se refiriese[27].

---

[26] A. Stroll, *La filosofía analítica del siglo XX, op. cit.*, p. 270.
[27] B. Russell, *La filosofía del atomismo lógico, op. cit.*, p. 276.

Y continúa el autor británico:

> En el lenguaje lógicamente perfecto, habría una palabra, y no más, para cada objeto simple, y todo aquello que no fuera simple se expresaría por medio de una combinación de palabras, combinaciones a base, como es natural, de las palabras correspondientes a las cosas simples —una palabra por componente— que formen parte de dicho complejo. (...) Los lenguajes ordinarios no son lógicamente perfectos en este sentido, ni tendrían nunca posibilidad de serlo si han de servir para los propósitos de la vida cotidiana. Un lenguaje lógicamente perfecto, si fuera posible construirlo, sería no sólo intolerablemente prolijo sino, en buena parte y por lo que respecta a su vocabulario, del dominio privado del habla[28].

Paradójicamente el autor que ahora acompaña este capítulo, y que nos sirve de guía para recusar tales concepciones ideales y metafísicas del lenguaje, se suscribió en su pasado a estas tesis. Wittgenstein escribía en el prólogo de las *Investigaciones filosóficas*:

> Hace cuatro años tuve ocasión de volver a leer mi primer libro (el Tractatus Logico-Philosophicus) y de explicar sus pensamientos. Entonces me pareció de repente que debía publicar juntos esos viejos pensamientos y los nuevos: que éstos sólo podían recibir su correcta iluminación con el contraste y en el trasfondo de mi viejo modo de pensar.
> Pues, desde que hace dieciséis años comencé a ocuparme de nuevo de filosofía, hube de reconocer graves errores en lo que había suscrito en ese primer libro[29].

---

[28] B. Russell, *La filosofía del atomismo lógico, op. cit.*, p. 277.
[29] L. Wittgenstein, *Investigaciones filosóficas, op. cit.*, p.13. *Werkausgabe, Vorwort*, p. 232.

El Wittgenstein que hallamos en el *Tractatus Logico-Philosophicus*[30] es muy diferente al Wittgenstein que encontramos en las *Investigaciones filosóficas*, pues este, pasó de concebir un lenguaje lógicamente perfecto a reivindicar un lenguaje más sencillo, más austero, por así decirlo: "un lenguaje para andar por casa" que no transgreda las prácticas comunes y que no se golpee continuamente con los "límites del lenguaje"[31]. Afirma A. Kenny que el autor austríaco finalmente

> abandonó la idea de que los elementos últimos del lenguaje fueran nombres que designaban objetos simples y pasó a creer que las palabras "simple" y "complejo" carecen de significado absoluto, sino que varían éste en función del contexto[32].

Wittgenstein a finales de los veinte (1929), cuando retornó a Cambridge fue alejándose poco a poco de las tesis del *atomismo lógico*[33]. Dice S. Kripke que ideas "fuertemente" expuestas

---

[30] En el prólogo del *Tractatus* escribe Wittgenstein: "El libro trata los problemas filosóficos y muestra —según creo— que el planteamiento de estos problemas descansa en la incomprensión de la lógica de nuestro lenguaje. Cabría acaso resumir el sentido entero del libro en las palabras: lo que puede ser dicho, puede ser dicho claramente; y de lo que no se puede hablar hay que callar. El libro quiere, pues, trazar un límite al pensar o, más bien, no al pensar, sino a la expresión de los pensamientos: porque para trazar un límite al pensar tendríamos que poder pensar ambos lados de este límite (tendríamos, en suma, que poder pensar lo que no resulta pensable).
Así pues, el límite sólo podrá ser trazado en el lenguaje, y lo que reside más allá del límite será simplemente absurdo. (…).
La verdad de los pensamientos aquí comunicados me parece, en cambio, intocable y definitiva. Soy, pues, de la opinión de haber solucionado definitivamente, en lo esencial, los problemas. Y, si no me equivoco en ello, el valor de este trabajo se cifra, en segundo lugar, en haber mostrado cuán poco se ha hecho con haber resuelto estos problemas". Cfr. L. Wittgenstein, *Tractatus Logico-Philosophicus*. Trad. J. Muñoz e I. Reguera (Madrid, Alianza 1994), pp. 11-13.

[31] L. Wittgenstein, *Investigaciones filosóficas, op. cit.*, I, § 119, p. 127. *Werkausgabe*, p. 301.

[32] A. Kenny, *Breve historia de la filosofía occidental*. Trad. M. Candel (Barcelona, Paidós 2005), p. 456.

[33] Posiblemente una de las razones de ese distanciamiento fue "la insistencia en

en el *Tractatus* como: a) la concepción de la verdad como un elemento clave en una teoría del lenguaje, b) el desvelamiento de una estructura profunda *oculta-esencial* del lenguaje, c) las consideraciones teóricas *cuasi-lógicas* dentro de la estructura profunda del lenguaje, d) la construcción de oraciones a partir de "átomos" mediante operadores lógicos, e) y la idea de que la estructura profunda del lenguaje natural es extensional son también "fuertemente" repudiadas en las *Investigaciones filosóficas*. Pues esta obra, según Kripke, "es hostil a cualquier intento de analizar el lenguaje mediante el desvelamiento de una estructura profunda oculta"[34]. Para el Wittgenstein de las *Investigaciones filosóficas* estas ideas atomistas deben ser recusadas, de ahí, que, a partir de este momento, ya no va a ser Russell el maestro a seguir, sino el enemigo a combatir.

Conviene traer a cuentas para nuestro estudio algunos pasajes de la primera obra de Wittgenstein, para que percibamos y estimemos los tremendos cambios y desarrollos de lo que podemos llamar su segunda filosofía[35].

---

el factor pragmático por parte de su amigo y traductor F. P. Ramsey". Para ver este momento de *transición* del autor austríaco vale traer a cuenta los textos introductorios de A. Kenny, *Wittgenstein*. Trad. A. Deaño (Madrid, Alianza 1988) y *El legado de Wittgenstein*. Trad. J. A. Robles (México, Siglo XXI 1990). Del profesor español Isidoro Reguera, *Ludwig Wittgenstein* (Madrid, Edaf 2002), especialmente la segunda parte titulada "La lógica del juego". Cfr. I. Reguera, *Ludwig Wittgenstein* (Madrid, Edaf 2002), pp. 139-271.También a W. Baum, *Ludwig Wittgenstein*. Trad. J. Ibáñez (Madrid, Alianza 1988). Y por supuesto la ya citada biografía de R. Monk, *Ludwig Wittgenstein. El deber de un genio*. Especialmente los capítulos III y IV dedicados a los años 1929-1941 del autor de las *Investigaciones*, pp. 243-266.

[34] S. Kripke, *Wittgenstein: a propósito de reglas y lenguaje privado*. Trad. J. Rodríguez Marqueze (Madrid, Tecnos 2006), p. 84.

[35] En las conferencias impartidas en Cambridge entre los años de 1930 y 1933 Wittgenstein ya avisaba sobre nuevos cambios filosóficos, sus nuevos temas. Que consistían no solo en un nuevo método sino en un "nuevo tema" que en último término era "el de poner en orden nuestras nociones relativas a lo que se puede decir sobre el mundo". Moore lo recuerda con detalle, escribe el autor a propósito: "Dijo [Wittgenstein] que estamos 'embrollados con las cosas' que hemos de intentar aclarar, que tenemos que seguir un cierto instinto que nos lleve a plantear ciertos problemas aunque no entendamos qué significan esos

Defiende el autor austríaco en el *Tractatus Logico-Philosophicus* que:

1. El mundo es todo lo que es el caso.
1.1 El mundo es la totalidad de los hechos, no de las cosas.
1.11 El mundo viene determinado por los hechos, y por ser éstos *todos* los hechos.
1.12 Porque la totalidad de los hechos determina lo que es el caso y también todo lo que no es el caso.
1.13 Los hechos en el espacio lógico son el mundo.
1.2 El mundo se descompone en hechos[36].

3.323 En el lenguaje ordinario sucede con singular frecuencia que la misma palabra designe de modo y manera diferentes —esto es, que pertenezca a símbolos distintos— o que dos palabras que designan de modo y manera distintos sean usadas externamente de igual modo en la proposición. (...).
3.324 Surgen así fácilmente las confusiones más fundamentales (de las que está llena la filosofía entera)[37].

4. El pensamiento es la proposición con sentido.
4.001 La totalidad de las proposiciones es el lenguaje[38].

---

problemas, que el que los planteemos es el resultado de 'una vaga insatisfacción mental'.
Finalmente, quizá deba repetir lo dicho en la primera parte de este artículo (...), a saber, sostenía que si bien el 'nuevo tema' tenía mucho que decir sobre el lenguaje, sólo necesitaba tratar aquellos puntos sobre el lenguaje que han llevado, o es posible que lleven, a errores o perplejidades filosóficas concretas. Creo que pensaba ciertamente que hoy día algunos filósofos han ido por mal camino al tratar aspectos lingüísticos que no tienen tal alcance y cuya discusión, por tanto, según su opinión, no forma parte del oficio propio de un filósofo".
Cfr. G. E. Moore, "Conferencias de Wittgenstein", en: G. E. Moore, *Defensa del sentido común y otros ensayos* (Barcelona, Orbis, S. A. 1983), pp. 321-322.

[36] L. Wittgenstein, *Tractatus Logico-Philosophicus*, *op. cit.*, p. 15.
[37] L. Wittgenstein, *Tractatus Logico-Philosophicus*, *op. cit.*, p. 43.
[38] L. Wittgenstein, *Tractatus Logico-Philosophicus*, *op. cit.*, p. 49.

Con los textos anteriores no es difícil ver el deseo de Wittgenstein por publicar las *Investigaciones filosóficas* junto al *Tractatus Logico-Philosophicus*. Para él era de suma importancia publicar juntos *los viejos pensamientos* y *los nuevos*, ya que solo de esta manera podrían ser contrastadas e iluminadas sus nuevas investigaciones con su "viejo modo de pensar"[39]. G. H. von Wright resalta la importancia de estas nuevas investigaciones y la ruptura radical con las pasadas en un interesante pasaje. Dice el autor:

> El joven Wittgenstein había aprendido de Frege y de Russell. Sus problemas eran en parte los suyos. El Wittgenstein tardío, se puede decir, no tiene ancestros en la historia del pensamiento. Su trabajo señala un viraje (una nueva orientación) y una ruptura radical con las preexistentes sendas de la filosofía. Pero sus problemas, hasta un grado considerable, se derivaron de los del *Tractatus*. Pienso que ésta es la razón por la que Wittgenstein quería que el trabajo que formaba su nueva filosofía fuera impreso junto con el trabajo de su juventud[40].

Ahora bien, hay que recordar que este nuevo modo de pensar no fue bien recibido por sus antiguos mentores, como Russell. El autor británico en *La evolución de mi pensamiento filosófico* expresa abiertamente su rechazo a los nuevos trabajos de su antiguo alumno. Dice Russell:

> [Las *Investigaciones filosóficas*] continúan siendo completamente ininteligibles para mí. Sus doctrinas positivas me parecen trivia-

---

[39] L. Wittgenstein, *Investigaciones filosóficas, op. cit.*, p. 13. *Werkausgabe, Vorwort*, p. 232. Ahora bien, es claro que el segundo Wittgenstein discute muchas de las posiciones manifestadas en el *Tractatus* pero su idea de la filosofía guarda cierta "continuidad", cierto "aire de familia", ya que el *quehacer* filosófico sigue teniendo como meta, tanto en el primero como en el segundo, la claridad, la naturaleza y el fin de la filosofía es esclarecer.

[40] G. H. Von Wright, "A Biographical Sketch", en: N. Malcolm (ed.), *Ludwig Wittgenstein: A Memoir* (Oxford, University Press 1984), p. 23.

les, sus doctrinas negativas, infundadas. No he hallado en las *Investigaciones filosóficas* de Wittgenstein nada que me parezca interesante y no comprendo que toda una escuela halle sabiduría en sus páginas[41].

Para Russell las *Investigaciones filosóficas*, en el mejor de los casos, podrían ser una ligera ayuda lexicográfica, o en el peor, "una ociosa distracción de sobremesa"[42].

Creemos, contrariamente a Russell, que las *Investigaciones filosóficas* son, como lo sostienen numerosos autores, un "fascinante álbum"[43] y una obra completamente revolucionaria. Esta obra se ha convertido en una de las más monumentales de la historia de la filosofía, pues, como afirma el profesor Roger Scruton, "el resultado [de Wittgenstein] no sólo no fue una nueva concepción de la naturaleza del lenguaje, sino también una filosofía revolucionaria"[44].

Richard Rorty en su conocido libro *La filosofía y el espejo de la naturaleza* advertía que las *Investigaciones filosóficas* de

---

[41] B. Russell, *La evolución de mi pensamiento filosófico, op. cit.*, pp. 227-228.

[42] B. Russell, *La evolución de mi pensamiento filosófico, op. cit.*, p. 228.

[43] A. Pintor-Ramos, "La dimensión pragmática en Zubiri", *op. cit.*, p. 85.

[44] R. Scruton, *Historia de la filosofía moderna. De Descartes a Wittgenstein*. Trad. V. Raga (Barcelona, Península 2003), p. 429. También afirma K. T. Fann en el prefacio de su importante trabajo sobre el concepto de filosofía en Wittgenstein que: "Cada 'revolución' en filosofía entraña fundamentalmente un cambio radical en la concepción de la filosofía misma. Si en los últimos años ha habido una revolución en filosofía, ésta es debida en su mayor parte a las anticipaciones de Wittgenstein sobre la naturaleza de la filosofía. Según G. E. Moore, Wittgenstein sostenía que lo que estaba haciendo era una materia 'nueva' y no meramente una etapa dentro de un 'desarrollo continuo'; que tenía lugar, en filosofía, una 'ruptura' en el desarrollo del pensamiento humano, comparable a la que ocurrió cuando Galileo y sus contemporáneos inventaron la dinámica; que se había encontrado un 'método nuevo', como sucedió cuando la química se desarrolló a partir de la alquimia". Cfr. K. T. Fann, *El concepto de filosofía en Wittgenstein*. Trad. M. A. Bertran (Madrid, Tecnos 1975), p. 15. Esta misma idea también está en el texto de 1954 de Norman Malcolm sobre las *Investigaciones filosóficas*. Cfr. N. Malcolm, "Wittgenstein's *Philophical Investigations*", en: K. T. Fann (ed.), *Ludwig Wittgenstein: The Man and His Philosophy* (New Jersey, Humanities Press 1978), pp. 181-213.

Wittgenstein, al igual que las obras de Heidegger y Dewey, han hecho de estos filósofos, no solo autores que despiertan grandes debates o innumerable bibliografía, sino también sus "filosofías revolucionarias" les han asegurado un puesto indiscutible en la historia del pensamiento occidental. Son ellos, en palabras del mismo Rorty, "los tres filósofos más importantes de nuestros siglo"[45]. Continúa R. Rorty:

> Wittgenstein, Heidegger y Dewey nos han introducido en un periodo de filosofía "revolucionaria" (en el sentido de ciencia "revolucionaria" de Kuhn). Introduciendo nuevos mapas del terreno (a saber, de todo panorama de las actividades humanas) en que no aparecen los rasgos que anteriormente parecían tener carácter dominante[46].

Ahora bien para continuar, traigamos a nuestra memoria el mito de "Teseo y el minotauro"[47] para luego compararlo

---

[45] Dice R. Rorty que estos tres grandes filósofos trataron: "En un primer momento, de encontrar un nuevo modo de dar a la filosofía carácter 'básico' —una nueva manera de formular un contexto definitivo del pensamiento. Wittgenstein intentó construir una nueva teoría de la representación que no tuviera nada que ver con el mentalismo; Heidegger, un nuevo conjunto de categorías filosóficas que no tuviera nada que ver con la ciencia, la epistemología o la búsqueda cartesiana de la certeza; y Dewey, una versión naturalizada de la visión hegeliana de la historia". Cfr. R. Rorty, *La filosofía y el espejo de la naturaleza*. Trad. J. Fernández Zulaica (Madrid, Cátedra 2001), p. 15. Ahora bien, vale la pena destacar la respuesta reaccionaria del profesor Modesto Gómez Alonso en su texto "Wittgenstein: ni revolución ni reforma en filosofía", texto que prefiere distanciarse de la interpretación rortyana de la obra de Wittgenstein. Sin lugar a dudas, se debe resaltar, una lectura reaccionaria-moderna como la que podría haber hecho Nicolás Gómez Dávila al pensar contemporáneo. Cfr. M. Gómez Alonso, "Wittgenstein: ni revolución ni reforma en filosofía", en: *Cuadernos salmantinos de filosofía* (Salamanca, N° 35, 2008), pp. 397-452.

[46] R. Rorty, *La filosofía y el espejo de la naturaleza*, *op. cit.*, p. 16.

[47] Queremos traer a nuestra memoria la recreación de este mito hecha por Borges en su cuento "La casa de Asterión". El autor sudamericano reelabora el mito clásico del minotauro dejando ver el deseo del monstruo por encontrar paz en su propia muerte. De algún modo es la misma lucha de Wittgenstein consigo mismo, con su propio monstruo. En el cuento de Borges se escucha la voz del minotauro que clama: "Donde cayeron, quedan, y los cadáveres ayudan

con Wittgenstein. Recordemos que Teseo decide enfrentarse al terrible minotauro, pero, además, debe buscar la salida del laberinto de Minos. Pues algo similar sucedió con nuestro autor. Wittgenstein en estos "nuevos pensamientos" se enfrentó a un viejo y arraigado minotauro —a un minotauro que tenía, de algún modo, su propio rostro— y luego buscó la salida del laberinto[48]. Desde este mito, podemos afirmar que el hilo conductor que atraviesa en gran parte sus *Investigaciones filosóficas* es básicamente la crítica a dos modelos de la tradición filosófica, como son: 1. El modelo referencialista de significado y 2. El intento de un lenguaje ideal.

Los dos modelos se sostienen por una idea metafísica, a saber, *en la que el lenguaje descansa sobre una ontología que le sirve de aureola y fundamento*. Tanto la concepción referencialista del significado como el intento de un "lenguaje ideal" lo que buscan claramente es defender el modelo clásico de la correspondencia, es decir, la concepción que sostiene que el lenguaje debe guardar fidelidad con la realidad, que las palabras deben *corresponder* con los objetos nombrados. Wittgenstein abjura de tal concepción y se lanza a nuevos desarrollos y tratos con el lenguaje. En palabras de Kripke: "En lugar de esta idea, Wittgenstein propone una concepción general alternativa de trazo grueso"[49], de gran calibre, finalmente, una salida del laberinto.

---

a distinguir una galería de las otras. Ignoro quiénes son, pero sé que uno de ellos profetizó, en la hora de su muerte, que alguna vez llegaría mi redentor. Desde entonces no me duele la soledad, porque sé que vive mi redentor y al fin se levantará sobre el polvo. Si mi oído alcanzara todos los rumores del mundo, yo percibiría sus pasos. Ojalá me lleve a un lugar con menos galerías y menos puertas. ¿Cómo será mi redentor?, me pregunto. ¿Será un toro o un hombre? ¿Será tal vez un toro con cara de hombre? ¿O será como yo?". Unas líneas más adelante afirma Teseo: "El sol de la mañana reverberó en la espada de bronce. Ya no quedaba ni un vestigio de sangre. — ¿Lo creerás, Ariadna? —dijo Teseo—. El minotauro apenas se defendió". Cfr. J. L. Borges. "La casa de Asterión", en: J. L. Borges, *El Aleph* (Madrid, Alianza 1994), p. 72.

[48] Isidoro Reguera llama a este período "Nuevos viejos demonios". Cfr. I. Reguera, *Ludwig Wittgenstein, op. cit.*, p. 140.

[49] S. Kripke, *Wittgenstein: a propósito de reglas y lenguaje privado, op. cit.*, p. 85.

Sus *Investigaciones filosóficas* son una salida del laberinto; en ellas el modelo clásico es sustituido por una idea muy diferente del lenguaje, una idea ordinaria y clara, lejos del logicismo y la opacidad que él mismo, por ejemplo, defendía en el *Tractatus*[50]. Lenguaje, que, para Wittgenstein, no está mediado por hermetismos filosóficos y ontologías oscuras, sino, todo lo contrario, es un lenguaje donde la comunidad lingüística es la que determina los criterios de conveniencia o no de tal lenguaje. Criterios, como pueden ser los de correcto/incorrecto, válido/inválido o aceptable/inaceptable.

Wittgenstein, desde estos criterios, propone una concepción del lenguaje basada no en condiciones de verdad, sino en *condiciones de aseverabilidad* o en *condiciones de justificación*. Escribe Kripke, "Si hablamos con propiedad, no debemos hablar de condiciones de 'aserción', sino, más en general, de las condiciones para hacer un movimiento (una forma de expresión

---

Wittgenstein ya advertía en el *Cuaderno azul* la importancia de recusar la concepción tractariana de que a cada oración corresponde un hecho, dice el autor austríaco: "Es erróneo decir que en filosofía consideramos un lenguaje ideal, como opuesto a nuestro lenguaje ordinario. Pues esto hace que parezca como si pensásemos que podríamos perfeccionar el lenguaje ordinario. Pero el lenguaje ordinario está perfectamente. Cuando elaboramos 'lenguajes ideales', no es para que reemplacen a nuestro lenguaje ordinario, sino precisamente para eliminar alguna dificultad causada en la mente de alguien al pensar que ha comprendido el uso exacto de una palabra común. Esta es también la razón por la que nuestro método no consiste simplemente en enumerar los usos actuales de las palabras, sino más bien en inventar otros nuevos de modo deliberado, algunos de ellos a causa de su apariencia absurda". Cfr. L. Wittgenstein, *Cuaderno azul*, en: L. Wittgenstein, *Los cuadernos azul y marrón*. Trad. F. Gracia Guillen (Madrid, Tecnos 1984), p. 57.

[50] Escribe Kripke: "La más simple y básica de las ideas del *Tractatus* mal puede ser desechada: una oración declarativa obtiene su significado por virtud de sus *condiciones de verdad*, por virtud de su correspondencia con los hechos que deben darse si es verdadera. Por ejemplo, 'el gato está sobre el felpudo' es entendida por aquellos hablantes que reconozcan que es verdadera si y sólo si cierto gato está sobre un cierto felpudo; es falsa en otro caso. La presencia del gato sobre el felpudo es un hecho o condición-en-el-mundo que, si se diese, haría verdadera a la oración (haría a ésta expresar una verdad)". Cfr. S. Kripke, *Wittgenstein: a propósito de reglas y lenguaje privado, op. cit.*, p. 85.

lingüística) en el 'juego de lenguaje'"[51]. Estos nuevos criterios nada tienen que ver con el modelo clásico de verificación. Ya no se trata de que las oraciones, las palabras o los términos deban "enunciar hechos" o corresponder con objetos, sino, todo lo contrario, estos enunciados, palabras o términos deben ser parte de un entramado lingüístico en el que el uso va a ser el criterio válido para su significatividad. El uso es, como dirá Wittgenstein: *una regla de medir; y no un prejuicio al que la realidad tiene que corresponder*[52].

Este cambio de modelo, es decir, el pasar de condiciones de verdad a condiciones de justificación, cumple, según Kripke, un doble papel en las *Investigaciones filosóficas*. Primero, ofrece una nueva aproximación a los problemas de cómo el lenguaje posee significado, en contraste con la idea de significación del *Tractatus*, y segundo, este modelo de justificación sirve para dar una explicación de las propias aserciones acerca del significado, consideradas como aserciones dentro de nuestro lenguaje. De ahí que para Wittgenstein el modelo clásico verificacionista es recusable, ya que comete el error de creer que un nombre es significativo si se cumplen los requisitos de la *correspondencia*, es decir, si el nombre cuenta con el ejemplar al que nombra.

Nos preguntamos ahora, bajo estos criterios de verdad ¿qué podemos decir de los nombres de ficción?, ¿carecerán entonces de significatividad por el hecho de no ajustarse a tales criterios de verificación?

A lo largo de la historia del pensamiento la mayoría de las corrientes filosóficas han visto este tipo de nombres bajo criterios estrictamente veritativos afirmando al unísono que la significatividad o no de tales nombres de ficción —y los enunciados que involucran nombres de ficción— depende solo de parámetros verificacionistas, lo que las sitúa, según Stroll, bajo

---

[51] S. Kripke, *Wittgenstein: a propósito de reglas y lenguaje privado*, op. cit., p. 87.
[52] L. Wittgenstein, *Investigaciones filosóficas*, op. cit., I, § 131, p. 131. *Werkausgabe*, p. 304.

el supuesto del "axioma de la referencia". Por lo mismo, veremos a lo largo de las siguientes páginas que la segunda filosofía de Wittgenstein tiene como fin denunciar tal concepción en la que ha insistido buena parte de la filosofía tradicional.

Como hemos advertido, el minotauro con el que se enfrenta Wittgenstein en sus *Investigaciones filosóficas* es el referencialismo. Tal recusación se deja ver claramente en los primeros parágrafos (§§ 1-137) de las *Investigaciones*; en ellos se enfrenta a la idea que concibe el lenguaje como el mero traductor de hechos y a los nombres como meros "rótulos"[53] adheridos a los objetos. Ahora bien, es interesante resaltar que para Wittgenstein uno de los bienhechores de este monstruo es, sin duda, Russell, representante de la filosofía tradicional, pero resulta curioso, por otro lado, que el propio autor del *Tractatus* sea también otro de los "creadores" de tal monstruo. El primer Wittgenstein se dejó devorar en su momento por la fuerza del minotauro, pero, como nos recuerda N. Malcolm, el nuevo Wittgenstein no solo abjuró de sus tesis anteriores, sino que inició "un poderoso ataque sobre el propio *Tractatus*"[54]. En Wittgenstein hay una constante lucha consigo mismo, pues el minotauro tiene también su rostro. Las luchas del filósofo son, en la mayoría de las ocasiones, luchas consigo mismo, pues,

---

[53] L. Wittgenstein, *Investigaciones filosóficas, op. cit.*, I, § 26, p. 43. *Werkausgabe*, p. 251.

[54] N. Malcolm, "Wittgenstein's *Philophical Investigations*", en: K. T. Fann (ed.), *Ludwig Wittgenstein: The Man and His Philosophy, op. cit.*, p. 212. También A. Kenny en su libro *Wittgenstein*. Según Kenny, el autor austríaco lo que hace en buena parte de sus *Investigaciones* es argumentar en contra de sus anteriores puntos de vista. Resalta A. Kenny este punto: "En el *Tractatus* la conexión entre lenguaje y realidad dependía de la correlación entre elementos del pensamiento y átomos simples del mundo. En las *Untersuchungen*, Wittgenstein argumenta que la noción de átomos que son simples, en algún sentido absoluto, es una noción incoherente, y que es imposible establecer una correlación privada entre elementos del pensamiento y fragmentos de la realidad. Los datos últimos son en el *Tractatus* los átomos que forman la sustancia del mundo; los datos últimos de las *Untersuchungen* son las formas de vida en las que están embebidos los juegos de lenguaje". Cfr. A. Kenny, *Wittgenstein, op. cit.*, p. 27.

como escribe Nicolás Gómez Dávila: "El artista no compite con sus congéneres, batalla con su ángel"[55].

En las *Investigaciones filosóficas* Wittgenstein recusa del *atomismo lógico*, pues, si antes el significado de un nombre era el objeto al cual se hacía referencia, ahora sus nuevos caminos van a apuntar hacia el uso ordinario del lenguaje, es decir, el significado de un nombre no va a ser la necesaria *correspondencia* con el objeto nombrado (nombre-objeto), sino el *uso* de ese nombre en un lenguaje concreto y determinado. Escribe el autor austríaco:

> Para una *gran* clase de casos de utilización de la palabra "significado" —aunque no para *todos* los casos de su utilización— puede explicarse esta palabra así. El significado de una palabra es su uso en el lenguaje.
> Y el *significado* de un nombre se explica a veces señalando a su *portador*[56].

El anterior parágrafo es importantísimo a la hora de determinar el significado de un nombre, puesto que ya no es la definición ostensiva[57] el medio "privilegiado" de dar signi-

---

[55] N. Gómez Dávila, *Escolios a un texto implícito. Selección*, op. cit., p. 299.
[56] L. Wittgenstein, *Investigaciones filosóficas*, op. cit., I, § 43, p. 61. *Werkausgabe*, p. 262.
[57] Dice a propósito el profesor Robert L. Arrington: "La definición ostensiva ha sido considerada por muchos filósofos como el medio por el cual se conecta el lenguaje con la realidad, y se conecta de manera que el lenguaje pueda ser utilizado para trasmitir información acerca del mundo. Es la base, piensan los empiristas, de toda intencionalidad, del hecho de que podamos pensar y hablar acerca de las cosas, de que podamos significarlas. Según esta concepción, las palabras deben estar conectadas a algo más que a otras palabras, pues de lo contrario nos encontraríamos en un círculo lingüístico, significando por una palabra nada más que otras palabras, por estas otras palabras y así sucesivamente. Sin la definición ostensiva, sostiene ese argumento, nunca podríamos salir de este círculo lingüístico y usar nuestras palabras para significar cosas". Cfr. R. L. Arrington, "La autonomía del uso en las *Investigaciones filosóficas*", en: A. Flórez, M. Holguín, R. Meléndez (eds.), *Del espejo a las*

ficación a un nombre, sino el uso que hacemos del nombre dentro de cierta comunidad lingüística. Para Wittgenstein, la definición ostensiva puede *explicar* el significado, si ya de antemano tenemos claro cómo hay que usar tal o cual palabra en el lenguaje. No se puede decir que nombrar o designar sea señalar ostensivamente, ya que, si tomamos la definición ostensiva como *método fundamental* de significación de las palabras, advierte Robert J. Fogelin, hemos fracasado "en comprender que la actividad de dar una definición ostensiva tiene sentido sólo en el *contexto* de una estructura lingüística previamente establecida"[58]. Las bases del referencialismo se empiezan a mover al recusar la definición ostensiva, entendida ella como el medio "privilegiado" por el cual se conecta el lenguaje con la realidad[59].

Wittgenstein nos da un ilustrador ejemplo de la paradoja referencialista, dice así:

---

herramientas. Ensayos sobre el pensamiento de Wittgenstein (Bogotá, Siglo del Hombre Editores-Universidad Javeriana-Universidad Nacional de Colombia 2003), p. 166.

[58] R. J. Fogelin, *Wittgenstein* (London, Routledge & Kegan Paul Ltd 1995), p. 118.

[59] Hay que resaltar que Wittgenstein *no rechaza de ningún modo la definición ostensiva*, lo que rechaza es la manera tradicional de entenderla, es decir como "conector". Dice a propósito el profesor Arrington en su artículo "La autonomía del uso en las *Investigaciones filosóficas*": "Lo que rechaza es la comprensión de la definición ostensiva incorporada en la anterior imagen de ella como medio a través del cual los términos lingüísticos llegan a tener significado, la teoría que considera este significado como conferido por algo externo al lenguaje. Su 'crítica' de la definición ostensiva mostrará que (…) será el 'uso' lo que debemos presuponer; el uso no puede derivarse de una definición ostensiva —al menos no de una definición ostensiva como tradicionalmente se la entiende.
Los filósofos consideran a la definición ostensiva, por lo general, como una técnica para asignar nombres a objetos. Si lo hiciéramos, sería como poner un rótulo a un objeto. Sin embargo, nos advierte Wittgenstein, rotular no es el objetivo último de nuestra actividad: definimos el término o rótulo para poder utilizarlo después. (…) Una definición ostensiva puede ser la preparación para el uso de una palabra". Cfr. R. L. Arrington, "La autonomía del uso en las *Investigaciones filosóficas*", *op. cit.*, pp. 167-168.

Un nombre propio en sentido ordinario es, pongamos el caso, la palabra 'Nothung'. La espada Nothung consta de partes en una determinada combinación. Si se combinasen de otra manera, no existiría Nothung. Ahora bien, es evidente que la oración "Nothung tiene un tajo afilado" tiene *sentido* tanto si Nothung está aún entera como si está ya destrozada. Pero si 'Nothung' es el nombre de un objeto, ese objeto ya no existe cuando Nothung está destrozada; y como ningún objeto correspondería al nombre, éste no tendría significado. Pero entonces en la oración "Nothung tiene un tajo afilado" figuraría una palabra que no tiene significado y por ello la oración sería un sinsentido[60].

Esto es un error filosófico según Wittgenstein, pues, afirmar que el significado depende de la correspondencia entre lo nombrado y el portador del nombre, no solo es *contraintuitivo* sino es confundir abiertamente el significado del nombre con el portador del nombre, como, por ejemplo,

Cuando el Sr. N. N. muere, se dice que muere el portador del nombre, no que muere el significado del nombre. Y sería absurdo hablar así, pues si el nombre dejara de tener significado, no tendría sentido decir "el Sr. N. N. está muerto"[61].

Más clara e ilustrativa no puede ser la crítica de Wittgenstein, puesto que ¿cómo puede tener sentido seguir hablando de un nombre que muere con su portador? Para Wittgenstein cuando se afirma que "toda palabra del lenguaje designa algo" no se ha dicho nada con ello, ya que no hay razón para pensar en el lenguaje desde un modelo ideal en el que cada palabra tiene su correlato y el significado de un nombre, por lo tanto, depende únicamente del objeto al que nombra. Para el autor austríaco la definición ostensiva, además de *poderse interpretar*

---

[60] L. Wittgenstein, *Investigaciones filosóficas*, op. cit., I, § 39, p. 59.
[61] L. Wittgenstein, *Investigaciones filosóficas*, op. cit., I, § 40, p. 59. *Werkausgabe*, p. 261.

de maneras diferentes, tiene sus límites y posibles confusiones. Wittgenstein puntualiza que esta concepción da una imagen distorsionada e inadecuada del lenguaje, pues ignora *la amplia heterogeneidad y variedad* en las que usamos el lenguaje[62]. Para Wittgenstein: "Un nombre no se emplea con el gesto demostrativo, sino que sólo se explica por medio de él"[63]. La teoría referencialista se equivoca al afirmar que el significado de los nombres es su portador y que, por lo mismo, nombrar es hacer una definición ostensiva del objeto nombrado. Para el autor de las *Investigaciones filosóficas* no es necesario nombrar y señalar a la vez, es decir, no necesitamos del objeto que nombramos. El nombrar no necesita de ejemplares que comparezcan ni mucho menos que contemos con ellos a la hora de hacer uso de los nombres, puesto que, afirma Wittgenstein, "bajo ciertas circunstancias, el *señalar* el objeto del que se habla puede ser completamente inesencial para el juego de lenguaje, para el pensamiento"[64].

---

[62] Cfr. R. J. Fogelin, *Wittgenstein, op. cit.*, p. 110. Especialmente el capítulo IX "The Motley of Language". También vale la pena traer el parágrafo 28 de las *Investigaciones filosóficas* en donde Wittgenstein deja ver los límites y las diferentes interpretaciones que tiene una definición ostensiva y, por ende, los problemas que conlleva. Veamos el siguiente ejemplo del autor austríaco: "Se puede definir ostensivamente un nombre de persona, un nombre de un color, el nombre de un material, un numeral, el nombre de un punto cardinal, etc. La definición del número dos 'Esto se llama *dos*' —mientras se señalan dos nueces— es perfectamente exacta. —¿Pero se puede definir así el dos? Aquel a quien se da la definición no sabe *qué* se quiere nombrar con 'dos'; ¡supondrá que nombras *ese* grupo de nueces!— Puede suponer eso; pero quizá no lo suponga. A la inversa, cuando quiero asignar un nombre a ese grupo de nueces, él podría también malentenderlo como un numeral. E igualmente, cuando explico ostensivamente un nombre de persona, él podría considerarlo como nombre de un color, como designación de una raza e incluso como nombre de un punto cardinal. Es decir, la definición ostensiva puede en *todo* caso ser interpretada de maneras diferentes". Cfr. L. Wittgenstein, *Investigaciones filosóficas, op. cit.*, I, § 28, p, 45. *Werkausgabe*, p. 252.

[63] L. Wittgenstein, *Investigaciones filosóficas, op. cit.*, I, § 45, p. 61. *Werkausgabe*, p. 263.

[64] L. Wittgenstein, *Investigaciones filosóficas, op. cit.*, I, § 669, p. 401. *Werkausgabe*, p. 480.

Escribe el autor en las *Investigaciones filosóficas*: "Imagínate que llamas a alguien por teléfono y le dices: 'Esta mesa es demasiado alta', mientras señalas la mesa con el dedo. ¿Qué papel juega aquí el señalar? ¿Puedo decir: me refiero a la mesa en cuestión al señalarla? ¿Para qué este señalar, para qué estas palabras y todo lo que las acompañe?"[65].

Ahora bien, es importante dejar claro que para Wittgenstein el significado de un nombre, de una palabra, de una proposición, de una oración, depende de su *uso* en cierto universo lingüístico, no de su referente. Es así que, bajo esta misma idea, todas las palabras hacen parte de la *gran familia de lenguaje* donde tienen usos diferentes dentro del entramado lingüístico donde se desarrollan. Debemos pensar —según el autor de las *Investigaciones*— en el lenguaje como una caja de herramientas, donde hay martillo, tenazas, sierra, destornillador, regla, pegante, clavos y tornillos. *Tan diversas como las funciones de estos objetos son las funciones de las palabras*[66].

Dentro de esta gran familia del lenguaje, las palabras y las oraciones funcionan de varias maneras posibles. Dependen de la situación en la que se pronuncien o se escriban, como dice Wittgenstein:

> Si A debe describirle a B complejos de cuadrados de color y usa aquí la palabra "R" *sola*, podremos decir que la palabra es una descripción —una oración. Pero si acaso memoriza las palabras y sus significados, o si le enseña a otro el uso de las palabras y las pronuncia durante la enseñanza ostensiva, no diremos que son entonces oraciones. En esta situación la palabra "R", por ejemplo, no es una descripción; se *nombra* con ella un elemento —¡pero sería extraño decir por ello que los

---

[65] L. Wittgenstein, *Investigaciones filosóficas, op. cit.*, I, § 670, p. 401. *Werkausgabe*, p. 480.

[66] L. Wittgenstein, *Investigaciones filosóficas, op. cit.*, I, § 11, p. 27. *Werkausgabe*, p. 243.

elementos *sólo* pueden ser nombrados! Nombrar y describir no están, por cierto, a *un mismo* nivel: Nombrar es una preparación para describir[67].

Tenemos entonces que *nominar es una preparación para describir*, ya que el significado de un nombre propio no lo da el objeto al que se refiere, sino el *uso* en el *contexto* donde "funciona" la palabra. Para Wittgenstein ese significado no se sostiene por la relación entre la palabra y el referente sino, por el contrario, está ligado a una serie de *descripciones más o menos homogéneas*. El autor austríaco nos explica con un ejemplo ilustrador su tesis sobre el significado del nombre —pese a su extensión lo traemos por su importancia—, donde al nombre no lo *sostiene* un referente, sino una serie de apoyos, de *descripciones relativas y contingentes*.

El ejemplo de Moisés dice así:

> Si se dice "Moisés no existió", eso puede significar las cosas más diversas. Puede querer decir: los israelitas no tuvieron *sólo un* caudillo cuando salieron de Egipto —o: su caudillo no se llamaba Moisés— o: no existió ninguna persona que haya realizado todo lo que la Biblia relata de Moisés —o etc., etc., —Según Russell podríamos decir: el nombre "Moisés" puede ser definido mediante diversas descripciones. Por ejemplo, como "el hombre que condujo a los israelitas a través del desierto", "el hombre que vivió en ese tiempo y en ese lugar y que fue llamado entonces 'Moisés'", "el hombre que de niño fue sacado del Nilo por la hija del Faraón", etc. Y según asumamos una u otra definición la proposición "Moisés existió" recibe un sentido distinto y lo mismo toda otra proposición que trate de Moisés. —Y si se nos dice "N no existió", preguntamos también: "¿Qué quieres decir? ¿Quieres decir que…, o que…, etc.?".

---

[67] L. Wittgenstein, *Investigaciones filosóficas, op. cit.*, I, § 49, p. 69. *Werkausgabe*, p. 267.

Pero cuando hago un enunciado sobre Moisés—¿estoy siempre dispuesto a poner por "Moisés" cualquiera de esas descripciones? Diré quizás: Por "Moisés" entiendo el hombre que hizo lo que la Biblia relata de Moisés, *o mucho de ello* (la cursiva es mía). ¿Pero cuánto? ¿He decidido cuánto tiene que resultar falso para que yo abandone mi proposición por falsa? ¿Tiene entonces el nombre de "Moisés" un uso fijo y unívocamente determinado para mí en todos los casos posibles? — ¿No se trata de que tengo a mi disposición, por así decirlo, toda una serie de apoyos y estoy dispuesto a apoyarme en uno si se me llegara a retirar el otro, y a la inversa?[68].

Con este ilustrador ejemplo, Wittgenstein abre un camino a las filosofías del sentido. Es así como el significado del nombre depende de los elementos *configuradores*, como son las *descripciones y el contexto* donde se usa el nombre. Ahora bien, este cúmulo de apoyos es contingente y no rígido. Las descripciones son todas contingentes, pero, a pesar de su contingencia, *todas ellas* garantizan el significado del nombre. Si falta una se reemplaza por otra. La ausencia de una no es motivo de contradicción, al revés, la falta de *rigidez* es la constante en las descripciones (en esto radica el valor del ejemplo de Moisés). La rigidez queda fuera, pues un nombre es *su uso* y nada más. El sentido de una palabra, de una oración, son las especiales *circunstancias* donde se emplean dichas herramientas. Nombrar no es señalizar, nombrar es preparar el camino para describir.

Searle y Strawson sostienen sus filosofías (filosofías del sentido llamadas también teorías descripcionistas) bajo el espíritu de este ejemplo. Los dos autores, como vimos en capítulos anteriores, creen que el significado de un nombre no lo brinda su referente, sino un *conjunto de apoyos*, de descripciones. Strawson cree que el significado no es su referente, sino un con-

---

[68] L. Wittgenstein, *Investigaciones filosóficas*, op. cit., I, § 79, p. 99. *Werkausgabe*, p. 284.

junto de *reglas, hábitos y convenciones* para su uso. Al hacer la referencia, todo este "conjunto" de requisitos garantizan el significado del referente[69]. Un nombre para el autor de *Individuos* "carece de valor sin un respaldo de descripciones que puedan ofrecerse ante la petición de que se explique su aplicación"[70]. Por otro lado, Searle, bajo este espíritu wittgensteiniano —al igual que Strawson—, cree que en el momento de faltar una descripción (un apoyo) otra descripción pasaría a sustituirla inmediatamente. Y a ese "conjunto" de descripciones que finalmente sostienen al nombre es a lo que se podría llamar una *descripción identificadora*[71]. Como hemos dicho anteriormente, para Searle los nombres funcionan como *perchas* de las que se pueden tanto colgar como quitar cuantas descripciones se crean oportunas.

Veamos otro ilustrador ejemplo con el cual Wittgenstein insiste reiterativamente en que el significado de un nombre se da en el contexto concreto y particular donde se usa tal palabra.

---

[69] Escribe Strawson en "Sobre el referir" que: "Las personas usan expresiones para referirse a cosas particulares. Pero el significado de una expresión no es el conjunto de cosas o la cosa singular a la que podemos referirnos correctamente con su uso; el significado es el conjunto de reglas, hábitos, convenciones, para su uso al hacer referencia". Cfr. P. F. Strawson, "Sobre el referir", *op. cit.*, p. 66.

[70] P. F. Strawson, *Individuos. Ensayo de metafísica descriptiva*. Trad. A. García Suárez y L. Ml. Valdés Villanueva (Madrid, Taurus Humanidades 1989), p. 24.

[71] Escribe Searle: "El conjunto original de los enunciados sobre Aristóteles constituye el respaldo descriptivo del nombre en virtud del cual y sólo en virtud del cual podemos enseñar y usar el nombre. Tiene sentido el negar alguno de los miembros del conjunto de descripciones del portador del nombre, pero negar todos ellos es hacer desaparecer totalmente las precondiciones para usar el nombre". Y unas líneas más adelante afirma Searle: "Pero la peculiaridad e inmensa conveniencia pragmática de los nombres propios en nuestro lenguaje reside precisamente en el hecho de que nos capacitan para referirnos públicamente a objetos sin estar forzados a plantear cuestiones y llegar a un acuerdo con respecto a qué características descriptivas constituyen exactamente la identidad del objeto. Ellas funcionan no como descripciones, sino como perchas en las que colgar descripciones". Cfr. J. Searle, "Nombres propios y descripciones", *op. cit.*, p. 89.

En el *contexto* habla el sentido, y por eso mismo conocer el significado de una palabra es conocer el uso en su contexto específico, ya que perder el contexto equivale a perder el significado:

> La coronación de un rey es la pompa y la dignidad. Saca de su entorno un minuto de este suceso; al rey vestido con el manto real se le coloca la corona sobre la cabeza. —En otro entorno, sin embargo, el oro es el metal más barato, su brillo se considera vulgar. Allí la tela del manto es barata. La corona es la parodia de un sombrero decente[72].

3.3. TODOS LOS NOMBRES: LA PERFECTA
SIGNIFICATIVIDAD DE LOS NOMBRES DE FICCIÓN

Recordemos que el monstruo filosófico (minotauro borgiano) contra el que lucha Wittgenstein en sus *Investigaciones filosóficas* es, sin lugar a dudas, el modelo clásico de significar, modelo que está vinculado al proyecto de fundar un lenguaje lógicamente perfecto semejante al de la ciencia o "ideal", es decir, un reflejo o *mapa* del mundo[73]. Wittgenstein no solo derrota

---

[72] L. Wittgenstein, *Investigaciones filosóficas*, op. cit., I, § 584, p. 365. *Werkausgabe*, p. 455.

[73] Traigamos a cuenta el "genial" parágrafo 60 de las *Investigaciones filosóficas* en donde Wittgenstein caricaturiza esta búsqueda "ideal", lógicamente perfecta y fragmentaria del lenguaje, por parte de los atomistas lógicos: "Cuando digo: 'Mi escoba está en el rincón' —¿es éste en realidad un enunciado sobre el palo y el cepillo de la escoba? En cualquier caso podría reemplazarse el enunciado por otro que diese la posición del palo y la posición del cepillo. Y este enunciado es ciertamente una forma más analizada del primero. —¿Pero por qué la llamo 'más analizada'? —Bueno, si la escoba se encuentra allí, esto ciertamente quiere decir que tienen que estar allí el palo y el cepillo, y en determinada posición mutua; y esto estaba en cierto modo oculto al principio en el sentido de la oración y *expresado* en la oración analizada. Así pues, ¿quién dice que la escoba está en el rincón quiere decir: el palo está allí y también el cepillo, y el palo está encajado en el cepillo? —Si le preguntáramos a alguien si quería decir eso, probablemente diría que él en modo alguno había pensado en el palo en particular ni en el cepillo en particular. Y ésa sería la respuesta *correcta*, pues

al minotauro sino que encuentra la salida del laberinto. Nos muestra otras salidas, otros criterios de significatividad y, para nuestro caso, una manera muy diferente de tratar el problema de los nombres de los entes de ficción. Ahora bien, esto no quiere decir que las *Investigaciones filosóficas* sean concluyentes y reductivas, sino, todo lo contrario, son liberadoras y esclarecedoras. Son, en palabras de Kripke, una *dialéctica perpetua* donde las preocupaciones persistentes, expresadas por la voz del imaginario interlocutor, jamás se silencian definitivamente. Continúa Kripke:

> Debe tenerse en cuenta que las *Investigaciones filosóficas* no son una obra filosóficamente sistemática donde las conclusiones, unas vez establecidas incuestionablemente, no necesiten ser argumentadas. Las *Investigaciones* están escritas, más bien, como una dialéctica perpetua (…) Puesto que la obra no se presenta en la forma de un argumento deductivo con tesis definitivas a manera de conclusiones, se cubre el mismo terreno repetidamente, desde el punto de vista de diversos casos especiales y desde diferentes ángulos, con la esperanza de que el proceso entero ayudará al lector a ver los problemas correctamente[74].

Con este cambio de criterios de significación, el "problema" de los nombres de los entes de ficción toma otro camino distinto del tradicional, a saber: ver el problema de los nombres de los entes de ficción ya no bajo criterios veritativos, *sino bajo criterios de aceptabilidad* dentro de un "juego de lenguaje". Ahora

---

él no quería hablar ni del palo en particular ni del cepillo en particular. Supón que en vez de '¡Tráeme la escoba!' le dijeses a alguien: '¡Tráeme el palo y el cepillo que está encajado en él!'. —¿No es la respuesta a eso: '¿Quieres la escoba? ¿Por qué lo expresas de una manera tan rara?'? —¿Va a entender él mejor la oración más analizada?—Esa oración, podría decirse, efectúa lo mismo que la ordinaria, pero por un camino complicado". Cfr. L. Wittgenstein, *Investigaciones filosóficas, op. cit.*, I, § 60, pp. 81-83. *Werkausgabe*, p. 274.

[74] S. Kripke, *Wittgenstein: a propósito de reglas y lenguaje privado, op. cit.*, p. 17.

bien, podemos decir entonces que toda palabra, incluidos los nombres y las demás oraciones, son parte de la gran familia del lenguaje y su significatividad depende de la "función" que desempeñan dentro de un universo lingüístico, de su modo de empleo dentro de un juego determinado. Veamos la descripción que hace Wittgenstein de los "juegos de lenguaje" dentro de lo que él llamó *una forma de vida*[75].

¿Pero cuántos géneros de oraciones hay? ¿Acaso aserción, pregunta y orden? —Hay innumerables géneros: *innumerables* géneros diferentes de empleo de todo lo que llamamos "signos", "palabras", "oraciones". Y esta multiplicidad no es algo fijo, dado de una vez por todas; sino que nuevos tipos de lenguaje, nuevos juegos de lenguaje, como podemos decir, nacen y otros envejecen y se olvidan. (...).

La expresión "*juego* de lenguaje" debe poner de relieve aquí que *hablar* el lenguaje forma parte de una actividad o de una forma de vida.

Ten a la vista la multiplicidad de juegos de lenguaje en estos ejemplos y en otros:

Dar órdenes y actuar siguiendo órdenes
Describir un objeto por su apariencia o por sus medidas
Fabricar un objeto de acuerdo con una descripción (dibujo)
Relatar un suceso
Hacer conjeturas sobre el suceso
Formar y comprobar una hipótesis
Presentar los resultados de un experimento mediante tablas y diagramas
Inventar una historia; y leerla
Actuar en teatro
Cantar a coro
Adivinar acertijos

---

[75] L. Wittgenstein, *Investigaciones filosóficas, op. cit.*, I, § 23, p. 39. *Werkausgabe*, p. 250.

Hacer un chiste; contarlo
Resolver un problema de aritmética aplicada
Traducir de un lenguaje a otro
Suplicar, agradecer, maldecir, saludar, rezar.
Es interesante comparar la multiplicidad de herramientas del lenguaje y de sus modos de empleo, la multiplicidad de géneros de palabras y oraciones, con lo que los lógicos han dicho sobre la estructura del lenguaje. (Incluyendo al autor del *Tractatus Logico-Philosophicus*)[76].

El anterior ejemplo nos permite ver que, para Wittgenstein, las palabras son entendidas como *herramientas* que se emplean dentro de un "juego de lenguaje" en donde son usadas y se les da una función determinada. El autor de las *Investigaciones filosóficas* llama "juego de lenguaje" *al todo formado por el lenguaje y las acciones*[77] con las que está entretejido un universo lingüístico. Las palabras entendidas como herramientas son parte de este todo, de este universo lingüístico. Los nombres, por lo mismo, gozan de plena significatividad dentro de tal o cual juego; todo depende del uso que hace de ellos una comunidad lingüística que previamente los ha aceptado como válidos en su lenguaje. Pensemos en el ejemplo que pone Wittgenstein:

> Que la palabra "número" sea necesaria en la definición ostensiva de dos depende de si sin esa palabra él la interpreta de modo distinto a como yo lo deseo. Y eso dependerá de las circunstancias bajo las que se da y de la persona a la que se la doy[78].

---

[76] L. Wittgenstein, *Investigaciones filosóficas, op. cit.*, I, § 23, pp. 39-41. *Werkausgabe*, p. 251.

[77] L. Wittgenstein, *Investigaciones filosóficas, op. cit.*, I, § 7, p. 25. *Werkausgabe*, p. 241.

[78] L. Wittgenstein, *Investigaciones filosóficas, op. cit.*, I, § 29, p. 47. *Werkausgabe*, p. 253. Reitera el profesor Miguel Ángel Pérez en su libro *Lógica clásica y argumentación cotidiana* que hay que tener siempre presente los contextos en

Con Wittgenstein se da un *giro* a la hora de tratar los nombres. *Giro* que es traducible a un *cambio radical* de criterios de significación, pues pasamos de unos criterios meramente veritativos y revisionistas a unos criterios comunitarios de significación, "de justificación". De este modo, ya no se trata de que una oración o un nombre tengan significado *si podemos* saber qué los haría verdaderos, ni que se cumplan ciertos *criterios de satisfacción* como los de Tarski, a saber, "que una oración es verdadera si es satisfecha por todos los objetos, y falsa en caso contrario"[79]; sino que ahora, según Wittgenstein, tienen

---

donde se profieren ciertos enunciados, pues "los diversos usos del lenguaje se combinan en la práctica comunicativa cotidiana; sin embargo, es importante tratar de discriminar los usos del lenguaje en las diversas situaciones comunicativas en que nos vemos envueltos a diario". Cfr. M. Á. Pérez Jiménez, *Lógica clásica y argumentación cotidiana* (Bogotá, Pontificia Universidad Javeriana 2006), p. 39.

[79] El lógico y matemático Afred Tarski (1902-1983) es uno de los exponentes más influyentes de la teoría de la verdad como "correspondencia". A su teoría la tituló "Concepción semántica de la verdad" y en ella define la semántica como "el estudio de ciertas relaciones que se dan entre las expresiones de un lenguaje y los objetos a los que se refieren". En esta concepción semántica de la verdad queda excluido todo aquello que no esté dentro de un lenguaje lógicamente perfecto e ideal. La ciencia es su parangón y, por lo mismo, la verdad de una oración se reduce a la satisfacción de los objetos. Una oración, si cuenta con los objetos nombrados, es decir, si *satisface*, será verdadera. Dejemos que el autor mismo nos traiga su definición *semántica de la verdad*: "En lo que respecta a la noción de satisfacción, podríamos tratar de definirla diciendo que ciertos objetos *satisfacen* una función dada si ésta se convierte en una oración verdadera cuando reemplazamos sus variables libres por nombres de los objetos dados. En este sentido, por ejemplo, la nieve satisface la función proposicional 'X es blanca', ya que la oración 'la nieve es blanca' es verdadera. Pero, aparte de otras dificultades, no podemos emplear este método porque deseamos usar la noción de satisfacción para definir la verdad.

Para obtener una definición de satisfacción debemos aplicar nuevamente un procedimiento recurrente. Indicamos cuáles son los objetos que satisfacen las funciones proposicionales más simples; y luego enunciamos las condiciones en que los objetos dados satisfacen una función compuesta (suponiendo que sabemos cuáles son los objetos que satisfacen las funciones simples a partir de las cuales se construye la compuesta). Así, por ejemplo, decimos que ciertos números satisfacen la disyunción lógica 'x es menor que y o x que y' o 'x es igual a y'.

significado, tanto las oraciones como los nombres, *independientemente* de que podamos saber qué los haría verdaderos o qué los haría falsos. Esto quiere decir que un nombre no es significativo porque *corresponda* con algo o porque "nos traiga el objeto mentado", sino que es significativo por ser una herramienta que manejamos hábilmente dentro de una construcción lingüística[80].

La filosofía tiene como meta desenredar los *nudos* que se han hecho a lo largo del pensamiento. Uno de esos nudos es la tendencia a buscar la correspondencia entre el nombre y el objeto, esto es: *que los enunciados correspondan a hechos.* Para Wittgenstein esta búsqueda de parecido, de semejanzas, de analogías, es un *mito* arraigado en la tradición filosófica. El hombre, al usar el lenguaje cae en la trampa del arquetipo, "ensamblando" a través de *imágenes rememoradas* una realidad esencial, modélica. Por ejemplo, si se le dice a alguien: "¡Mire ese maravilloso *azul* del jarrón tal!", el observador *intentará* hallar la belleza de ese color en el azul del cielo, o en el color del mar. El hablante *corresponde* unos y otros bellos azules con el del jarrón para justificar su respuesta. Según Wittgenstein esto no es correcto. No puede hacerse tal correspondencia, no

---

Una vez obtenida la definición general de satisfacción, observamos que también se le aplica automáticamente a las funciones proposicionales especiales que no contienen variables libres, es decir, a las oraciones. Resulta que para una oración hay sólo dos casos posibles: una oración o bien es satisfecha por todos los objetos, o no es satisfecha por objeto alguno. Por consiguiente, llegamos a una definición de la verdad y de la falsedad diciendo simplemente que una oración es verdadera si es satisfecha por todos los objetos, y falsa en caso contrario". Cfr. A. Tarski, "La concepción semántica de la verdad y los fundamentos de la semántica". Trad. E. Colombo, en: J. A. Nicolás y M. J. Frápolli (eds.), *Teorías de la verdad en el siglo XX* (Madrid, Tecnos 1997), pp. 82-83.

[80] Russell en el gran librito *Los problemas de la filosofía* dice: "Nos vemos precisados a mantener que *la correspondencia* con un hecho constituye la naturaleza de la verdad" y más adelante "Un espíritu que cree, cree con verdad, cuando hay un complejo *correspondiente* que no incluye el espíritu, sino sólo su objetos. Esta correspondencia garantiza la verdad, y su ausencia la falsedad". Cfr. B. Russell, *Los problemas de la filosofía, op. cit.*, pp. 108-110.

hay tal modelo arquetípico que sirva para todos los azules y defina a todos los demás, no hay tal esencia a buscar. Escribe Wittgenstein en sus *Investigaciones filosóficas* que:

> Sólo podemos, pues, salir al paso de la injusticia o vaciedad de nuestras aserciones exponiendo el modelo como lo que es, como objeto de comparación —como, por así decirlo, una regla de medir; y no como prejuicio al que la realidad *tiene que* corresponder. (El dogmatismo en el que tan fácilmente caemos al filosofar)[81].

Ahora bien, para Wittgenstein resulta evidente que este *afán* esencialista nace del intento fundacional que obnubila en muchos momentos al filósofo, esto es, el hallar cimientos para todo lo que la experiencia enseña. De ahí que invente *superconceptos*, fabrique neologismos y tienda puentes donde no se necesitan, dejando a un lado lo más importante, la caja de herramientas, esto es, las palabras sencillas del lenguaje ordinario. Según Wittgenstein, el filósofo que busca fundamentos se siente a oscuras, se siente en un mundo de sombras, donde lo único que ve son meras representaciones fantasmagóricas, remedos de la realidad, "como si nuestras formas de expresión usuales estuviesen, esencialmente, aún inanalizadas; como si hubiera algo oculto en ellas que debiera sacarse a la luz"[82]. Este tipo de filósofo cree que hay algo que *yace bajo la superficie*,

---

[81] L. Wittgenstein, *Investigaciones filosóficas, op. cit.*, I, § 131, p.131. *Werkausgabe*, p. 304. Para Wittgenstein no podemos remitirnos a la búsqueda de esencias. Escribe al respecto el autor austríaco: "¿Cuál es la relación entre el nombre y lo nombrado? —Bien, ¿cuál es? ¡Mira el juego de lenguaje (2) u otro distinto! Allí se ve en qué consiste más o menos esta relación. Esta relación puede también consistir, entre otras muchas cosas, en que el oír el nombre trae a nuestra alma la figura de lo nombrado, y consiste también entre otras cosas en que se escribe el nombre sobre lo nombrado o en que se lo pronuncia mientras se señala lo nombrado". Cfr. L. Wittgenstein, *Investigaciones filosóficas, op. cit.*, I, § 37, p. 55. *Werkausgabe*, p. 259.

[82] L. Wittgenstein, *Investigaciones filosóficas, op. cit.*, I, § 131, p. 113. *Werkausgabe*, p. 304.

algo que yace en el interior, que vemos cuando penetramos la cosa y que "pide a gritos" —por decirlo de algún modo— ser rescatado de las sombras.

Aquí vale la pena recordar la definición de Nietzsche en la que muestra su descontento con la idea tradicional de concebir la verdad como *correspondencia*. En el breve escrito de Nietzsche titulado *Sobre verdad y mentira en sentido extramoral* define la verdad de este modo:

> ¿Qué es entonces la verdad? Una hueste en movimiento de metáforas, metonimias, antropomorfismos, en resumidas cuentas, una suma de relaciones humanas que han sido realzadas, extrapoladas y adornadas poética y retóricamente y que, después de un prologado uso, un pueblo considera firmes, canónicas y vinculantes; las verdades son ilusiones de las que se ha olvidado que lo son; metáforas que se han vuelto gastadas y sin fuerza sensible, monedas que han perdido su troquelado y no son ahora ya consideradas como monedas, sino como metal.
>
> No sabemos todavía de dónde procede el impulso hacia la verdad, pues hasta ahora solamente hemos prestado atención al compromiso que la sociedad establece para existir: ser veraz, es decir, utilizar las metáforas más usuales; por tanto, solamente hemos prestado atención, dicho en términos morales, al compromiso de mentir de acuerdo con una convención firme, mentir borreguilmente, de acuerdo con un estilo vinculante para todos[83].

---

[83] F. Nietzsche, *Sobre verdad y mentira en sentido extramoral*. Trad. L. Ml. Valdés y T. Orduña (Madrid, Tecnos 1998), p. 25. Para Nietzsche la verdad es una construcción social. Ella no deja de ser una manera "arbitraria" de homogenizar y "organizar el mundo" en medio del caos. No hay tal objetividad en ella, es decir, no es ella ningún fundamento o ideal sobre el cual construir una filosofía. Nietzsche pierde la confianza en la verdad ya que ella no deja de ser más que un tratado o un *acuerdo*. Escribe Nietzsche: "En un estado natural de las cosas el individuo, en la medida en que se quiere mantener frente a los demás individuos, utiliza el intelecto y la mayor parte de las veces solamente para fingir, pero, puesto que el hombre, tanto por necesidad como por hastío,

Ahora bien, volviendo al problema de los nombres y desde la recusación del modelo arquetípico de corresponder, tenemos entonces que la significatividad de un nombre como "Hamlet", "Drácula" o "Ulises" depende de si es aceptado o no dentro de un universo lingüístico determinado. Pues para Wittgenstein el "significado se usa incorrectamente si con ello se designa la cosa a la que corresponde la palabra"[84]. *El portador de un nombre no es el significado del nombre.* De ahí que sea significativo un nombre (todo nombre) si se usa dentro de un "juego", es decir, si su uso es aceptado dentro de una comunidad lingüística.

Pensemos en el "lenguaje como un juego de ajedrez"[85]. Cuando iniciamos una partida de ajedrez, aceptamos antes de

---

desea existir en sociedad y gregariamente, precisa de un tratado de paz y, de acuerdo con éste, procura que, al menos, desaparezca de su mundo el más grande *bellum omnium contra omnes*. Este tratado de paz conlleva algo que promete ser el primer paso para la consecución de ese misterioso impulso por la verdad. En este mismo momento se fija lo que a partir de entonces ha de ser 'verdad', es decir, se ha inventado una designación de las cosas uniformemente válida y obligatoria, y el poder legislativo del lenguaje proporciona también las primeras leyes de verdad, aquí se origina por primera vez el contraste entre verdad y mentira". Cfr. F. Nietzsche, *Sobre verdad y mentira en sentido extramoral, op. cit.*, p. 20.

Mentir es simplemente no cumplir el acuerdo, salirse del orden pactado, "los hombres huyen del embustero no tanto de la mentira, como por el perjuicio que este les ocasiona". El mentiroso es repudiado, pierde la confianza de los "asociados" y debe ser expulsado de la sociedad. Nietzsche escribe: "Por eso los hombres o huyen tanto de ser engañados como de ser perjudicados mediante el engaño; en este estadio tampoco detestan en rigor el embuste, sino las consecuencias perniciosas, hostiles, de ciertas clases de embustes. El hombre nada más que desea la verdad en un sentido análogamente limitado: ansía las consecuencias agradables de la verdad, aquellas que mantienen la vida; es indiferente al conocimiento puro y sin consecuencias e incluso hostil frente a las verdades susceptibles de efectos perjudiciales o destructivos. Y, además, ¿qué sucede con esas convenciones del lenguaje? ¿Son quizá productos del conocimiento, del sentido de la verdad? ¿Concuerdan las designaciones y las cosas? ¿Es el lenguaje la expresión adecuada de todas las realidades?". Cfr. F. Nietzsche, *Sobre verdad y mentira en sentido extramoral, op. cit.*, p. 21.

[84] Cfr. L. Wittgenstein, *Investigaciones filosóficas, op. cit.*, I, § § 39-40, pp. 57-59. *Werkausgabe*, pp. 260-261.

[85] L. Wittgenstein, *Investigaciones filosóficas, op. cit.*, I, § 31, 197, 205, 316, 337.

iniciar el juego "ciertas" reglas para poder jugar. Las piezas tienen unos movimientos que son aceptados y otros no. El caballo podrá moverse siempre en L, movimiento que le permite saltar por encima de otras fichas y a la vez "matarlas". Ahora bien, podría "pactarse", al inicio o durante el juego, que el caballo no pudiera saltar sobre la fichas, es decir que solo pudiera moverse en L si no encontrara obstáculo alguno. El salto queda "invalidado" dentro de esta partida o dentro del juego total, según lo que pacten estos dos jugadores. De esta manera se han *aceptado* las reglas de significación. Y así tendrá perfecto significado todo movimiento "correcto" dentro de este universo lingüístico. Estos *movimientos* válidos demostrarán que hay un *dominio del juego* por parte de los jugadores[86].

Siguiendo con este ejemplo, los nombres de los entes de ficción tienen significado si sus *movimientos*, dentro de cierto universo lingüístico, son aceptados por la comunidad hablante. Estos nombres caen dentro de un universo lingüístico con unas *reglas de juego* previamente aceptadas por los participantes. Todos ellos están dentro de la gran familia del lenguaje. De ahí que su significatividad no dependa de su valor veritativo o de que haya o no ejemplares que satisfagan dicho nombre (*se correspondan*), esto es, que no dependa del *cumplimiento* de tales enunciados.

Aventurémonos por un momento a decir que Wittgenstein estaría, de algún modo, de acuerdo con Meinong, al afirmar que estos lenguajes son perfectamente significativos porque se

---

[86] L. Wittgenstein, *Investigaciones filosóficas, op. cit.*, I, § 31, p. 49. *Werkausgabe*, p. 254. Ahora bien, debemos señalar que tener dominio de un juego no se reduce a conocer el movimiento de las piezas o seguir o no "ciertas reglas", todo lo contrario, es dominar todo el universo lingüístico de "una partida de ajedrez". Dice el autor: "Como una jugada de ajedrez no consiste sólo en desplazar una pieza de tal o cual manera sobre el tablero —pero tampoco en los pensamientos y sentimientos del jugador que acompañan la jugada; sino en las circunstancias que llamamos: 'jugar una partida de ajedrez', 'resolver un problema' y cosas similares". Cfr. L. Wittgenstein, *Investigaciones filosóficas, op. cit.*, I, § 33, p. 51. *Werkausgabe*, p. 256.

refieren a "algo". Ahora bien, paradójicamente, también lo estaría con Russell en la tesis fundamental de que *estos lenguajes no reflejan nada en absoluto*. Entonces, ¿tendremos que decir que Wittgenstein es un Meinong russellianizado? De ningún modo. Después de esta aventurada comparación, podemos decir que, tanto Meinong como Russell, son la cara y la cruz de la misma moneda, pues los dos buscan el cumplimiento o no cumplimiento de estos enunciados. Al igual que Tarski, buscan la *satisfacción* por parte de los objetos. Se mueven bajo criterios verificacionistas, en los que buscan afanosamente "la satisfacción de ese misterioso impulso hacia la verdad"[87].
Los dos célebres autores comparten, según Wittgenstein, el mismo supuesto, a saber, la exigencia de ejemplares para que haya significado: *si hay cumplimiento hay sentido*.

Escribe Wittgenstein en las *Investigaciones filosóficas* sobre la *extraña* manera de nombrar que:

> Esto está conectado con la concepción del nombrar como un proceso oculto, por así decirlo. Nombrar aparece como una *extraña* conexión de una palabra con un objeto. —Y una tal extraña conexión tiene realmente lugar cuando el filósofo, para poner

---

[87] F. Nietzsche, *Sobre verdad y mentira en sentido extramoral, op. cit.*, p. 20. En otro pasaje posterior escribe el autor alemán: "Ahora bien, dentro de ese juego de dados de los conceptos se denomina 'verdad' al uso de cada dado según su designación; contar exactamente sus puntos, formar las clasificaciones correctas y no violar en ningún caso el orden de las castas ni la sucesión jerárquica. Así como los romanos y los etruscos dividían el cielo mediante rígidas líneas matemáticas y conjuraban en ese espacio así delimitado, como en un *templum*, a un dios, cada pueblo tiene sobre él un cielo conceptual semejante matemáticamente repartido y en esas circunstancias entiende por mor de la verdad, que todo dios conceptual ha de buscarse solamente en su propia esfera. Cabe admirar en este caso al hombre como poderoso genio constructor, que acierta a levantar sobre cimientos inestables y, por así decirlo, sobre agua en movimiento una catedral de conceptos infinitamente compleja; ciertamente, para encontrar apoyo en tales cimientos debe tratarse de un edificio hecho como de telarañas, suficientemente liviano para ser transportado por las olas, suficientemente firme para no desintegrarse ante cualquier soplo de viento". Cfr. F. Nietzsche, *Sobre verdad y mentira en sentido extramoral, op. cit.*, p. 27.

de manifiesto cuál es *la* relación entre el nombre y lo nombrado, mira fijamente a un objeto ante sí y a la vez repite innumerables veces un nombre o también la palabra "esto". Pues los problemas filosóficos surgen cuando el lenguaje *hace fiesta*. Y *ahí* podemos figurarnos ciertamente que nombrar es algún acto mental notable, casi un bautismo de un objeto. Y podemos también decirle la palabra "esto" al objeto, *dirigirle* la palabra —un extraño uso de esta palabra que probablemente ocurra sólo al filosofar[88].

Para Wittgenstein tanto Meinong como Russell se equivocan por completo, pues los nombres de los entes de ficción tienen significado se dé o no se dé la *extraña* conexión entre el nombre y el objeto, aunque el nombre refleje o no los objetos nombrados.

Con todo lo anterior, podemos decir que nombres de ficción como "Drácula", "Ulises" o "Zorba" tienen sentido cuenten o

---

[88] L. Wittgenstein, *Investigaciones filosóficas, op. cit.*, I, § 38, p. 57. *Werkausgabe*, p. 259. No es de extrañar que el autor iniciara, tanto sus *Investigaciones filosóficas* como *Los cuadernos azul y marrón*, con la evocación de un texto de san Agustín, para quien el significado del nombre es el objeto al que nombra. Según Wittgenstein, san Agustín describe el aprendizaje del lenguaje humano de "manera platónica", es decir, lo compara con la visita de un niño que va a un país extraño, distinto y de lengua completamente diferente donde no puede entender el lenguaje de esa tierra nueva, *pero, aunque no puede hablar, sí puede pensar* pues ya posee —de manera extraña, no se sabe cómo— un lenguaje. El hombre, según esta concepción, ya posee un lenguaje que ha olvidado y que no reconoce. De este modo, un objeto está a la espera de ser comparado con el arquetipo en la mente, con la idea. Dice san Agustín: "Así, pues, cuando éstos nombraban alguna cosa, fijábala yo en la memoria, y si, al pronunciar de nuevo tal palabra, movían el cuerpo hacia tal objeto, entendía y colegía que aquel objeto era denominado con la palabra que pronunciaban, cuando lo querían mostrar". Cfr. San Agustín, *Las confesiones*. Trad. A. Custodio Vega, en: San Agustín, *Obras II* (Madrid, BAC 1974), Libro I, 8, 13, p. 84.
Para Wittgenstein el autor de las *Confesiones*, a través de este texto, intenta dar una idea de la *esencia* del lenguaje humano, esto es: "Las palabras del lenguaje nombran objetos —las oraciones son combinaciones de esas denominaciones. —En esta figura del lenguaje encontramos las raíces de la idea: Cada palabra tiene un significado. Este significado está coordinado con la palabra. Es el objeto por el que está la palabra". Cfr. L. Wittgenstein, *Investigaciones filosóficas, op. cit.*, I, § 1, p. 17. *Werkausgabe*, p. 237.

no con ejemplares, pues carecer de ejemplares (satisfacción) no es razón para que no tengan significatividad. La significatividad de estos nombres no está en que reflejen un mundo o den una "cartografía" de ciertas regiones, sino está en el *uso* que tienen dentro de un universo lingüístico. Al cambiar el modelo clásico de significación, podemos concluir que nombres como "Hamlet", "Ulises" o "Penélope" gozan de la misma significatividad que nombres como "Heidegger", "Rorty" o "Borges". Además, por tener pleno significado, con tales nombres de entes de ficción se pueden hacer enunciados, tanto verdaderos como falsos. Lo que digamos o dejemos de decir de ellos no pone en peligro su significatividad. Su significado no está en juego de ninguna manera, ya que él está asegurado desde su aceptación en un universo lingüístico.

Escribe Avrum Stroll en su crítica a las teorías de la referencia directa:

> Es un hecho evidente que utilizamos el lenguaje para referirnos a los objetos no existentes (incluidos los de ficción) para nombrarlos y para hacer enunciados verdaderos (a veces falsos) sobre tales objetos. Es evidentemente verdadero decir que Ulises estaba casado con Penélope y que Hamlet no estaba casado con Ofelia, y es falso decir lo contrario. Los críticos literarios, y también los lectores normales, discuten con frecuencia sobre los caracteres de los personajes de ficción, por ejemplo sobre Emma en la novela epónima de Jane Austen. Al hacerlo utilizan todos los recursos del habla cotidiana que utilizarían para hablar sobre personajes reales, aludiendo a los lugares donde tales personajes viven, identificando esos lugares por su nombre, su origen histórico, etcétera. Esos nombres de ficción se transfieren mediante una cadena causal, de generación en generación, de la misma manera que ocurre con los nombres de personas históricas[89].

---

[89] A. Stroll, *La filosofía analítica del siglo XX, op. cit.*, pp. 266-267.

Los nombres como "Ulises", "Penélope" y "Hamlet" son perfectamente significativos, solo que son nombres de personajes de ficción. El que sean nombres de personajes de ficción no es problema, ya que en este universo lingüístico, en el *lenguaje ordinario* en que nos movemos, usar estos nombres es correcto y perfectamente aceptado; *no hay problema alguno* ni sospecha que asome. Más bien al contrario, usamos sin distinción todos los nombres en nuestras prácticas diarias. Todos ellos hacen parte de una comunidad que ha aceptado dentro de su "juego de lenguaje" el mundo de ficción con todos sus habitantes.

Ahora bien, para terminar este punto valdría la pena preguntarnos: ¿qué pasa con aquellos miembros que aún no dominan tales nombres? A esta pregunta trataremos de responder en el siguiente apartado.

3.4. ¿Existen los unicornios?

Recordemos que para Wittgenstein los nombres de los entes de ficción son significativos no porque nos den un mapa de cómo es el mundo, o porque reflejen "trozos de realidad", sino porque son perfectamente *aceptados* dentro de una comunidad lingüística, es decir, dentro de una práctica comunitaria. En la misma línea, Strawson propone acerca de la teoría del significado como *correspondencia* "no su purificación, sino su eliminación"[90]. Wittgenstein da este paso permitiendo la

---

[90] P. F. Strawson, "Verdad". Trad. A. García Suárez y L. Ml. Valdés Villanueva, en: J. A. Nicolás y M. J. Frápolli (eds.), *Teorías de la verdad en el siglo XX, op. cit.*, p. 282. También Kripke en su "exposición elemental" de las *Investigaciones* afirma que la idea de la *correspondencia-con-los-hechos debe ser igualmente eliminada* antes de poder tratar el problema escéptico. Cfr. S. Kripke, *Wittgenstein: a propósito de reglas y lenguaje privado, op. cit.*, p. 91. Ahora bien, tengamos en cuenta que el libro citado de Kripke, *Wittgenstein: a propósito de reglas y lenguaje privado*, es una "exposición", como el mismo autor advierte, de la segunda filosofía wittgensteiniana y no una crítica de la misma. Dice Kripke: "Merece resaltarse que no pretendo en este escrito hablar por mí mismo ni tampoco decir nada, salvo en digresiones ocasionales y menores, acerca de mis propias ideas sobre las cuestiones sustantivas. El propósito primario de este

posibilidad de que este tipo de "discursos" —que involucran nombres de entes de ficción— se midan a otro nivel muy distinto del verificacionista.

Con el autor de las *Investigaciones filosóficas* se ha dado una completa *revolución* a la hora de tratar el "problema" de los nombres de los entes de ficción, pues, del mismo modo que hacemos la analogía del lenguaje como un juego de ajedrez, la significatividad la medimos por los *movimientos* permitidos o no dentro de esa partida: reglas que se cumplen o no dentro de un universo lingüístico y que hacen posible el desarrollo del juego, la práctica del ajedrez. Para ver esto mejor, traigamos el siguiente ejemplo, que hemos titulado, *performance art*.

Pensemos en una obra de teatro "tradicional" en la que como espectadores podemos distinguir fácilmente que estamos asistiendo a una ruptura con la vida cotidiana, esto es, una perfecta distinción entre la vida y la representación. Pero ahora pensemos en otro tipo de arte de interpretación en el que las reglas son completamente distintas a las del teatro tradicional, por ejemplo un *performance art*. Tenemos entonces que, en lugar de un escenario y de sitios específicos, hay *una puesta en escena* muy distinta, al aire libre, en la que los actores se mezclan indistintamente con los transeúntes, resultando tal obra imperceptible para el "ciudadano que camina desprevenido", para el ciudadano ordinario. En el *performance art* no hay una puesta en escena, en la que se distinga claramente, como advertíamos atrás, una "ruptura con la vida". Imaginemos que al final de la *performance* se le pregunta a un transeúnte desprevenido: "¿cómo le pareció la obra?". Lo más probable es que nos conteste con otras preguntas: "¿cuál obra?" o "¿de qué obra me habla?" o simplemente "yo no he visto nada". Y es posible que en verdad no haya visto nada. Este transeúnte no puede *com-*

---

trabajo es la presentación de un problema y un argumento, no su evaluación crítica". Cfr. S. Kripke, *Wittgenstein: a propósito de reglas y lenguaje privado*, *op. cit.*, p. 13.

prender nada, puesto que en su universo lingüístico desconoce por completo este tipo de arte contemporáneo. Aún más, constatamos que este "transeúnte" no sabía que se pudiera llamar teatro a tan particular forma de interpretar. En este momento el lenguaje es simple y llanamente, en palabras de Wittgenstein: "un laberinto de caminos. Vienes de un lado y sabes por dónde andas; vienes de otro al mismo lugar y ya no lo sabes"[91].

Entonces podríamos preguntarnos: ¿qué debemos decir si un miembro no sigue las convenciones sugeridas por el nuevo teatro?, ¿esta nueva forma de interpretación es teatro?, ¿se puede aceptar esta "nueva forma" de actuar a pesar de no tener una puesta en escena *convencional*?, ¿a pesar de que no la pueda distinguir "alguno que otro" transeúnte desprevenido?

La respuesta a las tres últimas preguntas es *sí*, pero acompañado de un condicional. Es una perfecta obra de teatro *si* este tipo de *performance art* es aceptado dentro de cierta comunidad lingüística, si se realiza dentro de cierta práctica de vida. Todo juego supone una sociedad, una *forma de vida*. De la misma forma, si este tipo de arte con sus nuevas reglas de juego es "asumido" por una comunidad lingüística, su significatividad está asegurada y no depende de la aceptación o no de un miembro particular, pues no se siguen las reglas privadamente (siendo esto último lo que responde a la primera pregunta). Como bien afirma K. T. Fann:

> Cuando aprendemos un lenguaje, sin embargo, no sólo aprendemos una técnica, sino todo un complejo conjunto de técnicas. Hablar un lenguaje no es tan sólo participar en una práctica, sino también en muy distintas prácticas. Se podría decir que un lenguaje es una práctica compleja compuesta de un número de prácticas[92].

---

[91] L. Wittgenstein, *Investigaciones filosóficas, op. cit.*, I, § 203, p. 203. *Werkausgabe*, p. 346.
[92] K. T. Fann, *El concepto de filosofía en Wittgenstein, op. cit.*, p. 101.

Esto es: *solo es posible seguir una regla siendo miembro de una comunidad lingüística que de igual modo siga reglas.*

Para ver esto mejor, vale la pena que nos detengamos un momento en la contundente crítica wittgensteiniana a "los lenguajes privados". Wittgenstein criticó la filosofía moderna por haber caído en el *misterio* de la "mente", es decir, en el dominio de lo privado y oculto, de lo que podemos llamar "la vida mental"[93]. Dice A. Kenny que gran parte de la filosofía contemporánea ha rechazado el dualismo cartesiano, pero "incluso aquellos que explícitamente renuncian a él están profundamente influenciados por esa concepción"[94].

Gran parte de la filosofía moderna y contemporánea, de algún modo, ha seguido muy de cerca la obra del genio de Descartes[95], por no decir que ha sido un epígono de ella, sin darse cuenta de que muchos de los problemas posteriores son producto de estos planteamientos primeros, del planteamiento del "mundo mental". Veamos el ejemplo del "escarabajo en

---

[93] Escribe S. Kripke en *Wittgenstein: a propósito de reglas y lenguaje privado*: "Por tanto, allí donde Descartes habría dicho que estoy cierto de que 'yo tengo un picor', de lo único de lo que Hume es consciente es del picor mismo. El yo —el ego cartesiano— es una entidad completamente misteriosa. No somos conscientes de ninguna entidad que sea la que 'tenga' el picor, 'tenga' el dolor de cabeza, la percepción visual, y lo demás; sólo somos conscientes del picor, el dolor de cabeza o la percepción visual misma". Cfr. S. Kripke, *Wittgenstein: a propósito de reglas y lenguaje privado, op. cit.*, p. 132.

[94] A. Kenny, *La metafísica de la mente. Filosofía, psicología, lingüística.* Trad. F. Rodríguez Consuegra (Barcelona, Paidós 2000), p. 31.

[95] A. Kenny en el capítulo primero ("El mito de Descartes") de su libro *La metafísica de la mente* pone de relieve que el autor francés fue ante todo un genio de una capacidad extraordinaria, y "sus ideas principales pueden expresarse tan concisamente que cabrían en el dorso de una postal; sin embargo fueron tan profundamente revolucionarias que alteraron el curso de la filosofía durante siglos". Cfr. A. Kenny, *La metafísica de la mente. Filosofía, psicología, lingüística, op. cit.*, p. 29. También el profesor M. M. Gómez Alonso en *Frágiles certidumbres* afirma que: "para los que pensamos que la calidad de un filósofo se mide más por las cuestiones que plantea que por las soluciones que aporta, [esto] convierte a Descartes, para bien o para mal, en el eje sobre el que gira la historia de la filosofía". Cfr. M. M. Gómez Alonso, *Frágiles certidumbres. Wittgenstein y* Sobre la certeza: *duda y lenguaje, op.cit.*, p. 56.

la caja" en el que Wittgenstein expone a la luz lo confusa y compleja que puede llegar a ser la idea de lo mental, del "yo" cartesiano. Dice así:

> Supongamos que cada uno tuviera una caja y dentro hubiera algo que llamamos "escarabajo". Nadie puede mirar en la caja de otro; y cada uno dice que él sabe lo que es un escarabajo sólo por la vista de su escarabajo. —Aquí podría muy bien ser que cada uno tuviese una cosa distinta en su caja. Sí, se podría imaginar que una cosa así cambiase continuamente. —¿Pero y si ahora la palabra "escarabajo" de estas personas tuviese un uso? —Entonces no sería el de la designación de una cosa. La cosa que hay en la caja no pertenece en absoluto al juego del lenguaje; ni siquiera como un *algo*: pues la caja podría incluso estar vacía[96].

La filosofía cartesiana introdujo el problema de la mente, es decir, el problema del *solipsismo*, aquel que enuncia la posibilidad de un lenguaje interno, propio, individual y, por consiguiente, privado. Ahora bien, siguiendo este argumento, tendríamos que ese lenguaje privado es mío, *y solo mío*, es decir, que lo que llamo "dolor" en ciertos momentos solo puede ser *mi* dolor, no el dolor, por decirlo así, de todos los demás, pues solo yo puedo experimentar *mi dolor*. Según Wittgenstein la vivencia de un dolor como "dolor de muelas" es un estado interno cuya *significación solo yo estoy en disposición de conocer* y, además, "solo yo puedo conocer" en el mismo instante en que vivencio ese "dolor de muelas". Los demás no tienen acceso a tales vivencias internas.

Traigamos el conocido y esclarecedor ejemplo de Wittgenstein del "diario privado":

> Imaginémonos este caso. Quiero llevar un diario sobre la repetición de una determinada sensación. Con ese fin la asocio con el

---

[96] L. Wittgenstein, *Investigaciones filosóficas, op. cit.,* I, § 293, p. 245. *Werkausgabe*, p. 373.

signo "S" y en un calendario escribo ese signo por cada día que tengo la sensación. —En primer lugar observaré que no puede formularse una definición del signo. —¡Pero aún puedo darme a mí mismo una especie de definición ostensiva! —¿Cómo?, ¿puedo señalar la sensación? —No en el sentido ordinario. Pero hablo, o anoto el signo, y a la vez concentro mi atención en la sensación —como si la señalase internamente. —¿Pero para qué esta ceremonia?, ¡pues sólo algo así parece ser! Una definición sirve por cierto para establecer el significado de un signo. —Bien, esto ocurre precisamente al concentrar la atención; pues, por ese medio, me imprimo la conexión del signo con la sensación. —"Me la imprimo", no obstante, sólo puede querer decir: este proceso hace que yo me acuerde en el futuro de la conexión *correcta*. Pero en nuestro caso yo no tengo criterio alguno de corrección. Se querría decir aquí: es correcto lo que en cualquier caso me parezca correcto. Y esto sólo quiere decir que aquí no puede hablarse de "correcto"[97].

Ahora bien, hay que tener en cuenta que Wittgenstein no niega las sensaciones o tales *estados internos*. Lo que niega Wittgenstein es que tales *estados internos* puedan ser compartidos, comparables y generalizables entre sí, y además etiquetados bajo un mismo nombre, por ejemplo "S". Frente a "mi dolor de muelas" solo yo puedo experimentar tal vivencia, ya que "mi dolor de muelas", al ser una vivencia "mía", es por lo mismo privada e intransferible. Tanto los "otros" como "yo" no podríamos saber con *claridad* si aquello que él entiende por "dolor de muelas" *concuerda* de modo significativo con lo que yo quiero decirle. Dice Wittgenstein: "Las palabras de este lenguaje deben referirse a lo que sólo puede ser conocido por el hablante, a sus sensaciones inmediatas, privadas. Otro

---

[97] L. Wittgenstein, *Investigaciones filosóficas, op. cit.*, I, § 258, p. 227. *Werkausgabe*, p. 261.

no puede, por tanto, entender ese lenguaje"[98]. Ahora bien, eso no quiere decir que no pueda describir mi dolor de muelas a través de mis gestos, mis gritos y mis lágrimas, pues gracias a tales "gestos" (movimientos) los demás pueden hacerse una "idea aproximada" de lo que estoy sintiendo y por lo mismo recomendarme ir lo más pronto al dentista. Pero, en palabras de Wittgenstein: "No puede decirse que los demás saben de mi sensación *sólo* por mi conducta —pues de mí no puede decirse que sepa de ella. Yo *la tengo*"[99]. El que *los demás* puedan recomendarme ir al dentista no quiere decir que haya un acceso "de algún modo" a mi vivencia, pues ella es privada e intransferible.

Pero, ¿qué pasaría si pudiésemos "nombrar" o describir dichas sensaciones? Wittgenstein nos dirá que a lo sumo nos quedaríamos con *vagas* descripciones y aproximaciones, pues "mi dolor" sería propiamente intransferible, incomunicable. No podríamos saber si la sensación que "yo tengo", mi dolor, es idéntico al de mi oyente. ¿Entonces de qué hablamos?, ¿por qué seguimos hablando de un lenguaje privado? "Si digo de mí mismo que yo sé sólo por mi propio caso lo que significa 'dolor'

---

[98] Dice todo el parágrafo: "Un hombre puede animarse a sí mismo, darse órdenes, obedecerse, censurarse, castigarse, formularse una pregunta y responderla. Se podría también imaginar incluso hombres que hablasen sólo en monólogo. Acompañarían sus actividades hablando consigo mismos. — Un explorador que los observase y escuchase sus discursos podría conseguir traducir su lenguaje al nuestro. (Estaría por ello en situación de predecir correctamente las acciones de esas personas, pues también las oiría formar resoluciones y decisiones).
¿Pero sería también imaginable un lenguaje en el que uno pudiera anotar o expresar sus vivencias internas —sus sentimientos, estados de ánimo, etc. — para su propio uso? —¿Es que no podemos hacerlo en nuestro lenguaje ordinario? — Pero eso no es lo que quiero decir". Cfr. L. Wittgenstein, *Investigaciones filosóficas, op. cit.*, I, § 243, p. 219. *Werkausgabe*, p. 256.

[99] Unas líneas adelante continúa Wittgenstein: "Esto es correcto: tiene sentido decir de otros que están en duda sobre si yo tengo dolor; pero no decirlo de mí mismo". Cfr. L. Wittgenstein, *Investigaciones filosóficas, op. cit.*, I, § 246, p. 221. *Werkausgabe*, p. 257.

—¿no tengo que decir eso también de los demás? ¿Y cómo puedo generalizar ese *único* caso tan irresponsablemente?"[100].

Para Wittgenstein estos términos deben desaparecer, no pueden seguir perteneciendo y confundiendo al lenguaje, pues, si diéramos validez a tales "lenguajes privados", estaríamos *consecuentemente* sumergidos en un silencio profundo, es decir, inaccesibles para los otros, cuando esto no es verdad y la prueba está en que ordinariamente con *demasiada facilidad* nos comunicamos y "trasmitimos" *nuestras vivencias* según el contexto y el uso de aquel momento particular, lo que Wittgenstein llamó en un parágrafo la "atmósfera" en la que se da un término[101].

Para Wittgenstein construir una filosofía desde la base de un "lenguaje privado" sería de algún modo un camino hacia ningún lado, es decir, sería erigir una filosofía enfrentada a problemas insolubles, no porque en realidad existan, sino porque están *confusamente* concebidos desde sus orígenes. Una filosofía enferma no puede ser clara de ningún modo, de ahí la necesidad de *la terapia.*

Como bien escribe Wittgenstein en sus *Investigaciones filosóficas*: "La filosofía expone meramente todo y no explica ni deduce nada. —Puesto que todo yace abiertamente, no

---

[100] L. Wittgenstein, *Investigaciones filosóficas, op. cit.*, I, § 293, p. 245. *Werkausgabe*, p. 373.

[101] "Y esto vale en general para la 'atmósfera' de una palabra: —¿por qué se considera tan obvio que sólo esta palabra tenga esta atmósfera? (...) La atmósfera inseparable de la cosa —por tanto no es ninguna atmósfera". Cfr. L. Wittgenstein, *Investigaciones filosóficas, op. cit.*, II, VI, p. 425. *Werkausgabe*, p. 502. También en unos parágrafos Wittgenstein decía: "¿Pero qué quiere decir que él 'ha nombrado su dolor'? —¡¿Cómo ha hecho eso: nombrar el dolor?! Y, sea lo que fuere lo que hizo, ¿qué finalidad tenía? —Cuando se dice 'Él ha dado un nombre a la sensación', se olvida que ya tiene que haber muchos preparativos en el lenguaje para que el mero nombrar tenga sentido. Y cuando hablamos de que alguien da un nombre al dolor, lo que ya está preparado es la gramática de la palabra 'dolor'; ella muestra el puesto en que se coloca la nueva palabra". Cfr. L. Wittgenstein, *Investigaciones filosóficas, op. cit.*, I, § 257, p. 227. *Werkausgabe*, p. 361.

hay nada que explicar. Pues lo que acaso esté oculto, no nos interesa"[102].

S. Kripke, en su conocido libro de 1982 *Wittgenstein: a propósito de reglas y lenguaje privado*, recalcó la importancia que tiene para el autor austríaco "el argumento contra el lenguaje privado" no solo en las *Investigaciones filosóficas* sino también en toda su segunda filosofía. Según Kripke, desde este *célebre y poderoso* argumento se puede hacer una fecunda lectura de las *Investigaciones filosóficas*, pues la crítica al "argumento del lenguaje privado" es uno de los hilos conductores que las atraviesa y las hace una revolucionaria obra sin parangón "que sólo un modo de pensar enormemente fuera de lo común podría haber producido"[103].

Ahora bien, si el "argumento del lenguaje privado" es recusado por Wittgenstein, deducimos que no puede haber reglas que se sigan privadamente, ya que las reglas suponen prácticas comunitarias, que son, sin lugar a dudas, una forma y práctica de vida. Estas nuevas condiciones están ligadas necesariamente a una comunidad, de ahí que sean inaplicables a una única persona, a una práctica privada. El lenguaje por definición es público, no privado, pues aun existiendo tales sensaciones in-

---

[102] L. Wittgenstein, *Investigaciones filosóficas, op. cit.*, I, § 126, p. 131. *Werkausgabe*, p. 303.

[103] S. Kripke, *Wittgenstein: a propósito de reglas y lenguaje privado, op. cit.*, p. 73. También en la introducción de *Wittgenstein: a propósito de reglas y lenguaje privado* Kripke nos recuerda cómo fue su primera impresión al leer "el argumento contra los lenguajes privados" expuesto en las *Investigaciones filosóficas*. Escribe el autor norteamericano: "En aquel momento esta aproximación a las ideas de Wittgenstein impresionó al presente autor con la fuerza de una revelación: lo que previamente me había parecido que era un argumento en cierta manera dudoso a favor de una conclusión fundamentalmente inverosímil basada en premisas cuestionables y controvertidas se me aparecía ahora como un argumento poderoso, a pesar de que las conclusiones parecían más radicales todavía que antes, y en un sentido, más inverosímiles. Pensé en aquel momento que había visto el argumento de Wittgenstein desde un ángulo y énfasis muy diferentes a la aproximación que dominaba en las exposiciones estándar". Cfr. Cf. S. Kripke, *Wittgenstein: a propósito de reglas y lenguaje privado*, *op. cit.*, p. 15.

ternas no pueden ser ingredientes de lenguaje alguno, *ya que no pueden ser compartidas de forma transparente.*

A propósito de esto escribe Wittgenstein en el parágrafo 199 de las *Investigaciones filosóficas*:

> ¿Es lo que llamamos "seguir una regla" algo que pudiera hacer solo *un* hombre sólo *una vez* en la vida? —Y ésta es naturalmente una anotación sobre la gramática de la expresión "seguir una regla".
> No puede haber sólo una única vez en que un hombre siga una regla. No puede haber sólo una única vez en que se haga un informe, se dé una orden, o se la entienda, etc. —Seguir una regla, hacer un informe, dar una orden, jugar una partida de ajedrez son *costumbres* (usos, instituciones).
> Entender una oración significa entender un lenguaje. Entender un lenguaje significa dominar una técnica[104].

Pero unos parágrafos más abajo, precisamente en el § 202, Wittgenstein enuncia, según Kripke, explícitamente la conclusión del "argumento del lenguaje privado". Esta dice así:

> Por lo tanto "seguir la regla" es una práctica. Y creer seguir la regla no es seguir la regla. Y por tanto no se puede seguir "privadamente" la regla, porque de lo contrario creer seguir la regla sería lo mismo que seguir la regla[105].

---

[104] L. Wittgenstein, *Investigaciones filosóficas, op. cit.*, I, § 199, p. 201. *Werkausgabe*, p. 344. Ahora bien, recordemos que el *criterio* para seguir una regla según Wittgenstein no es meramente una concordancia de opiniones o definiciones sino una práctica o *forma de vida*. Dice el autor de las *Investigaciones*: "A la comprensión por medio del lenguaje pertenece no sólo una concordancia en las definiciones, sino también (por extraño que esto pueda sonar) una concordancia en los juicios. Esto parece abolir la lógica; pero no lo hace. —Una cosa es describir los métodos de medida y otra hallar y formular resultados de mediciones. Pero lo que llamamos 'medir' está también determinado por cierta constancia en los resultados de mediciones". Cfr. L. Wittgenstein, *Investigaciones filosóficas, op. cit.*, I, § 242, p. 219. *Werkausgabe*, p. 356.

[105] L. Wittgenstein, *Investigaciones filosóficas, op. cit.*, I, § 202, p. 203. *Werkausgabe*, p. 345. Escribe el profesor F. Latraverse en su artículo "Lenguaje y comunidad:

Teniendo claro lo anterior, recordemos ahora nuestro ejemplo de la *performance*. Podría darse el caso de que la comunidad recusara esta "nueva forma de teatro" y advirtiera que el *performance art* degrada y envilece al teatro clásico griego o shakespeareano y, por lo tanto, no viera *correcto* aceptar dicha forma extraña de teatro. Tenemos entonces que esta nueva forma de teatro no es significativa de ningún modo para cierta comunidad "conservadora", que no acepta como válidas otras "jugadas" diferentes de las que ha seguido y ha aprendido con el teatro tradicional. Todo depende de lo aceptable o no aceptable dentro de una comunidad, es decir, de qué "movimientos" se permiten o no se permiten dentro de uno u otro universo lingüístico.

De nuevo se puede ver en Wittgenstein que la significatividad de un nombre, de un enunciado, de una palabra o de una obra de teatro no depende de que estén dando la cartografía del mundo, sino de que sean o no permitidos tales movimientos en un juego de lenguaje, pues es en la práctica de un juego de lenguaje donde se ve la significatividad de las palabras, ya que propiamente "lo dado —podríamos decir— son *formas de vida*", (*Lebensformen*)[106].

En este sentido, para saber el significado de un término o una palabra se debe saber —se debe estar familiarizado— el *contexto* en el que dicho término se desenvuelve. De nuevo: *perder el contexto implica perder el significado*.

Ahora bien, el anterior ejemplo de *performance art* describe muy bien lo que son las nuevas "reglas de medir" dentro de un

---

a propósito del "antropologismo" de Wittgenstein": "En la medida que estas prácticas se definen en función de los usos de una comunidad, en el hecho de que actúa de cierta manera y no de otra, nos vemos llevados de forma natural a pensar que seguir una regla o, de manera general, usar el lenguaje, debe ser remitido en última instancia a la manera como nos comportamos colectivamente". Cfr. F. Latraverse, "Lenguaje y comunidad: a propósito del "antropologismo" de Wittgenstein". Trad. M. Holguín, en: F. Latraverse, *La sombra del lenguaje* (Bogotá, Universidad Nacional 1995), pp. 71-72.

[106] L. Wittgenstein, *Investigaciones filosóficas, op. cit.*, II, p. 517. *Werkausgabe*, p. 572.

juego. Reglas de medir que no son un prejuicio *misterioso*[107], sino un acuerdo claro y definido en el que podemos hacer viejos y nuevos movimientos que nos posibiliten "ver" la obra. Nuevos conceptos, como en el juego del ajedrez. El caballo, por ejemplo, no es caballo por el hecho de ser un trozo de madera con la figura del "caballo", sino por los movimientos que le son permitidos hacer dentro del tablero. Del mismo modo, si el espectador no se *prepara, no se entrena* para este nuevo modo de ver el teatro, es decir, si no contextualiza la nueva obra dentro del *performance art*, lo más seguro es que no podrá comprender ni disfrutar esta muestra de arte[108].

Dominar un juego es tener la *habilidad y la destreza* de conocer los contextos, pues si se pierden los contextos perdemos la significatividad, como diría Wittgenstein: "Entender un lenguaje significa dominar una técnica"[109] y, por lo mismo, dominar un juego no es solamente mover fichas mecánicamente. Todo lo contrario, es solucionar los problemas que se presentan a medida que transcurre la partida y *se juega el juego*[110].

---

[107] "¿Cómo es que la flecha → *señala*? ¿Acaso no parece llevar ya consigo algo fuera de sí misma? —'No, no es la raya muerta; sólo lo psíquico, el significado, puede hacerlo'". —Esto es lo verdadero y falso. La flecha señala sólo en la aplicación que de ella hace el ser vivo.
Este señalar *no* es un arte de birlibirloque que sólo puede realizar el alma". Cfr. L. Wittgenstein, *Investigaciones filosóficas, op. cit.*, I, § 454, p. 319. *Werkausgabe*, p. 422.

[108] "Seguir una regla es análogo a: obedecer una orden. Se nos adiestra para ello y se reacciona a ella de determinada manera. ¿Pero qué pasa si uno reacciona así y el otro de otra manera a la orden y al adiestramiento? ¿Quién está en lo correcto?
Imagínate que llegas como explorador a un país desconocido con un lenguaje que te es totalmente extraño. ¿Bajo qué circunstancias dirías que la gente de allí da órdenes, entiende órdenes, obedece, se rebela contra órdenes, etc.?
El modo de actuar humano común es el sistema de referencia por medio del cual interpretamos un lenguaje extraño". Cfr. L. Wittgenstein, *Investigaciones filosóficas, op. cit.*, I, § 206, p. 205. *Werkausgabe*, p. 346

[109] L. Wittgenstein, *Investigaciones filosóficas, op. cit.*, I, § 199, p. 201. *Werkausgabe*, p. 344.

[110] A propósito, recordemos el ejemplo de "el albañil y el aprendiz" (juego 2) en el que Wittgenstein crítica esta forma "primitiva" de lenguaje: "Ese concepto

A la pregunta con la que titulamos este apartado: "¿existen los unicornios?" a primera vista notamos que, dentro del uni-

> filosófico del significado reside en una imagen primitiva del modo y manera en que funciona el lenguaje. Pero también puede decirse que es la imagen de un lenguaje más primitivo que el nuestro.
> Imaginémonos un lenguaje para el que vale una descripción como la que ha dado Agustín: El lenguaje debe servir a la comunicación de un Albañil A con su ayudante B. A construye un edificio con piedras de construcción; hay cubos, pilares, losas y vigas. B tiene que pasarle las piedras y justamente en el orden en que A las necesita. A este fin se sirven de un lenguaje que consta de las palabras: 'cubo', 'pilar', 'losa', 'viga'. A las grita —B le lleva la piedra que ha aprendido a llevar a ese grito—. Concibe éste como un lenguaje primitivo completo". Cfr. L. Wittgenstein, *Investigaciones filosóficas, op. cit.*, I, § 2, p. 19. *Werkausgabe*, p. 238.
> Ahora bien, el parágrafo hace referencia a un tipo básico de lenguaje que se traduce, en otras palabras, en un mero ejercicio de *estímulo-respuesta*. Estímulo-respuesta que por lo básico de su acción (de su práctica) y lo simple de su aprehensión no podría ser llamado propiamente un "verdadero lenguaje". Este tipo de lenguaje carece de muchos ingredientes para ser considerado como un juego del lenguaje. Este tipo de "lenguaje 2" nos permite ver que poseer un sentido referencial ("losa" respuesta "pasar la losa") no es suficiente, ya que las respuestas dadas por el albañil B *responden* a una forma básica y primitiva de reconocer elementos. No hay posibilidad de error o de fallo, pues todo obedece a un ensamble de piezas, esto es: del concepto "losa" se sigue a "pasar la losa". La práctica de este albañil se reduce al mero grito del otro albañil, como dice el texto "A las grita— B le lleva la piedra que ha aprendido a llevar a ese grito". En este ejemplo se puede ver que palabras, como "losa", no solo se pueden utilizar para representar "ciertos objetos", como "losas" (en este caso), sino, por el contrario, más que como único fin representacional (palabra-objeto), tienen una utilidad más rica y variada dentro de un sinnúmero de juegos del lenguaje o de prácticas. Palabras como "losa", "tarro", "viga" o "cuerda" pueden hacer parte de un *modo de vida* más profundo y rico que el meramente mostrado en el ejemplo de los albañiles. Las palabras entendidas como "herramientas" de un universo lingüístico juegan un papel más complejo que el de *corresponder* con los objetos, como puede ser el hecho de no "entregar la losa" cuando se diga "losa", pues tanto el éxito como el error hacen parte del lenguaje, por lo mismo entregar un tarro de pintura al grito "losa" es tan válido y posible como el de preguntar: ¿usted que me pidió?, ¿dijo "losa" o tarro de pintura?, ¿perdóneme, es que no recuerdo bien lo aprendido con usted señor albañil? ¿podemos repasar las reglas de trabajo, es que me he confundido de nuevo? Un juego de lenguaje debe contar con la *habilidad* suficiente para poder modificarse al paso del mismo juego. Un lenguaje para que se llame verdadero lenguaje debe tener el *adiestramiento* necesario, esto es: *la habilidad suficiente para poder jugar y lo arbitrario que puede ser jugar o ejercer cualquier práctica*. No puede llamarse un juego de lenguaje a aquellas acciones que exigen una mera reacción a un estímulo.

verso lingüístico en que nos movemos, el común de la gente no pondría en duda la existencia o no de los unicornios y mucho menos pondría en cuestión la significatividad del nombre "unicornio". Vemos que este nombre, al igual que los otros, se usa sin problema alguno dentro del lenguaje ordinario.

Ahora bien, la pregunta "¿existen los unicornios?" *dentro de este universo lingüístico carece por completo de todo sentido*, de ahí que ni podemos ser meinongnianos ni russellianos, pues los dos autores, como dijimos unas líneas atrás, cometen el mismo error al pretender una justificación ontológica para tales lenguajes comunes. Los dos se mueven bajo criterios verificacionistas, por lo tanto, hablar de la existencia o no existencia de los "seres" de ficción es incurrir en sinsentidos, pues la simple pregunta desea una respuesta y, por ende, dar la respuesta significa aceptar la pregunta como válida. Tanto negarla como afirmarla es caer en un círculo contraintuitivo y absurdo. Preguntar es crear un monstruo filosófico, y desplegar una cadena de problemas que el nombre "unicornio" no tiene. Finalmente, es entrar en el pernicioso e interminable juego de "si me niegas, me afirmas".

Para ver esto mejor, aunque es extensa la cita de A. J. Ayer, vale la pena traerla a colación, pues ella engloba lo que deseamos decir, a saber, *el sinsentido del problema*. Escribe Ayer en su libro *Lenguaje, verdad y lógica*:

> Porque es característico de los agnósticos sostener que la existencia de un dios es una posibilidad en la que no hay razón alguna suficiente ni para creer, ni para no creer; y es característico de los ateos sostener que es, por lo menos, probable que no exista ningún dios. Y nuestro punto de vista de que todas las expresiones acerca de la naturaleza de Dios carecen de sentido, lejos de ser idéntico, ni prestar siquiera apoyo alguno a esas conocidas posiciones, es, en realidad, incompatible con ellas. Porque si la afirmación de que hay un dios carece de sentido, entonces la afirmación de los ateos de que no hay ningún dios carece de sentido

también, porque sólo una proposición significante puede ser significantemente contradicha. En cuanto a los agnósticos, aunque se abstienen de decir tanto que haya dios como que no lo haya, no niegan que el problema de si existe un dios transcendente es un auténtico problema. No niegan que las dos oraciones "Hay un dios transcendente" y "No hay un dios transcendente" expresan proposiciones, de las cuales una es, en realidad, verdadera, y la otra falsa. Todo lo que dicen es que nosotros no tenemos miedo alguno de decir cuál de ellas es verdadera, y, por lo tanto, no debemos entregarnos a ninguna. Pero hemos visto que las oraciones en cuestión no expresan proposiciones, en absoluto. Y esto quiere decir que el agnosticismo está desechado también[111].

Siguiendo la idea central: *tanto la afirmación como la negación de ciertos enunciados carece de sentido*, podemos decir que hay cuatro cosas importantes para tener en cuenta en la cita de Ayer y aplicables, por lo mismo, a nuestro intento de *diluir* el problema, a saber:

1) Dentro del lenguaje común no podemos ni negar ni afirmar que existan los entes de ficción. 2) Queda claro que, una vez hecha la pregunta "¿existen los unicornios?", los problemas y sinsentidos harán su aparición, concediéndole un estatus a algo que no lo tiene. 3) Tanto el ateo como el agnóstico se mueven dentro de la idea de la significatividad de la "existencia de Dios". Juntos lo que niegan es la verdad o la falsedad de tal enunciado, no que el problema tenga significado. De ahí que las dos posiciones son erróneas por completo, ya que la pregunta *no tiene sentido alguno*, pues, en palabras de Ayer, *todas las expresiones acerca de la naturaleza de Dios son absurdas por carecer de sentido*. No tiene sentido tanto el negar como el afirmar la existencia de Dios. 4) *Por lo mismo*: la

---

[111] A. J. Ayer, *Lenguaje, verdad y lógica*. Trad. M. Suárez (Barcelona, Ediciones Martínez Roca 1971), p. 135.

pregunta "¿existen los unicornios?" desconoce por completo que el problema no está en la solución sino en el *supuesto* que la pregunta conlleva, esto es, que la pregunta en el universo lingüístico actual carece de sentido, *pues si hay problema, hay preguntas por solucionar.*

Ahora bien, traigamos el ilustrativo pasaje del libro *Sobre la certeza* de Wittgenstein en donde se escenifica lo contraintuitivas que pueden llegar a ser ciertas preguntas en *ciertos contextos*. Dice Wittgenstein:

> Me siento junto a un filósofo en el jardín; dice repetidamente "Sé que esto es un árbol" mientras señala un árbol junto a nosotros. Una tercera persona se nos acerca y lo escucha; yo le digo: "Este hombre no está trastornado: tan sólo filosofamos"[112].

En este ejemplo el "filósofo" se pregunta por el árbol que tiene al frente suyo, sospecha del lenguaje ordinario, pues cree que el lenguaje del común no es garante del pleno conocimiento y aboga, al modo de Russell, por "un lenguaje lógicamente perfecto"[113]. Ahora bien, frente a las dudas del filósofo que tiene el árbol ante sus ojos y se pregunta por su existencia, Wittgenstein afirma que, cuando el filósofo usa las palabras

---

[112] L. Wittgenstein, *Sobre la certeza*. Trad. J. L. Prades y V. Raga (Barcelona, Gedisa 1988), § 467, p. 61. Antes de este importante parágrafo encontramos dos similares, ellos dicen así: "¿Y si se tratara de las palabras: 'Hoy en día, se sabe que hay (…) especies de insectos' en vez de 'Sé que eso es un árbol'? Si alguien, de pronto, afirma la primera oración, fuera de todo contexto, podría creerse que, mientras tanto, había estado pensando en otra cosa y que de repente realiza en voz alta un enunciado extraído de su flujo de pensamientos. O también: está enajenado y habla sin comprender sus propias palabras". Cfr. L. Wittgenstein, *Sobre la certeza, op. cit.*, § 465, p. 61.
"Por tanto, aunque me parezca haber sabido algo todo el tiempo, no tiene sentido decirlo, expresar esa verdad". Cfr. L. Wittgenstein, *Sobre la certeza, op. cit.*, § 466, p. 61.

[113] En sus conferencias sobre el atomismo lógico Russell en varias ocasiones advertía a sus oyentes que el lenguaje ordinario no solo es limitado sino que además "no es lógicamente perfecto, (…) ni tendrá nunca posibilidad de serlo". Cfr. B. Russell, *La filosofía del atomismo lógico, op. cit.*, p. 277.

tratando de *captar la esencia* de la cosa, debe preguntarse antes de continuar si la palabra se está usando correctamente, es decir, si esta palabra se usa de esta manera en lo que podríamos llamar "su tierra natal"[114]. Para Wittgenstein hay un error en el intento de descalificar el lenguaje ordinario y concebirlo de impreciso. Todo lo contrario, para el autor de las *Investigaciones filosóficas* los que incurrimos en los sinsentidos somos los filósofos, pues transgredimos en muchas ocasiones los límites del lenguaje al no comprender que "el lenguaje ordinario está perfectamente"[115]. Escribe el autor en sus *Investigaciones filosóficas*:

> Que los resultados de la filosofía son el descubrimiento de algún que otro simple sinsentido y de los chichones que el entendimiento se ha hecho al chocar con los límites del lenguaje. Estos chichones, nos hacen reconocer el valor de ese descubrimiento[116]. Cuando hablo de lenguaje (palabra, oración, etc.), tengo que hablar el lenguaje de cada día. ¿Es este lenguaje acaso demasiado basto, material, para lo que deseamos decir? ¿Y cómo ha de construirse entonces otro? —¡Y qué extraño que podamos efectuar con el nuestro algo absoluto![117].

El autor de las *Investigaciones filosóficas* opta por reducir las palabras de su empleo metafísico a su empleo cotidiano,

---

[114] L. Wittgenstein, *Investigaciones filosóficas, op. cit.*, I, § 116, p. 125. *Werkausgabe*, p. 300.

[115] L. Wittgenstein, *Cuaderno azul, op. cit.*, p. 57. En *Los cuaderno azul y marrón* Wittgenstein ya denuncia la tendencia de la filosofía tradicional de pretender un lenguaje equiparable al de la ciencia, escribía el autor: "Los filósofos tienen constantemente ante los ojos el método de la ciencia y sienten una tentación irresistible a plantear y a contestar las preguntas del mismo modo que lo hace la ciencia. Esta tendencia es la verdadera fuente de la metafísica y lleva al filósofo a la oscuridad más completa". Cfr. L. Wittgenstein, *Cuaderno azul, op. cit.,* p. 46.

[116] L. Wittgenstein, *Investigaciones filosóficas, op. cit.*, I, § 119, p. 127. *Werkausgabe*, p. 301.

[117] L. Wittgenstein, *Investigaciones filosóficas, op. cit.*, I, § 120, p. 127. *Werkausgabe*, p. 301.

bajándolas del falso pedestal en que el metafísico tradicional las ha subido. Para Wittgenstein, no es el uso foráneo-metafísico el responsable de la significatividad sino el uso natal de las palabras el que la garantiza. A propósito escribe el profesor Modesto Gómez en su libro *Frágiles certidumbres. Wittgenstein y Sobre la certeza: duda y lenguaje* que:

> Las palabras viven muchas vidas, pero el filósofo pretende o su síntesis o fijar nuestra atención a un único detalle. Una dieta unidimensional nos hace olvidar tanto la complejidad de nuestros usos lingüísticos como los límites de la gramática, y, así, nos confunde en la apreciación de la "naturaleza" de aquello que nuestras expresiones denotan y nos conduce a paradojas que son el resultado de un doble proceso: la reducción de nuestro campo de visión y la extensión desnaturalizada de nuestras expresiones[118].

Preguntas como "¿esto es un árbol?" o "¿existen los unicornios?" se mueven bajo el mismo espíritu que centra la atención en *Sobre la certeza*, a saber: *la duda de la existencia de mis manos*[119]. Podemos decir que cabría, en un primer momento (tanto para el que pregunta por el árbol que tiene enfrente como para el que pregunta por sus manos cuando las está mirando), una "respuesta" como la siguiente: "¿qué quieres decir con esa pregunta?". Ahora bien, esta "respuesta" —como veremos líneas adelante— podría aplicársele también al que pregunta por la existencia de los "unicornios" *dentro del contexto actual*. De este modo, no solo cabría "responderle": "¿qué quieres decir con tu pregunta?", sino "no te entiendo, ¿acaso estás confundido?".

---

[118] M. M. Gómez Alonso, *Frágiles certidumbres. Wittgenstein y Sobre la certeza: duda y lenguaje, op. cit.*, p. 167.

[119] "Si sabes que aquí hay una mano, te concederemos todo lo demás".
"Del hecho de que a mí —o a todos— me *parezca* así no se sigue que sea así: Sin embargo, es posible peguntarse si tiene sentido dudar de ello". Cfr. L. Wittgenstein, *Sobre la certeza, op. cit.*, § § 1-2, p. 2.

Parece ser que Wittgenstein tenía razón al afirmar que la filosofía tiene la forma de: "No sé salir del atolladero"[120]. Norman Malcolm en su *A Memoir* nos trae un ilustrativo ejemplo de Wittgenstein. El autor austríaco hace una magnífica observación de lo que es la filosofía y de cómo son en realidad gran parte de los problemas filosóficos. Dice así:

> Una persona apresada (enzarzada) en una confusión filosófica es como un hombre que se halla en una habitación de la que quiere salir sin saber cómo hacerlo. Lo intenta por la ventana, pero está demasiado alta. Lo intenta por la chimenea, pero es demasiado estrecha. Ahora bien, ¡y si hubiera caído en la cuenta de *volverse*, habría visto que la puerta había estado siempre abierta![121].

Conclusión: eliminado el problema no hay por qué esperar solución, y, eliminada la pregunta espuria, eliminado el falso problema. La filosofía para Wittgenstein "ha de mostrar que no hay problema allí donde no hay ninguno"[122]. Esto significa que estamos ante un modelo de *disolución* del problema de los entes de ficción, una disolución *terapéutica* que permite mostrarle a la mosca la salida de la botella atrapamoscas. Disolver el problema es simplemente recalcar que tanto los que afirman como los que niegan han incurrido en un absurdo por el hecho de buscar solución a un problema inexistente. Para Wittgenstein los filósofos incurrimos frecuentemente en absurdos por pretender hallar respuesta a una pregunta que en el lenguaje ordinario no representa problema alguno.

Entonces: ni afirmar ni negar, pues de lo contrario estaríamos incurriendo en un sinsentido. Conviene traer las palabras del

---

[120] L. Wittgenstein, *Investigaciones filosóficas, op. cit.*, I, § 123, p. 129. *Werkausgabe*, p. 302.
[121] N. Malcolm, *Ludwig Wittgenstein. A Memoir, op. cit.*, p. 44.
[122] L. Wittgenstein, *Gramática filosófica*, en: G. Brand, *Los textos fundamentales de Ludwig Wittgenstein*. Trad. J. Muñoz e I. Reguera (Madrid, Alianza 1987) § 307, p. 179.

obispo Berkeley, quien denunciaba —muchos años atrás— los falsos problemas en los que los filósofos se movían:

> Me inclino a pensar que, en general, casi todas las dificultades que hasta ahora han entretenido a los filósofos y les han impedido avanzar por el camino del conocimiento, se deben enteramente a nosotros mismos. Somos nosotros los que levantamos la polvareda, y luego nos quejamos diciendo que no podemos ver[123].

Ahora bien, tenemos que reconocer que estas preguntas serían *permitidas y válidas* dentro de un contexto distinto. Por ejemplo, la pregunta: "¿tengo manos?" es *correcta* si se la hace un hombre que acaba de sufrir un grave accidente en donde perdió sus dos manos y lo que tiene ahora es un par de prótesis. No solo es correcta la pregunta, sino oportuna en aquel contexto. Ese es su particular contexto y en ese *contexto preciso* tiene sentido tal tipo de preguntas[124]. De ahí que las preguntas por la existencia de entes de ficción como "unicornios", "Remedios la Bella" o un ser llamado "Hamlet" sean un sinsentido en nuestro lenguaje cotidiano dentro de nuestro universo lingüístico, lo que no quiere decir que estas preguntas no puedan tener sentido dentro de otro "juego del lenguaje" diferente del actual. Para Wittgenstein la *disolución terapéutica* del problema no excluye, como en el ejemplo de las manos,

---

[123] G. Berkeley, *Tratado sobre los principios del conocimiento humano*. Trad. C. Mellizo (Madrid, Alianza 1992), p. 33.

[124] Dice Wittgenstein en *Sobre la certeza*: "Voy al médico, le enseño mi mano y le digo 'Esto es una mano, no…, la tengo herida, etc., etc.'. ¿Me limito a darle una información superflua? Parece que nos podríamos preguntar, por el ejemplo: suponiendo que las palabras 'Eso es una mano' sean informativas —¿cómo podrías darte cuenta de que él ha comprendido la información?—. Pues si hay duda respecto de si esto es una mano, ¿por qué no la ha de haber respecto de que soy un hombre que se lo dice al médico? Pero, por otra parte, es posible —aunque también muy excepcionalmente— imaginarse casos en los que una información de este tipo no sea superflua, o sólo superflua pero no absurda". Cfr. L. Wittgenstein, *Sobre la certeza*, *op. cit.*, § 460, p. 60.

que dentro de otros universos lingüísticos la pregunta sea "superflua", mas no absurda.

"¿Existen los unicornios?" tiene sentido *dentro de ciertos contextos*, como por ejemplo, en el contexto científico, donde se traduciría la pregunta en si efectivamente pueden o no pudieron existir en la historia de la humanidad ciertos seres alados con un cuerno en la frente, o si en los hallazgos científicos se han encontrado alguna vez fósiles con tales características. Esta pregunta, en el universo lingüístico "científico", es completamente *correcta*, pues tiene como fin la verificación, la clasificación y el registro de dichos individuos nombrados en tales discursos, esto es: hallar ejemplares del nombre "unicornio".

Entonces tenemos que el problema de la pregunta "¿existen los unicornios?" no está en la pregunta misma, sino en *el contexto* donde es proferida. La pregunta "¿existen los unicornios?" está bien hecha, pero su lugar no es el adecuado, pues, dentro de un "cierto universo lingüístico", preguntarse, por ejemplo, por la existencia histórica de una bella mujer del Caribe colombiano llamada "Remedios la Bella", que subió a los cielos envuelta entre sábanas, es completamente correcto. Es válido preguntarse "¿existió o no esa bella mujer descrita por Gabriel García Márquez en la novela colombiana *Cien años de soledad*?" en un contexto histórico. O, de igual modo, en ese contexto es válido preguntarse por un personaje histórico llamado "Hamlet" que fue efectivamente príncipe de Dinamarca y que la crónica danesa puede identificar plenamente con el descrito en la obra de Shakespeare. Como vemos, dichas preguntas buscan hacer un registro exhaustivo de tales personajes, buscan la confrontación de la obra y lo narrado por el escritor con los hechos históricos. La pregunta se enmarcaría finalmente dentro del intento de hacer un registro "de lo que hay", y su validez depende de ese "específico" universo lingüístico donde es proferida.

Conclusión: aprendemos a preguntar "esto o lo otro" dentro de un universo lingüístico determinado. De este modo, no tiene sentido hacerse este tipo de preguntas en el actual "juego de lenguaje", pues ciertas preguntas fuera de su *contexto* podrían calificarse de movimientos incorrectos.

Quedan de igual modo excluidos los criterios verificacionistas o los criterios revisionistas, ya que dentro de este universo lingüístico la existencia o no existencia de los entes de ficción no está en juego, no es un requisito para usar tales nombres. Los discursos que involucran a los nombres de estos entes siguen siendo significativos, son nombres al fin y al cabo, como los demás, salvo que pertenecen a personajes o seres de ficción. Como bien escribe Stroll: "El lenguaje ordinario es un cuerpo indivisible de discurso que utilizamos para hablar sobre clases de cosas muy diferentes incluyendo las entidades míticas, heráldicas y de ficción"[125].

La pregunta certera no es si existen tales o cuales entidades, si existen los "unicornios" o un ser llamado "Ulises", la pregunta certera es más bien si están o no permitidos estos *movimientos* dentro de este universo lingüístico. Se trata de preguntar si las jugadas son válidas y permitidas dentro de un juego. Esto nos llevaría a decir que efectivamente hay una *solución* concluyente a la pregunta por los entes de ficción y esta es: *el problema no tiene lugar alguno*. Se cumple aquí aquello que decía Wittgenstein de que la filosofía "deja todo como está"[126], ya que no hay problema alguno que solucionar.

Pero dejémonos *embrujar* por un momento. Aceptemos la pregunta "¿existen los unicornios?" como válida dentro de este contexto, dentro del lenguaje ordinario. Ahora bien, tal aceptación trae consigo otro problema y este es si la "pregunta" que profiere el científico es la misma que profiere el filósofo. Para uno están claras sus pretensiones, a saber, hallar datos históricos que confirmen la existencia de tales seres. Hallar re-

---

[125] A. Stroll, *La filosofía analítica del siglo XX*, op. cit., p. 270.
[126] L. Wittgenstein, *Investigaciones filosóficas*, op. cit., I, § 124, p. 129. Werkausgabe, p. 302.

gistros, pruebas o marcas que confirmen la existencia histórica de "Zorba", "unicornio" o "Caperucita Roja". Pero, al escuchar al *filósofo tradicional* —por llamarlo de algún modo—, notamos que sus intereses son *extraños*, no sabemos con claridad qué desea saber al plantearnos tal pregunta. No podríamos asegurar que lo que busca el *filósofo tradicional* es lo mismo que busca el científico o el historiador. Por ejemplo, si le respondiéramos que es verificable que en el año 1917 el escritor Nikos Kazantzakis en uno de sus viajes conoció en el sur del Peloponeso a un hombre llamado Zorba de quien quedó tan prendado que lo hizo protagonista de su novela de ficción *Alexis Zorba el griego*, el *filósofo tradicional* no quedaría nada satisfecho. De la misma manera, ¿quedaría satisfecho si le trajera los fósiles de un ser alado o el cuerno de un unicornio, o si hiciera un registro histórico que efectivamente comprobara la existencia de una niña en Colonia que visitaba a su abuela habitualmente pero que fue devorada por un lobo feroz que merodeaba en la aldea? Tal vez con esta serie de respuestas (pruebas, huellas, registros) este filósofo no quedaría satisfecho, pues tal vez lo que busca no es recibir una respuesta histórica o científica sino una respuesta de otro tipo. Ahora bien, ¿qué tipo de respuestas quiere?, ¿qué cuenta para él como válido sobre estos entes de ficción?, ¿de qué está hablando? Creemos que este personaje no sabe, ni siquiera, lo que busca, pues no puede determinar el significado de tal cuestión. Podremos darle una respuesta, pero después intentará buscar otra última y así sucesivamente. ¿Pero hay tal respuesta final? Parece ser que lo que busca el *filósofo tradicional* no son más que fundamentos, respuestas concluyentes a preguntas como "¿qué es la existencia?" o "¿qué es realidad?". Tal vez lo que busca son respuestas ontológicas, últimas y fundantes y no registros, huellas o pruebas.

Sigamos concediendo validez a la pregunta "¿existen los unicornios?". Wittgenstein respondería (recordemos, solo si aceptamos esta pregunta como válida) que este tipo de preguntas son de segundo orden, marginales, pues primero debemos saber (usar) qué es una mesa, silla, libro o cama y todo lo que tenemos a nuestro alrededor y a mano antes de plantearnos dichas cuestiones. Como escribe Wittgenstein: "¿No sé, pues, a qué quiero jugar hasta que *he* jugado?"[127].

En *Sobre la certeza* dice el autor austríaco:

> El niño no aprende que hay libros, que hay sillas, etc., etc., sino que aprende a tomar los libros, a sentarse en las sillas, etc., etc., Más adelante surgen también evidentemente, preguntas sobre la existencia: "¿Existen los unicornios?", etc. Pero una pregunta de este tipo es sólo posible porque ninguna pregunta análoga aparece como regla. Puesto que, ¿cómo sabe uno de qué manera ha de convencerse de la existencia de los unicornios? ¿Cómo ha aprendido a determinar si algo existe o no?[128].

Y añade unas líneas más adelante: "¿Cree el niño que la leche existe? ¿O sabe que la leche existe? ¿Sabe el gato que existe el ratón?"[129].

Para Wittgenstein la pregunta por los entes de ficción no deja de ser ulterior, ya que aprendemos a preguntar por la existencia de tal o cual ser fantástico si primero ya sabemos qué es existir para determinadas cosas, como la mesa, la silla, la cama, esto es, si primero tenemos un modelo claro de lo que es existir. Ahora bien, es evidente que este modelo no nos lo proporcionan precisamente estos entes de ficción, los "unicornios", "Zorbas" o "Hamlets", sino por el contrario todos aquellos objetos que tenemos a la mano, a nuestro alrededor, como pueden ser la mesa, la silla, el libro y los demás útiles.

La existencia de los entes de ficción exige, por eso mismo, un modelo (maleable) de existir, un universo *de cosas que utilizamos*

---

[127] L. Wittgenstein, *Investigaciones filosóficas, op. cit.*, I, § 197, p. 199. *Werkausgabe*, p. 343.

[128] L. Wittgenstein, *Sobre la certeza, op. cit.*, § 476, pp. 62-63.

[129] L. Wittgenstein, *Sobre la certeza, op. cit.*, § 478, p. 63.

sin más, de existencias manejables, que nada tiene que ver con las entidades ficticias, como puede ser "Zorba" o "Remedios la Bella". Por tanto, la pregunta de cómo se dan estos entes de ficción es secundaria, adventicia, no es una pregunta principal, ya que lo primero es contar con un *modelo* de existencia, pues *los problemas de la existencia son problemas que se dan y se aprenden dentro de un juego de lenguaje.*

Aprendemos primero a usar las mesas, las sillas, los libros, etc. y luego nos preguntamos por la existencia de tales objetos, pues, como dice Wittgenstein, *lo primero es la acción*[130]. Los seres humanos, afirma Wittgenstein, aprendemos una gran cantidad de cosas que aceptamos bajo la "autoridad humana", pero solo posteriormente, en la práctica, en la experiencia, se verán confirmadas o refutadas. La praxis es el suelo firme donde descansa el lenguaje[131].

Rompamos el hechizo, quitémosle la validez al problema y volvamos a recusar la pregunta inicial "¿existen los uni-

---

[130] L. Wittgenstein, *Sobre la certeza, op. cit.*, § 402, p. 51.

[131] Es interesante ver en estos versos, *en el principio está la acción* (Goethe), la idea wittgensteiniana de que *al final de todo juego está la práctica,* la acción o, en sus propias palabras, "es nuestra acción la que yace en el fondo del juego del lenguaje". Cfr. L. Wittgenstein, *Sobre la certeza, op. cit.*, § 204, p. 28. En otro parágrafo de *Sobre la certeza* dice el autor austríaco: "Cuando el niño aprende el lenguaje, aprende al mismo tiempo lo que es preciso investigar y no investigar. Cuando aprende que hay un armario en la habitación, no se le enseña a dudar de si lo que ve más tarde es todavía un armario o sólo una especie de decorado". Cfr. L. Wittgenstein, *Sobre la certeza, op. cit.*, § 472, p. 62. Igualmente las *Investigaciones filosóficas* trae pasajes como este: "'Es como si pudiéramos captar de golpe el empleo total de la palabra' —Decimos, por cierto, que lo hacemos. Es decir, describimos a veces lo que hacemos con estas palabras. Pero no hay nada asombroso, nada extraño, en lo que sucede. Se vuelve extraño cuando somos llevados a pensar que el desarrollo futuro tiene que estar ya presente de alguna manera en el acto de captar y sin embargo no está presente. —Pues decimos que no hay duda de que entendemos esa palabra y que, por otro lado, su significado reside en su empleo. No hay duda de que ahora quiero jugar al ajedrez; pero el ajedrez es el juego que es en virtud de todas sus reglas (etc.). ¿No sé, pues, a qué quiero jugar hasta que *he* jugado?". Cfr. L. Wittgenstein, *Investigaciones filosóficas, op. cit.*, I, § 197, p. 199. *Werkausgabe,* p. 343.

cornios?" declarándola como un movimiento inoportuno en el universo lingüístico actual. Un movimiento no permitido dentro del juego del lenguaje en el que nos movemos a diario. Ahora bien, desde este contexto de "movimientos permitidos", reparamos que en las proferencias de un individuo podemos hallar marcas que pueden servirnos de prueba fehaciente de su *dominio y habilidad* con el lenguaje ordinario. Por ejemplo, tanto la verdad como la falsedad afirmada de ciertos enunciados pueden en algunos casos demostrar la *pericia* que tenemos a la hora de movernos en cierto universo lingüístico.

Traigamos a colación unos importantísimos parágrafos de *Sobre la certeza* en los que Wittgenstein afirma que la verdad es una marca constatable de que se maneja un tipo de lenguaje, esto es, que, en un determinado tipo de lenguaje, la verdad de mis enunciados puede ser un criterio para demostrar que he comprendido y que tengo la habilidad suficiente para jugar uno u otro juego. Estos parágrafos dicen así:

> Es posible verificar que soy un hombre y no una mujer; pero si dijera que soy una mujer y pretendiera dar una explicación de mi error diciendo que no había comprobado mi enunciado, nadie consideraría válida mi explicación[132].
> Con la *verdad* de mis enunciados se prueba que comprendo esos enunciados[133].
> Es decir: si hago cierta clase de enunciados falsos no está claro que los comprenda[134].
> La *verdad* de algunas proposiciones empíricas pertenece a nuestro sistema de referencia[135].

---

[132] L. Wittgenstein, *Sobre la certeza*, op. cit., § 79, p. 12.
[133] L. Wittgenstein, *Sobre la certeza*, op. cit., § 80, p. 12.
[134] L. Wittgenstein, *Sobre la certeza*, op. cit., § 81, p. 12.
[135] L. Wittgenstein, *Sobre la certeza*, op. cit., § 83, p. 12.

Por ejemplo, si alguien me pregunta mi nombre, respondo: "F. S." inmediatamente. Al decir mi verdadero nombre, y no "L. W.", no solo he dicho la verdad sino que he demostrado que comprendo el enunciado o la pregunta que me hicieron. Ahora bien, notamos que no solo responder con la verdad a una pregunta es garantía segura de que se comprende un enunciado. Ampliemos el parágrafo 80 afirmando que no solo se demuestra que comprendo un enunciado con la verdad sino también con la falsedad. Esto es, que, dentro del juego, comprendo el enunciado, pero decido proferir mentiras en lugar de contestar la verdad a lo que se me pregunta. Pensemos, por ejemplo, que niego que "soy un profesor de Filosofía" cuando en realidad estoy trabajando en la Universidad Pontificia Bolivariana, o que niego que soy colombiano cuando he nacido efectivamente en la ciudad de Bogotá. Entonces se juzgará que mis respuestas son falsas, es decir, que estoy faltando a la verdad, pero de ningún modo alguien puede decir que no *comprendo* las preguntas que se me hicieron, o que no tengo la *habilidad* para responder; todo lo contrario, podrán decir que entiendo muy bien lo que se me pregunta, pero tengo el "infortunio" de ser un mentiroso imparable, es decir, que resuelvo problemas, pero falsamente.

Tenemos entonces que estos enunciados son perfectamente significativos. A pesar de su falsedad, no necesito la verdad estricta para dominar un cierto campo lingüístico. La verdad o falsedad no es un criterio necesario para salvaguardar la significatividad de mis enunciados, todo lo contrario, la respuesta (en este caso falsa) *es credencial* de mi comprensión de ese universo lingüístico.

Otro ejemplo: pensemos en un periodista que manipula datos para su periódico. El hecho de que modifique los datos no significa que este periodista mentiroso no domine este lenguaje, todo lo contrario, demuestra que distingue muy bien entre los criterios de falsedad o verdad en este tipo de universo lingüístico, salvo que los utiliza para unos fines particulares, como vender mejor la noticia. El periodista no necesita que sus enunciados sean verdaderos para que la historia que va escribir tenga significatividad y de hecho surta sus efectos en el lector manipulado, esto es: *tiene presente que su discurso es válido en ciertos universos lingüísticos.*

Decíamos con Wittgenstein que "seguir una regla es análogo a: obedecer una orden. Se nos adiestra para ello y se reacciona a ella de determinada manera"[136]. Entonces, según esto, ¿qué pasa con el que reacciona de un modo distinto?, ¿qué sucede si una persona reacciona de una manera y otra de otra manera?, ¿cómo demuestra que domina un universo lingüístico?

Veamos: hay universos en donde efectivamente la falsedad sería una "marca" clara de falta de *dominio* de cierto universo lingüístico, pero también dar una respuesta verdadera sería razón suficiente para demostrar que no tengo la *habilidad y destreza* para jugar tal juego de lenguaje. Por ejemplo, decir que conozco el "juego de las sumas y restas", cuando en la práctica, al ir de compras, dejo que me engañe la dependienta al recibir el cambio, solo demuestra mi poca habilidad a la hora de jugar el juego de los "números con sus sumas y restas", esto es: "a un individuo que pasa con éxito tales pruebas se le admite en la comunidad como un sumador"[137]. Dirá Kripke en *Wittgenstein: a propósito de reglas y lenguaje privado*:

> A un individuo que pasa con éxito tales pruebas en un número suficiente de casos diversos se le admite como un hablante normal del lenguaje y un miembro de la comunidad. A quienes se desvían

---

[136] L. Wittgenstein, *Investigaciones filosóficas, op. cit.*, I, § 206, p. 205. *Werkausgabe*, p. 346.

[137] S. Kripke, *Wittgenstein: a propósito de reglas y lenguaje privado, op. cit.*, p. 104. Unas líneas atrás Kripke afirma: "De hecho, nuestra comunidad real es (aproximadamente) uniforme en sus prácticas con respecto a la adición. La comunidad juzgará que un individuo que afirma haber adquirido el concepto de adición lo ha adquirido efectivamente si sus respuestas particulares concuerdan con las de la comunidad en casos suficientes". Cfr. S. Kripke, *Wittgenstein: a propósito de reglas y lenguaje privado, op. cit.*, p. 103.

se les corrige y se les dice (usualmente niños) que no han captado el concepto de la adición. Quien se desvía de forma incorregible en suficientes aspectos simplemente no puede participar en la vida de la comunidad ni en la comunicación[138].

Ahora bien, pensemos que si bien la verdad de ciertos enunciados demuestra el *dominio y la habilidad* que se tiene de cierto universo lingüístico, preguntar por la verdad o falsedad de ciertos enunciados *implica* que no se domina ese lenguaje. Por ejemplo, la pregunta "¿existe en verdad Hamlet?" puede tener dos movimientos diferentes: uno, el que demuestra que no domina el juego del lenguaje ordinario, que no comprende que tenemos nombres de todo tipo que utilizamos indistintamente, sin división y problema alguno; y otro que considera la pregunta como vacua y que, efectivamente, demuestra que domina el lenguaje y tiene la habilidad suficiente para comprender que en el universo actual, en el lenguaje ordinario, participan los discursos literarios y el mundo del arte. Responder a la pregunta "¿existe en verdad Hamlet?" no puede ser definido como un movimiento "correcto", sino, todo lo contrario, es un movimiento errado que demostraría cierta *falta de dominio* a la hora de manejarse en el actual universo lingüístico, en el que la literatura también participa.

Conclusión: tanto los criterios de verdad como los de falsedad son aplicables a ciertos juegos lingüísticos donde la verdad demuestra dominio de tal o cual juego, pero, en este caso, el preguntar no solo es un movimiento incorrecto sino que el responder demuestra un desajuste en el conocimiento de cierto juego lingüístico. La sabiduría en este caso no es sondear el universo entero, sino, por el contrario, conocer los distintos *contextos y usos*, contextos que permiten hacer ciertas preguntas y, por lo mismo, responder ciertas respuestas. Saber no es saberlo todo, sino contextualizarlo todo.

---

[138] S. Kripke, *Wittgenstein: a propósito de reglas y lenguaje privado, op. cit.*, p. 104.

Digámoslo de otro modo: si nos encontramos con un individuo que utiliza las palabras *en su modo cotidiano* y le preguntamos "¿existen los entes de ficción?", nos responderá sin lugar a dudas con un "¿de qué me hablas?", "¿qué es lo que quieres decir con una pregunta tan *extraña*?".

4. EL JUEGO DE LA FICCIÓN: RUTAS, REGLAS, TEJIDOS Y MUNDOS

INTRODUCCIÓN

En 1941 Borges escribió un cuento, una pseudo-reseña, llamado "Pierre Menard, autor del Quijote". Este cuento, como decimos, está escrito como una reseña, pero tiene poco de ella, pues hace referencia a la obra de un personaje *no existente* llamado Pierre Menard, simbolista de Nîmes, escritor francés del siglo XX, que dejó —según el cuento— una vasta obra *visible*: crítica de textos, monografías, traducciones, prefacios, réplicas, artículos, sonetos e investigaciones filosóficas. Y, además de esta obra variada y dispersa, otra *invisible*: *una obra subterránea*, oculta, interminablemente heroica e inconclusa, que era la de escribir el *Quijote de la Mancha*. Cito la reseña: "Esa obra, tal vez la más significativa de nuestro tiempo, consta de los capítulos noveno y trigésimo octavo de la primera parte de *Don Quijote* y de un fragmento del capítulo veintidós. Yo sé que está afirmación parece un dislate"[1].

---

[1] J. L. Borges, "Pierre Menard, autor del Quijote", en: J. L. Borges, *Obras completas* I, *op. cit.*, p. 446.

La gran "obra" *invisible y subterránea* de Pierre Menard no era otra que escribir el *Quijote*; no rehacer el *Quijote* ni mucho menos copiarlo o escribir un *Quijote* contemporáneo. Pierre Menard, continúa la "reseña" borgiana, tenía la admirable ambición de producir unas páginas que coincidieran, palabra por palabra, línea por línea, con las de Cervantes. Pierre Menard quiere escribir un texto clásico — y signo del español— volviéndolo a crear tal como fue concebido por su autor, de ahí que no quisiera "componer otro *Quijote* —lo cual es fácil— sino el *Quijote* mismo"[2]. Dice Borges que el método que adoptó Pierre Menard para tal empresa fue relativamente "sencillo": "conocer bien el español, recuperar la fe católica, guerrear contra los moros o contra el turco, olvidar la historia de Europa entre los años 1602 y 1918, y —finalmente— ser Miguel de Cervantes"[3].

De forma increíble, Pierre Menard lo logra y como prueba de ello la reseña de Borges aporta dos textos: uno de Cervantes y otro del mismo Pierre Menard, los dos *literalmente idénticos*, iguales a la vista, sin ninguna diferencia aparente, pero, "extrañamente", el de Menard, continúa el texto borgiano, es infinitamente más rico (más ambiguo, dirán sus detractores; pero, como afirma Borges, *la ambigüedad es también una riqueza*).

Dice así la reseña:

> Es una revelación cotejar el *Don Quijote* de Menard con el de Cervantes. Éste, por ejemplo, escribió (*Don Quijote*, primera parte, noveno capítulo):
> *...la verdad, cuya madre es la historia, émula del tiempo, depósito de las acciones, testigo de lo pasado, ejemplo y aviso de lo presente, advertencia de lo por venir.*
> Redactada en el siglo XVII, redactada por el "ingenio lego" Cervantes, esa enumeración es un mero elogio retórico de la historia. Menard, en cambio, escribe:

---

[2] J. L. Borges, "Pierre Menard, autor del Quijote", *op. cit.*, p. 446.
[3] J. L. Borges, "Pierre Menard, autor del Quijote", *op. cit.*, p. 446.

...la verdad, cuya madre es la historia, émula del tiempo, depósito de las acciones, testigo de lo pasado, ejemplo y aviso de lo presente, advertencia de lo por venir.

La Historia, *madre* de la verdad; la idea es asombrosa. Menard, contemporáneo de William James, no define la historia como una indagación de la realidad sino como su origen. La verdad histórica, para él, no es lo que sucedió; es lo que juzgamos que sucedió. Las cláusulas finales —*ejemplo y aviso de lo presente, advertencia de lo por venir*— son descaradamente pragmáticas[4].

Al leer los dos textos "idénticos" y el corolario, nos damos cuenta, no sin sorpresa, que Pierre Menard *efectivamente escribe* el Quijote, ya que el segundo texto no es una copia, no es un plagio, es simple y llanamente el "*Quijote* de Pierre Menard". Menard es por lo tanto el autor, el creador "original" del *Quijote de La Mancha*. Menard ha *creado* —ha escrito— el *Quijote*[5].

---

[4] J. L. Borges, "Pierre Menard, autor del Quijote", *op. cit.*, p. 449.

[5] El profesor de Harvard, Nelson Goodman, en su libro *De la mente y otras materias* afirma que es necesario especificar qué es lo que constituye una grafía correcta, por ejemplo en el caso de la obra de Menard, pues, "una marca física es una letra sólo en relación con un lenguaje, y las mismas marcas pueden servir para escribir correctamente palabras diferentes en diferentes lenguajes. Y Borges se pregunta si incluso la identidad de grafía en el mismo lenguaje es suficiente para identificar una obra: ¿Escribieron Cervantes y Menard la misma obra o incluso el mismo texto, al escribir las mismas palabras en castellano?". Cfr. N. Goodman, *De la mente y otras materias*. Trad. R. Guardiola (Madrid, Visor 1995), p. 215. Por su parte Danto escribe: "Es decir, las obras están en parte constituidas por su ubicación en la historia de la literatura, así como por su relación con sus autores, pero esta evidencia es a menudo relativizada por los críticos, que nos instan a prestar atención a la obra en sí, por lo que la contribución de Borges a la ontología del arte es enorme: no se puede aislar dichos factores de la obra, ya que penetran, por así decirlo, en la esencia de la misma. Y por lo tanto, a pesar de las congruencias gráficas, se trata de obras profundamente diferentes. Cómo las críticas de la llamada 'falacia intencional' sobreviven al logro literario de Menard es una cuestión sobre la que vale la pena especular". Cfr. A. C. Danto. *La transfiguración del lugar común, op. cit.*, p. 69. También H. Putnam, "Is There a Fact of the Matter about Fiction", en: H. Putnam, *Realism with a Human Face* (Cambridge, Harvard University Press 1990), pp. 212-213.

¿Es esto cierto? ¿Es posible que Pierre Menard haya escrito el *Quijote*? ¿Puede un personaje de ficción como Pierre Menard ponerse a escribir tal y como lo hizo Cervantes? ¿Cómo es posible que, desde un discurso puramente ficticio, el escritor construya personajes de la nada, del aire, y que además podamos predicar de ellos tal o cual cosa? ¿Tienen la ficción, y los personajes creados dentro de ella, la libertad de hacer cuanto quieran, esto es, hay un mundo de ficción donde pueden ocurrir tales sucesos que en la *realidad* no se darían?

Estas preguntas se resumen en dos grandes cuestiones: ¿cuál es el juego de la ficción? Y a su vez: ¿finalmente qué nos permite distinguir que un discurso es "real" y el otro creación, como el realizado por Menard? Es decir, ¿se puede hablar de un *Quijote* original?, ¿cómo sabemos, si lo hay, cuál es el *Quijote* original?

En las siguientes páginas trataremos de responder estas preguntas. Unas se sostendrán en otras. Algunas quedarán atrás para dar paso a nuevas preguntas, y otras, por su lado, afirmaran nuestra tesis, a saber: que la ficción es, siguiendo la terminología wittgensteiniana, "otro juego cualquiera", es decir, *un juego más dentro de lo que podemos llamar las "prácticas humanas"*. Ahora bien, debemos tener en cuenta que este *juego* no necesita una teoría especial para ser comprendido y jugado, sino que necesita simple y llanamente, en palabras de Searle, y como todo discurso, *una serie de reglas*, ya que "hablar un lenguaje es tomar parte en una forma de conducta gobernada por reglas"[6].

4.1. La ruta de la ficción: el discurso literal y el discurso de ficción

Como hemos advertido en los capítulos anteriores, Frege y Russell fueron los autores determinantes en el inicio de la discusión sobre la significatividad de los nombres de ficción. Tanto las

---

[6] J. Searle, *Actos de habla*, op. cit., p. 25.

teorías de la *referencia directa* como las teorías *descripcionistas* se han valido de los trabajos de estos dos autores, bien sea para apoyar, complementar o negar, de plano, sus avances. Las dos teorías son una muestra del tremendo aporte de estos dos grandes filósofos para el desarrollo de la investigación sobre la significatividad de los nombres sin extensión.

Preguntémonos: ¿qué hace que un nombre como "Ulises" o "Zorba" tenga significado? Recordemos que Frege distinguió entre el sentido (*Sinn*) y la referencia *(Bedeutung)* de un nombre y afirmó que este tipo de nombres no señalan a ningún individuo, no cuentan con una extensión, pero sí con una intensión (descripciones). Para Frege tienen claramente un sentido, puesto que tienen una intensión y ella es suficiente para salvaguardar la significatividad de dichos nombres. Para Russell todos los enunciados que contienen "nombres" de ficción *no son verdaderos nombres propios sino meras descripciones definidas abreviadas*, ya que *no designan nada en absoluto*. Los nombres, para Russell, "verdaderos nombres propios" o aparentes "nombres" de ficción, tienen que poder *mostrar* (enseñar) el individuo portador del nombre, el ejemplar. Si no hay referente (extensión, ejemplares), como es el caso de los aparentes "nombres" de ficción, tendremos que decir —según Russell— que no son de ningún modo verdaderos nombres. Los llamamos nombres porque, según el autor inglés, no hacemos un análisis correcto de nuestros enunciados. Ahora bien, lo que en última instancia le preocupa a Russell es que el lenguaje, si pretende ser riguroso (científico), debe hablar solo de aquello de lo que pueda dar cuenta, esto es, se debe contar con los ejemplares nombrados. Un lenguaje lógicamente perfecto es aquel en el que cada nombre cuenta con su referente, en pocas palabras: en donde todo lo nombrado existe.

A este punto queríamos llegar, a saber: al *problema de la referencia*. El filósofo Nelson Goodman en su libro *De la mente y otras materias* nos advierte que la referencia más que ser definida, debe ser explicada, *distinguiendo y comparando las múltiples formas en que puede aparecer*[7]. Esto quiere decir que debemos primero intentar explicar, describir y comparar *las diferentes rutas* que tiene la referencia para presentarse en los diferentes contextos y discursos, como son los discursos literales o los discursos no-literales o de ficción. Dice el autor norteamericano:

> Los mundos de ficción[*], de la poesía, de la pintura, de la música o de la danza y los de las otras artes están hechos en gran medida de mecanismos no literales, tales como la metáfora, o por medios no denotativos, tales como la ejemplificación y la expresión. Y en esos mundos se acude también, con frecuencia, a imágenes, sonidos, gestos o a otros símbolos pertenecientes a sistemas no lingüísticos[8].

Tenemos entonces que nombres como "Quijote", "unicornio", "Remedios la Bella", "don Juan" o "Sherlock Holmes" no se aplican efectivamente a nadie si son tomados literalmente. Estos nombres carecen de referente, pero, como hemos venido exponiendo, su significatividad no depende de que puedan dar cuenta o no de ejemplares. Su significatividad en términos wittgensteinianos se "mide" por el uso de ellos en tal o cual discurso, esto es, *en la aceptabilidad o no de tales nombres dentro de un juego de lenguaje*, pues, todos los términos (palabras, nombres) los usamos de acuerdo al contexto donde son proferidos.

Tenemos también que este tipo de nombres de personajes de ficción *pueden referirse figuradamente* a muchos individuos, como ocurre cuando llamamos a alguien "un Quijote", un "don Juan" o un "Sherlock Holmes". Algunos nombres (palabras)

---

[7] N. Goodman, *De la mente y otras materias, op. cit.*, p. 94.

[*] A la tesis de los "mundos de ficción", es decir, a la posibilidad de que este tipo de mundo "exista" de algún modo, nos dedicaremos unas líneas más adelante.

[8] N. Goodman, *Maneras de hacer mundos, op. cit.*, pp. 140-141.

pueden denotar aquello a que se refieren, pero es evidente que algunos nombres (palabras) no se refieren a nada. Tales términos, que no cuentan con ejemplares, pueden *referirse*, en palabras de Goodman, de un modo metafórico. Por ejemplo, proferir enunciados metafóricos o figurativos no es solo un recurso retórico, sino un mecanismo creativo y válido de comunicarnos, de ahí que

> la aplicación del término de ficción "Don Quijote" a personas reales, al igual que acontece con la aplicación metafórica del término no ficcional "Napoleón" a otros generales, o también al igual que sucede con la aplicación literal de un término recientemente inventado, como el de "vitamina" (...), a diferentes materiales, produce una reorganización de nuestro mundo cotidiano[9].

De este modo, en los discursos de ficción, podemos contar con lenguajes no literales, que lejos de ser un artificio son por el contrario una herramienta que permite hacer que nuestros términos tengan "pluriempleo", es decir, que contemos con más herramientas, como veremos más adelante, para *la re-creación e invención* de "mundos" de ficción que permiten de algún modo *la reorganización de nuestro mundo familiar*.

Como advertimos en el tercer capítulo, la significatividad de un nombre no depende de su correspondencia con el objeto nombrado; los nombres *no funcionan como etiquetas*

---

[9] N. Goodman, *Maneras de hacer mundos*, op. cit., p. 143. Umberto Eco escribe en su libro *Semiótica y filosofía del lenguaje* que la metáfora, por ejemplo, de ningún modo debe ser tomada literalmente, ya que ella no tiene como fin decir la verdad, pues ella: "Desde el punto de vista extensional (...) nunca dice la verdad, o sea, nunca dice algo que el destinatario pueda aceptar sin más como literalmente verdadero. La mentira de la metáfora es tan evidente (una mujer no es un cisne, un guerrero no es un león) que, si se la tomase literalmente, el discurso 'se agarrotaría', porque estaríamos ante un inexplicable 'salto de *topic*'. La metáfora hay que interpretarla como figura". Cfr. U. Eco, *Semiótica y filosofía del lenguaje*. Trad. R. Pochtar (Barcelona, Lumen 1990), p. 283.

que se adhieren a los objetos[10]. Pensar el lenguaje en términos cartográficos, es decir, concebir el *lenguaje-como-imagen* del mundo "no sirve para explicar cómo se aprende o se entiende el lenguaje"[11]. Ahora bien, si entendemos que la significatividad de un nombre depende del *uso*, es decir, de la "aceptabilidad" de los aspectos, los rasgos y las descripciones que de algún modo se consideran más importantes, la significatividad, en este caso, de los nombres de ficción daría un giro hacia la idea de que tales nombres son perfectamente significativos, pues no son una imagen o *un espejo de la naturaleza* sino que son "movimientos" aceptados dentro de un *juego* del lenguaje.

Para Rorty la significatividad de estos nombres depende de cómo se concibe la verdad, esto es, si se entiende como *afirmabilidad avalada* o como *espejo de la naturaleza*. Por ejemplo, dice este autor, si aceptamos la verdad simplemente como *afirmabilidad avalada* en donde el papel del contexto y las prácticas comunitarias avalan el discurso donde participan nombres de ficción, nos hallamos ante lo que parece un *problema más sencillo y llevadero*, pues, "sólo tenemos que poner de relieve la situación, o las convenciones, o las presuposiciones que hacen al caso a la hora de afirmar cada oración"[12]. Por esto mismo, el problema de concebir la verdad como "correspondencia con la realidad" y no como "afirmabilidad avalada" equivale a ver el lenguaje *como una imagen y no como un juego regido por reglas*[13].

---

[10] Dirá Goodman que los nombres "no son etiquetas que se ponen en tarros vacíos ni tampoco son etiquetas muy adornadas adheridas sobre tarros llenos, pues, sencillamente, no son etiquetas en absoluto". Cfr. N. Goodman, *Maneras de hacer mundos, op. cit.*, p. 144.

[11] R. Rorty, *La filosofía y el espejo de la naturaleza, op. cit.*, p. 270.

[12] R. Rorty, "¿Hay algún problema con el discurso de ficción?", en: R. Rorty, *Consecuencias del pragmatismo, op. cit.*, p. 182.

[13] Cfr. R. Rorty, *La filosofía y el espejo de la naturaleza, op. cit.*, pp. 267-268. Unas líneas atrás afirma Rorty: "La idea es que si el mundo extiende la mano y se traba con el lenguaje en relaciones factuales (por ejemplo, causales), siempre estaremos 'en contacto con el mundo', mientras que en la concepción fregeana estamos en peligro de perder el mundo, o quizá no hayamos estado nunca

Escribe Rorty en su artículo "¿Hay algún problema con el discurso de ficción?":

> Este último problema —en términos generales, es el habido entre el primer y segundo Wittgenstein— nos viene a la cabeza cuando de la "verdad de la ficción" se trata, debido a que toda la problemática realismo versus idealismo, o "representacionalismo" versus "pragmatismo", puede cristalizar en la siguiente pregunta: ¿en qué se queda, si es que se queda en algo, la diferencia entre "existir realmente" y "ser un constructo"?[14]

Y, unas líneas más adelante, afirma:

> Pero si abrazamos una concepción del lenguaje como *puro* "juego" en la que no se suscitan problemas acerca de "los nexos con el mundo", el conocimiento de los métodos de verificación es *todo* cuanto hay que conocer de los rasgos semánticos de un enunciado. Dicho conocimiento no sería cosa de una *teoría* semántica, sino simplemente de un "saber-cómo"[15].

Searle en su libro *Actos de habla* se preguntaba cómo es posible que cuando un hablante está ante un oyente y emite una secuencia acústica sucedan cosas tan importantes como: a) que el hablante quiera decir algo; b) que el oyente comprenda lo que se le quiere decir; c) que el hablante haga un enunciado, plantee un enunciado y emita una orden. Nosotros, a partir de estas mismas cuestiones, nos preguntamos: ¿cómo puede un hablante proferir un discurso, bien sea literal o fícticio, que sea comprendido por su oyente?, ¿cómo puede un hablante comunicar (significar) algo diferente de lo que propiamente ha

---

trabados con él". Cfr. R. Rorty, *La filosofía y el espejo de la naturaleza*, *op. cit.*, p. 265.

[14] R. Rorty, "¿Hay algún problema con el discurso de ficción?", *op. cit.*, p. 182.
[15] R. Rorty, "¿Hay algún problema con el discurso de ficción?", *op. cit.*, pp. 186-187.

dicho literalmente? Esto es: ¿cómo dejamos a un lado la idea de correspondencia, la idea del *mundo-como-imagen*, para pasar del significado literal al significado ficcional de lo hablado?

Todas estas preguntas, como advertimos líneas atrás, surgen de nuestra idea wittgensteiniana de que hablar un lenguaje es participar de un universo lingüístico, es decir, *es tomar parte de una práctica humana gobernada por reglas*[16]. Por esto mismo, tenemos que los enunciados que contienen nombres de ficción, como pueden ser los ejemplos que nos brinda la literatura universal, al hacer parte de una práctica humana también están gobernados por una serie de reglas. Hablar un lenguaje, desde la sistematización hecha por Searle, consiste en "realizar actos de habla", actos tales como hacer enunciados, dar órdenes, hacer preguntas, hacer promesas, dar las gracias, etc., regidos todos ellos bajo *ciertas reglas para el uso* de los elementos lingüísticos. Las palabras son también *actos*.

---

[16] Esta idea, como es bien sabido, fue desarrollada con mucho detalle por el norteamericano J. Searle. Ahora bien, Searle amplía propiamente los trabajos de su maestro J. Austin. De este modo si "hablar una lengua" es involucrarse en todo un sistema de prácticas y actividades, "hablar una lengua" es, por consiguiente, *hacer cosas con palabras*. Los profesores J. J. Acero, E. Bustos y D. Quesada afirman que a Wittgenstein es a quien le debemos *el habernos refrescado estas cosas*, pero es a Austin a quien le debemos "los primeros pasos sistemáticos en la investigación del género de cosas que llevamos a cabo por el mero hecho de usar nuestras palabras". ¿Qué cosas son estas? La respuesta la hallamos en su importantísima obra póstuma: *How to Do Things with Words*. "Cuando uno se vale de la propia lengua —sostuvo Austin—, uno lleva regularmente a cabo actos de los tres siguientes tipos: *locutionary acts*, *illocutionary acts*, y *perlocutionary acts*". Cfr. J. J. Acero, E. Bustos y D. Quesada, *Introducción a la filosofía del lenguaje, op. cit.*, p. 204.

Ahora bien, no queremos entrar en el debate de si las obras de Wittgenstein influyeron o no en el oxoniense, lo que queremos dejar claro (como lo vimos en el segundo capítulo) es que Searle, bajo un *espíritu pragmático* e influido por su maestro Austin, sistematizó propiamente lo que hoy conocemos como "la teoría de los actos de habla". Para seguir este debate de las posibles influencias entre Wittgenstein y Austin recomendamos leer el texto introductorio a la edición en español del libro de Austin *Cómo hacer cosas con palabras*. Cfr. G. R. Carrió y E. A. Rabossi, "La filosofía de John L. Austin", en: J. L. Austin, *Cómo hacer cosas con palabras. Palabras y acciones*. Trad. G. R. Carrió y E. A. Rabossi (Barcelona, Paidós 1982).

Para Searle la razón fundamental para dedicarse al estudio de los actos de habla es, simple y llanamente, la siguiente: *toda comunicación lingüística incluye actos lingüísticos*, ya que, según escribe el autor:

> La unidad de la comunicación lingüística no es, como se ha supuesto generalmente, el símbolo, la palabra, oración, ni tan siquiera la instancia del símbolo, palabra u oración, sino más bien la producción o emisión del símbolo, palabra u oración al realizar el acto de habla. Considerar una instancia como un mensaje es considerarla como una instancia producida o emitida. Más precisamente, la producción o emisión de una oración-instancia bajo ciertas condiciones constituye un acto de habla, y los actos de habla son las unidades básicas o mínimas de la comunicación lingüística[17].

Ahora bien, al hablar o al escribir enunciados en un lenguaje, lo que se realiza es un acto de habla. Por ello, enunciar, preguntar, mandar, prometer, dar las gracias y otras realizaciones son un tipo de acto llamado por Searle "actos ilocucionarios", es decir, aquellos que incluyen realizar algo[18]. Al igual que todo tipo de discurso tiene sus reglas, también el discurso de ficción tiene sus propias reglas. Por ejemplo, según Searle, en un discurso de ficción las reglas semánticas son alteradas o en su defecto *suspendidas*[19].

---

[17] J. Searle, *Actos de habla, op. cit.*, p. 26.

[18] Dice Searle:
"Asignemos ahora nombres a estos actos bajo la rúbrica general de actos de habla:
a) Emitir palabras (morfemas, oraciones)=realizar *actos de emisión*.
b) Referir y predicar=realizar *actos proposicionales*.
c) Enunciar, preguntar, mandar, prometer, etcétera=*realizar actos ilocucionarios*". Cfr. J. Searle, *Actos de habla, op. cit.*, pp. 32-33.

[19] Cfr. J. Searle, "The Logical Status of Fictional Discourse", en: J. Searle, *Expression and Meaning. Studies in the Theory of Speech Acts* (Cambridge, Cambridge University Press 1979), p. 60.

Para ver esto mejor, Searle propone distinguir entre los *discursos literales* y los *discursos ficcionales*. Los primeros son para él expresiones del tipo "serio" y los segundos del tipo "no-serio". Ahora bien, se debe resaltar que, al decir que los discursos de ficción son "discursos no serios", de ningún modo se pretende deslegitimar o tomar este tipo de discursos como falsos o "engañosos", sino lo que se pretende resaltar, según Searle, es que cuando un autor de ficción realiza un acto ilocucionario del tipo "en la Plaza Mayor de Salamanca tenemos un sol radiante" *no se compromete* a que efectivamente esté haciendo buen tiempo en la Plaza Mayor de Salamanca, y, de hecho, puede estar cayendo en el momento de la proferencia una tremenda tempestad. El que el discurso sea "no-serio" nada tiene que ver con que se quiera mentir al proferir un enunciado de ficción.

Unos ejemplos nos pueden ayudar a ver esto mejor. Si digo:

1. "Estoy escribiendo el cuarto capítulo de mi libro".
2. "El marxismo hoy nadie lo acepta ni regalado".
3. "Había una vez una linda princesa que vivía en un castillo lleno de pétalos de flores".

Tenemos entonces que la afirmación 1) es seria y a la vez literal, 2) es seria pero no literal, y 3) es una afirmación literal pero no seria.

Ahora bien, teniendo clara esta distinción entre un discurso literal y un discurso de ficción, tomemos dos ejemplos, muy diferentes, de un mismo autor. Los dos textos son de Gabriel García Márquez. El primero es un texto leído en la Universidad de Antioquia (Medellín, Colombia) el 18 de mayo de 2003 y el otro es el inicio de su conocida novela *Cien años de soledad*.

El primero dice así:

> Sin la muerte, Colombia no daría señales de vida. Nacemos sospechosos y morimos culpables. (...) Para cualquier asunto internacional, desde un inocente viaje de turismo hasta el ac-

to simple de comprar o vender, los colombianos tenemos que empezar por demostrar nuestra inocencia. De todos modos, el ambiente político y social no fue nunca el mejor para la patria de paz con que soñaron nuestros abuelos. Sucumbió temprano en un régimen de desigualdades, en una educación confesional, un feudalismo rupestre y un centralismo arraigado en una capital entre nubes, remota y ensimismada, con dos partidos eternos, a la vez enemigos y cómplices, y elecciones sangrientas y manipuladas, y toda una zaga de gobiernos sin pueblo. Tanta ambición sólo podía sustentarse con veintinueve guerras civiles y tres golpes de cuartel entre los dos partidos, en un caldo social que parecía previsto por el diablo para las desgracias de hoy, en una patria oprimida que en medio de tantos infortunios ha aprendido a ser feliz sin la felicidad y aún en contra de ella[20].

El segundo fragmento dice así:

Muchos años después, frente al pelotón de fusilamiento, el coronel Aureliano Buendía había de recordar aquella tarde remota en que su padre lo llevó a conocer el hielo. Macondo era entonces una aldea de veinte casas de barro y cañabrava construidas a la orilla de un río de aguas diáfanas que se precipitaban por un lecho de piedras pulidas, blancas y enormes como huevos prehistóricos. El mundo era tan reciente, que muchas cosas carecían de nombre, y para mencionarlas había que señalarlas con el dedo. Todos los años, por el mes de marzo, una familia de gitanos desarrapados plantaba su carpa cerca de la aldea, y con un grande alboroto de pitos y timbales daban a conocer los nuevos inventos. Primero llevaron el imán. Un gitano corpulento, de barba montaraz y manos de gorrión, que se presentó con el nombre de Melquíades, hizo

---

[20] Este texto fue difundido el domingo 18 de mayo de 2003, a las 6:00 de la tarde, en el teatro Camilo Torres durante la inauguración del Simposio Internacional *Hacia un nuevo contrato social en ciencia y tecnología para un desarrollo equitativo* organizado por la Universidad de Antioquia con motivo de sus 200 años.

una truculenta demostración pública de lo que él mismo llamaba la octava maravilla de los sabios alquimistas de Macedonia[21].

Entonces, ¿qué diferencias se encuentran propiamente entre estos dos textos?, ¿qué elementos nos permiten identificarlos y distinguirlos? Empecemos diciendo, según las reglas propuestas por Searle en su libro *Actos de habla*[22], que en el primer texto Gabriel García Márquez hace aserciones, esto es, *actos ilucucionarios* siguiendo ciertas reglas (condiciones) generales de la pragmática. Estas reglas pueden llamarse reglas verticales. Ellas nos permiten establecer una serie de *relaciones*, como advertimos líneas atrás, una "afirmabilidad avalada" dentro de un contexto determinado.

Veámoslas con detalle aplicándolas al primer texto de Gabriel García Márquez:

1. *La regla esencial*: evidentemente las aserciones proferidas tienen un compromiso "serio" con lo expresado, pues, dejando de lado la calidad o los defectos de la escritura, el autor deja ver su compromiso por realizar un acto sincero, esto es: mostrar su visión de Colombia.

---

[21] G. García Márquez, *Cien años de soledad* (Madrid, Cátedra: Letras Hispánicas 2000), p. 81.

[22] Véase el capítulo tercero de la obra *Actos de habla* titulado "La estructura de los actos ilocucionarios". En este capítulo Searle intenta proponer una serie de condiciones "necesarias y suficientes" para que un *acto ilocucionario* se realice con éxito. Cfr. J. Searle, *Actos de habla*, *op. cit.*, pp. 62-79, también en J. Searle, "The Logical Status of Fictional Discourse", *op. cit.*, p. 62. Al respecto advierte Searle: "Cada condición será entonces una condición necesaria para la realización con éxito, y no defectivamente, del acto de prometer, y tomado colectivamente, el conjunto de condiciones será una condición suficiente para tal realización. Existen varias clases de posibles defectos en los actos ilucucionarios, pero no todos esos defectos son suficientes para viciar el acto en su totalidad. En algunos casos, una condición puede ser verdaderamente intrínseca al acto en cuestión, no ser satisfecha en un caso dado y, sin embargo, el acto se habrá realizado. En tales casos digo que el acto era 'defectivo'. Mi noción de defecto de un acto ilocucionario está estrechamente relacionada con la noción austiniana de 'infelicidad'". Cfr. J. Searle, *Actos de habla*, *op. cit.*, p. 62.

2. *Las reglas preparatorias*: el que profiere los enunciados, en este caso el escritor, debe poder suministrar evidencias o razones en favor de lo que dice, es decir, de las aserciones expresadas. Tenemos entonces que Gabriel García Márquez nos provee de suficientes datos, registros, momentos y circunstancias con los cuales avala lo que dice. No solo es una visión personal, sino que también cuenta con la objetividad necesaria para ser comprendida por el oyente.

3. *La regla de aumento o aporte al conocimiento*: las aserciones expresadas no deben ser una verdad obvia ni para el hablante ni para el oyente. Ellas deben aportar nuevos datos desconocidos hasta ahora. Por lo mismo, el texto no se limita a suministrar registros o situaciones, sino que, en un contexto diferente, por ejemplo fuera del país donde se emite tal discurso, los datos son enriquecedores y novedosos para comprender una situación particular.

4. *La regla de sinceridad*: igual que en la regla esencial el hablante se compromete a creer en la verdad de lo que dice. Él mismo es el primero en creer en lo que intenta realizar, esto es: escribir sobre la situación de un país llamado Colombia.

Tenemos entonces que estas cuatro reglas se cumplen satisfactoriamente para el primer texto de Gabriel García Márquez. Sus asertos, como advierte Searle, son "exitosos", no hay defecto en ellos, pues no solo cumplen con las reglas de sinceridad, sino que también aportan elementos para comprobar y rastrear la veracidad de lo que se expresa[23].

Searle, en su artículo de 1975 "The Logical Status of Fictional Discourse", advierte que si un texto

> no cumple las condiciones especificadas por las reglas diremos que lo que dijo es falso o equivocado o erróneo, o que no poseía evidencias suficientes para decir lo que dijo, o que no venía a cuen-

---

[23] J. Searle, *Actos de habla*, op. cit., p. 62.

to porque todos lo sabíamos ya, o que mentía porque [el autor] no lo creía realmente. Éstas son las formas por las que fallan los asertos cuando el hablante no está a la altura de los estándares que marcan las reglas. Las reglas establecen los cánones internos para la crítica del habla[24].

Ahora bien, es evidente que estas condiciones no se pueden aplicar al segundo texto. El escritor Gabriel García Márquez no se compromete con ninguna de las cuatro reglas anteriores. Las reglas *esencial, preparatoria, de aporte* y *de sinceridad* no se pueden aplicar a dicho texto. Searle cree que el autor de novelas, al *no comprometerse* con dichas condiciones, no pone en entredicho si su enunciado no es verdadero. Su discurso no debe ser tomado como falto de sinceridad.

Pero nos asalta de nuevo la pregunta: ¿cómo pueden ser significativos los enunciados del segundo texto? Y entonces, ¿qué tipo particular de enunciados está haciendo el escritor Gabriel García Márquez? Para responder estas preguntas debemos introducirnos en el análisis del concepto de *pretensión* propuesto por Searle.

Tenemos que la tesis central propuesta por Searle sobre el discurso de ficción descansa bajo el concepto de *pretender*. Un escritor no está llevando propiamente un acto ilocucionario sino que está *pretendiendo-fingiendo* (*pretending-pretend*) hacerlo[25]. El escritor de ficción, para el autor de *Actos de habla*, está

---

[24] J. Searle, "The Logical Status of Fictional Discourse", *op. cit.*, p. 62.
[25] Searle resalta que, al decir que un escritor de ficción *pretende-finge hacer un aserto*, es necesario distinguir entre dos sentidos muy diferentes de pretender. Veamos la diferencia con sus propias palabras: "En un sentido de 'pretender', pretender ser o hacer algo que alguien no está haciendo es involucrarse en una forma de engaño, pero según el segundo sentido de 'pretender', pretender ser o hacer algo es involucrarse en una representación que es 'como si' uno estuviera haciendo o siendo la cosa y esto sin ninguna intención de engañar. Si yo pretendiera ser Nixon para engañar al servicio secreto y que me dejara entrar en la Casa Blanca, yo estoy 'pretendiendo' en el primer sentido de la palabra; si yo pretendiera ser Nixon como parte de un juego de roles, se trataría de

participando en una no engañosa *pseudo-representación* que constituye la pretensión de volvernos a contar una serie de eventos. (...) El autor de una obra de ficción *pretende* representar una serie de actos ilocucionarios, normalmente del tipo asertivo[26].

De este modo, Gabriel García Márquez, en su segundo texto, no emite auténticos actos de habla, sino que *pretende* hacerlos, es decir, *hace como* si realizará auténticos actos ilucucionarios. Por lo mismo, el acto de *pretender* emitir verdaderos *actos ilocucionarios*, pero no realizarlos en realidad (en serio), produce como consecuencia la ficción.

A propósito escribe el profesor J. O. Cofré, en su artículo "La paradoja de la narración: de los actos de habla a los actos de la conciencia"[27], que

> el concepto de "pretensión" que maneja Searle no implica connotaciones de fraude; el escritor no aspira a engañar a nadie, ni nadie se siente engañado por él. Este concepto tiene más bien connotaciones lúdicas. El escritor *hace como* si sus actos ilucucionarios refirieran y predicaran de verdad, aunque no lo hagan

---

'pretender' en el segundo sentido. Ahora bien, en el uso ficcional de las palabras, se trata de 'pretender' en el segundo sentido lo que está en cuestión". Cfr. J. Searle, "The Logical Status of Fictional Discourse", *op. cit.*, pp. 64-65. Reconocidos autores en lengua española han hecho la traducción de *pretending* como *fingir*, creemos que, en algunos casos puntuales, para acomodarlo a sus propios intereses, esto es, combatir las tesis pragmatistas de Searle. Puede verse este intento especialmente en el artículo del reconocido profesor chileno Félix Martínez Bonati: "The Act of Writing Fiction", en: *New Literary History* (Virginia, University of Virginia 1978).

[26] J. Searle, "The Logical Status of Fictional Discourse", *op. cit.*, p. 65.

[27] Para seguir el concepto de *pretensión* en Searle recomendamos leer los trabajos del profesor chileno Juan Omar Cofré. Cfr. J. O. Cofré, "La paradoja de la narración: de los actos de habla a los actos de conciencia", en: *Revista de Filosofía*, N. 6 (Madrid, Universidad Complutense 1991), p. 313. También, J. O. Cofré, *Filosofía del arte y la literatura* (Valdivia, Fondecyt/Universidad Austral de Chile 1991), p.167.

efectivamente, y el lector *hace como* si creyera lo que le dice la lectura, pero no lo cree en realidad[28].

Recordemos que las cuatro reglas verticales se cumplen sin problema en el primer texto de Gabriel García Márquez, pero, en el segundo, esas mismas reglas no se cumplen de ninguna forma. Para Searle, el *incumplimiento* de las reglas verticales hace posible la ficción, pues la ficción, a través de una serie de convenciones extra-lingüísticas y no semánticas, *quebranta* la relación que sí debe cumplir el texto periodístico de Gabriel García Márquez, esto es, la relación entre el texto y la realidad. A estas reglas "quebrantadoras" Searle las llama horizontales. Ellas hacen posible el discurso de ficción, pues suspenden los "requerimientos" aceptados en el discurso serio, dando paso a un discurso parasitario (*parasitic*)[29], pues se sostiene finalmente gracias a un discurso serio.

Searle escribe, a propósito de las convenciones horizontales, que estas

> suspenden los requerimientos normales establecidos por esas reglas. Estas convenciones horizontales no son reglas de significado; no pertenecen a la competencia semántica del hablante. De acuerdo con esto, no alteran o cambian los significados de ninguna de las palabras o de otros elementos del lenguaje. Lo que hacen, más bien, es capacitar al hablante para usar las palabras con sus significados literales sin asumir los compromisos que requieren normalmente esos significados[30].

---

[28] J. O. Cofré, "La paradoja de la narración: de los actos de habla a los actos de conciencia", *op. cit.*, p. 314.

[29] J. Searle, "The Logical Status of Fictional Discourse", *op. cit.*, p. 67.

[30] Y continúa el autor: "Las pretendidas ilocuciones que constituyen una obra de ficción son posibles por la existencia de una serie de convenciones que suspenden la normal operación de las reglas que relacionan actos ilocucionarios y mundo. En este sentido, usando la jerga de Wittgenstein, contar historias es realmente un juego independiente de lenguaje; para ser jugado requiere otra

El ejemplo de un niño cuando se sienta frente al volante y hace como si estuviera conduciendo cuando en realidad el carro se encuentra estacionado en el garaje, nos permite ver cómo el acto de escribir ficciones se parece a estos movimientos *pretendidos* por el niño[31]. De ahí que Searle diga que los discursos de ficción son *indistinguibles* de los actos de proferencia del discurso literal,

> es por esta razón que no hay ninguna propiedad textual que identifique un segmento del discurso como una obra de ficción. Es el llevar a cabo un acto de proferencia con la intención de invocar las convenciones horizontales lo que constituye la pretendida realización del acto ilocucionario[32].

Como veremos más adelante, el escritor de ficciones *hace como* si realizará actos ilucucionarios "exitosos", pero en ese *pretender* quebranta las convenciones normales dejando entrar en escena la riqueza de la creación artística. Él es quien da inicio a la ficción.

Escribe Umberto Eco en *Lector in fabula* sobre la tesis de Searle:

---

serie separada de convenciones, a pesar de que estas convenciones no son reglas de significado; y el juego de lenguaje no está en relación de igualdad con juegos de lenguaje ilocucionarios, pero es parásito de ellos". Cfr. J. Searle, "The Logical Status of Fictional Discourse", *op. cit.*, pp. 66-67.

[31] En otro ejemplo, Searle dice que también una persona puede pretender pegarle a alguien llevando a cabo en efecto los movimientos de brazo y de puño característicos de pegarle a alguien. El golpe es pretendido, pero los movimientos del brazo y del puño son reales. Cfr. J. Searle, "The Logical Status of Fictional Discourse", *op. cit.*, p. 68.

[32] Unas líneas más adelante dice Searle: "Por lo tanto, un desarrollo de la tercera: las pretendidas realizaciones de actos ilocucionarios que constituyen la escritura de una obra de ficción consisten en llevar a cabo actos de proferencia con la intención de invocar las convenciones horizontales que suspenden los usuales requerimientos ilocucionarios de las proferencias". Cfr. J. Searle, "The Logical Status of Fictional Discourse", *op. cit.*, p. 68.

Es cierto que un texto narrativo es una serie de actos lingüísticos que "fingen" ser aserciones sin exigir, no obstante, que se crea en ellas ni proponer una prueba de las mismas; pero se comporta así respecto de la existencia de los personajes imaginarios con que opera: en cambio, no excluye que, alrededor de las aserciones ficticias, que va devanando, por el contrario, se alineen otras, no ficticias que, por el contrario, encuentran sus condiciones de felicidad en la fuerza con que el autor las sostiene y en las pruebas con que (tras la apariencia de la parábola narrativa) intenta apuntalar lo que afirma sobre la sociedad, la psicología humana y las leyes de la historia[33].

4.2. LAS CONVENCIONES HORIZONTALES: EL JUEGO DE LA FICCIÓN

El escritor, al no estar comprometido con el cumplimiento de las convenciones verticales del discurso serio, esto es, al estar libre de tales exigencias, se recrea en las "libertades" que pueden brindar las *laxas convenciones* horizontales a la hora de elaborar un discurso de ficción. El inicio, por ejemplo, de *Cien años de soledad* es posible gracias a que el escritor invoca esas laxas convenciones y rompe las convenciones verticales del discurso serio para traernos "nombres", "escenas", "tierras" y "descripciones" que si bien no conocíamos podemos comprender sin problema alguno.

Ahora bien, el discurso de ficción necesita nuevas convenciones para su desarrollo, pero no de un nuevo lenguaje para ser comprendido. De ahí que no sea necesario, como advertíamos al comienzo de este capítulo, una nueva y especial teoría que se aplique a la ficción. Necesitamos conocer, aceptar y tener la habilidad necesaria para desenvolvernos dentro de este universo lingüístico. Necesitamos saber distinguir las convenciones

---

[33] U. Eco, *Lector in fabula. La cooperación interpretativa en el texto narrativo.* Trad. R. Pochtar (Barcelona, Editorial Lumen 1987), p. 71.

tanto verticales del discurso serio como las horizontales del discurso de ficción. De este modo, si el discurso de ficción no necesita una teoría especial para su comprensión, lo que necesitamos, entonces, es distinguir simple y llanamente qué tipo de discurso realiza tal o cual escritor para así medir el alcance que puede tener su discurso. Por ejemplo, si fuera un discurso de ficción no hay por qué exigir un compromiso con la verdad de lo expresado.

Por lo mismo, ausente el compromiso con las reglas verticales, se desata una multiplicidad de estilos o de maneras en que se puede presentar una obra de ficción. Ella puede tener, como sucede generalmente, un "narrador omnisciente" que va contando con detalle la historia creando y trayendo personajes, lugares y situaciones que él solo conoce. Ahora bien, este tipo de "juego de la ficción" es el más común, pero hay muchos más. Traigamos a nuestra memoria, por ejemplo, los textos en los que el narrador *nos intenta* confundir siendo él mismo parte de su propia historia, presentándose como un personaje más, recordemos por ejemplo el cuento de Borges con el que comenzamos este capítulo.

Todos estos personajes "reales" y "ficticios" habitan un mismo lugar, a saber: el cuento-reseña de Borges llamado "Pierre Menard: autor del *Quijote*". Ahora nos podemos preguntar: ¿el Borges que participa en la reseña es el mismo Borges que recibió el Premio Cervantes? Analicemos esta cuestión: Borges, a través de un personaje de ficción llamado "Borges" (que goza de gran parte de las características reales del "verdadero" Borges, pero del que no se puede decir que sea el "Borges real"[34]), nos introduce en un discurso ficticio

---

[34] A propósito el autor latinoamericano, Mario Vargas Llosa, en su libro sobre *La tentación de lo imposible* (libro sobre *Los miserables* de Víctor Hugo), se hacía la pregunta de si el narrador puede ser, estrictamente hablando, la misma persona que escribe la obra, esto es: ¿el narrador de *Los miserables* y Víctor Hugo pueden ser la misma persona? Afirma Vargas Llosa que: "El narrador de una novela no es nunca el autor, aunque tome su nombre y use su biografía. Estos

que cada lector sabrá identificar en el momento exacto en que se quiebran las convenciones verticales del discurso serio, esto es, cuando descubrimos que no contamos, y además no necesitamos, a un tal "individuo llamado Pierre Menard". En este momento justo sucede lo que podríamos llamar *el hecho estético*, pues se produce el nacimiento de la ficción, dejando a un lado las cuatro reglas verticales del discurso serio dando paso al discurso de ficción[35].

Un escritor de ficciones, al no estar comprometido con las reglas verticales, se permite ciertas licencias propias de la ficción. Por ello: "El autor puede elegir, con soberanía envidiable, la naturaleza de las reglas"[36]. El autor es un *fabricador* de ficciones librándose de los compromisos del discurso serio. De ahí que las obras de ficción, como diría Henry James, sean *el terreno más amplio y elástico posible*, ya que ellas pueden

---

datos, si la novela es una novela —un libro en que la verdad de lo narrado no depende de su fidelidad a algo preexistente, sino de un poder de persuasión propio, de sus palabras y de su fantasía— inevitablemente dejarán de ser lo que eran al convertirse en ficción, al combinarse con otros materiales, soñados, inventados o hurtados por el autor de otras canteras de lo real, al desencantarse y mudar en palabras, música, imagen, orden, ritmo, tiempo narrativos". Cfr. M. Vargas Llosa, *La tentación de lo imposible* (Madrid, Alfaguara 2004), p. 47.

[35] Ahora bien, alguien podría preguntarse: ¿qué pasa si el texto lo lee un lector ingenuo, dando crédito a lo que le dice Borges y tomando por cierta la reseña? Tenemos que responder que la literatura, como un juego más del lenguaje, cuenta con maneras de "atraer" al lector, de no ser tan evidente, mostrándose algunas veces oblicua y hermética según los casos. No hay una regla única e inexorable que sirva para leer todas las obras de literatura. La regla general es saber distinguir, es ser un lector agudo a la hora de acercarnos a este tipo de discursos. Dejar a un lado la ingenuidad nada tiene que ver con perder el asombro. Como dice Eco en *Lector in fabula*: "Todo mensaje supone una competencia por parte del destinatario".

[36] M. Vargas Llosa, *La tentación de lo imposible* (Madrid, Alfaguara 2004), p. 47. También escribe Nelson Goodman que: "'Fabricación' se ha hecho sinónimo de 'falsificación' o de 'ficción', en oposición a 'verdad' o a 'hecho'. Evidentemente, es menester que distingamos lo falso y lo ficticio de lo verdadero y de lo fáctico, pero es seguro que no podremos hacerlo apoyándonos sobre la idea de que la ficción se fabrica mientras que los hechos se encuentran". Cfr. N. Goodman, *Maneras de hacer mundo, op. cit.*, p. 128.

dilatarse hasta cualquier punto, pueden *abarcar absolutamente cualquier cosa*[37]. Tales amplios terrenos y tales licencias son parte de lo que venimos llamando el juego de la ficción. La amplitud y la libertad hacen de las obras de ficción lugares interesantes, mudables y, en algunos casos, difíciles de seguir. Por ejemplo, algunos escritores pretenden *confundir* al lector, borrando ciertas huellas, poniendo señuelos, o simplemente mezclando sucesos ficticios con sucesos claramente reales. Tales movimientos, en última instancia, lo que pretenden es que entremos, juguemos y participemos del juego de la ficción. Mezclar elementos de ficción y realidad, por ejemplo, es un recurso que se ha dado a lo largo de la historia de la literatura, y que, en buena medida, da una altura especial a las obras en donde es bien aplicado dicho recurso.

Recordemos, por ejemplo, el capítulo VI de la primera parte del *Quijote*. El cura y el barbero revisan la biblioteca de Alonso Quijano y descubren un hallazgo sorprendente: *La Galatea* de Miguel de Cervantes. Ahora bien, ¿cómo es posible esto? Es posible ya que dentro de una obra de ficción se pueda estar hablando de libros reales, de personas reales, de elementos reales, sin que deje de ser por ello un perfecto discurso de ficción. El que en una obra de ficción aparezcan ciertos elementos propios de la "realidad", de la vida real, demuestra que la ficción, en gran medida, busca no solo contar o inventar una historia sino que desea también atraer de muchas maneras la atención del lector, confundiéndolo, inquietándolo e involucrándolo en la historia narrada. Escribe Juan José Saer, en su libro de ensayos *El concepto de la ficción*, que "la ficción no solicita ser creída en tanto que verdad, sino en tanto que ficción. Ese deseo no es un capricho del artista, sino la condición primera de su existencia"[38]. Pero se debe tener en cuenta, afirma el autor

---

[37] Cfr. H. James, *El futuro de la novela*. Trad. R. Yahni (Madrid, Taurus 1975), pp. 43-44.
[38] J. J. Saer, *El concepto de ficción* (Buenos Aires, Seix Barral 1997), p. 12.

unas líneas más atrás, que "la verdad no es necesariamente lo contrario de la ficción, y que cuando optamos (los escritores) por la práctica de la ficción no lo hacemos con el propósito turbio de tergiversar la verdad"[39].

La literatura universal cuenta con una gran variedad de ejemplos que dejan ver las "argucias" que emplea el escritor para presentar y despertar interés en su obra. En *Las mil y una noches*, *Hamlet*, *El nombre de la rosa* o en varios de los cuentos del mismo Borges se introducen elementos que le permiten al escritor y al lector mismo salir y entrar en un discurso de ficción. No son escasos los "artificios" que algunos escritores utilizan a la hora de crear una obra. *La casa de la ficción*, dirá Henry James, en suma, "no tiene una sino un millón de ventanas...más bien un número incontable de posibles ventanas; cada una de las cuales ha sido abierta, o puede aún abrirse"[40]. Todos estos son pequeños "señuelos", "ventanas abiertas" para lograr que el lector *entre* en la historia narrada.

Traigamos a nuestra memoria la "técnica" que utiliza Umberto Eco en su novela *El nombre de la rosa* para atraer la atención del lector, dice así:

> El 16 de agosto de 1968 fue a parar a mis manos un libro escrito por un tal abate Vallet, *Le manuscript de Dom Adson de Melk*, (...). El libro, que incluía una serie de indicaciones históricas en realidad bastante pobres, afirmaba ser copia fiel de un manuscrito del siglo XIV, encontrado a su vez en el monasterio de Melk por aquel gran estudioso del XVII al que tanto deben los historiadores de la orden benedictina (...).
> Todas esas circunstancias me llevaron a pensar que las memorias de Adso parecían participar precisamente de la misma naturaleza de los hechos que narran: envueltas en muchos, y vagos, misterios, empezando por el autor y terminando por la localización de la abadía, sobre la que Adso evita cualquier referencia concreta (...).

---

[39] J. J. Saer, *El concepto de ficción*, op. cit., pp. 10-11.
[40] H. James, *El futuro de la novela*, op. cit., p. 61.

Transcribo sin preocuparme por los problemas de la actualidad. En los años en que descubrí el texto del abate Vallet existía el convencimiento de que sólo debía escribirse comprometiéndose con el presente, o para cambiar el mundo. Ahora, a más de diez años de distancia, el hombre de letras (restituido a su altísima dignidad) puede consolarse considerando que también es posible escribir por el puro deleite de escribir[41].

Este texto pasaría desapercibido completamente si fuese, en verdad, una de las comunes advertencias que se hacen a la hora de presentar un antiguo manuscrito encontrado. Las indicaciones, los nombres, las fechas y los lugares hacen pensar, en un primer momento, que nos hallamos ante la trascripción de un manuscrito. De ahí que, por ejemplo, un lector poco hábil, primerizo en este tipo de lecturas, avanzará página por página absorto por los terribles acontecimientos que narra el monje Adso. Creerá en lo que le trascribe el escritor Umberto Eco. Pero, por otro lado, un lector hábil y curioso, que sabe jugar el juego de la literatura, sabrá descubrir desde qué momento se quiebran las reglas verticales y el "manuscrito" deja de presentarse como tal y pasa a convertirse en una gran obra de ficción.

Eco cuenta con que previamente el lector lea la advertencia que indica que *El nombre de la rosa* es "Naturalmente, un

---

[41] U. Eco, *El nombre de la rosa*. Trad. R. Pochtar (Barcelona, Debolsillo-Mondadori 2006), pp. 9-15. Todas estas instrucciones son "señuelos" para que el lector participe activamente en no solo la lectura sino también en la misma construcción de la obra. En la literatura universal podemos encontrar muchos más ejemplos, recordemos por ahora el "Tablero de dirección" que sugiere Cortázar para su obra *Rayuela*. Escribe el autor sudamericano: "A su manera este libro es muchos libros, pero sobre todo es dos libros. El lector queda invitado a elegir una de las dos posibilidades siguientes:
El primer libro se deja leer en la forma corriente, y termina en el capítulo 56, al pie del cual hay tres vistosas estrellitas que equivalen a la palabra *Fin*. Por consiguiente, el lector prescindirá sin remordimientos de lo que sigue.
El segundo libro se deja leer empezando por el capítulo 73 y siguiendo luego en el orden que se indica al pie de cada capítulo". Cfr. J. Cortázar, *Rayuela*, en: J. Cortázar, *Obras completas* (Barcelona, Círculo de Lectores 2004), p. 43.

manuscrito"⁴² para llevar a buen término su obra, esto es, para producir misterio tanto fuera como dentro del texto y provocar la duda sobre si lo que tenemos ante nosotros es o no una obra de ficción. Este halo de misterio que rodea la novela busca de algún modo que el lector se involucre desde ciertas reglas verticales del discurso serio.

Ahora bien, preguntémonos: ¿por qué es importante para Eco hacer estas indicaciones que en gran parte son falsas?, ¿por qué es importante tratar de "engañar" al lector? Y finalmente, ¿por qué es importante, para un escritor, contar con un posible lector?

Desde estas preguntas, tendremos que decir que si bien es importante tener presente las intenciones del autor, por otra parte, también lo es tener presente al lector de dicha obra. En algunos casos el lector es tanto o más importante que el mismo creador de la obra. El autor, si bien da nacimiento a una obra, necesita la cooperación activa del lector. Ahora bien, antes de defender la relevancia del lector de obras de ficción, nos será provechoso para nuestra investigación traer a colación una de las más importantes concepciones del arte: la platónica; para luego, desde este punto, proponer la necesaria e inexorable cooperación que debe haber entre el autor de una obra y el lector de la misma.

Presentemos, a grandes rasgos, esta clásica concepción. Platón afirma que el nacimiento de la creación artística depende

---

[42] U. Eco, *El nombre de la rosa*, *op. cit.*, p. 8. A propósito del título de su novela, Umberto Eco decía en sus "Apostillas a *El nombre de la rosa*": "La idea de *El nombre de la rosa* se me ocurrió casi por casualidad, y me gustó porque la rosa es una figura simbólica tan densa que, por tener tantos significados, ya casi los ha perdido todos: la rosa mística, y como rosa, ha vivido lo que viven las rosas, la guerra de las dos rosas, una rosa es una rosa es una rosa es una rosa, los rosacruces, gracias por las espléndidas rosas, rosa fresca toda fragancia. Así, el lector quedaba con razón desorientado, no podía escoger tal o cual interpretación; y, aunque hubiese captado las posibles lecturas nominalistas del verso final, sólo sería a último momento, después de haber escogido vaya a saber qué otras posibilidades. El título debe confundir las ideas, no regimentarlas". Cfr. U. Eco, "Apostillas a *El nombre de la rosa*", en: U. Eco, *El nombre de la rosa*, *op. cit.*, pp. 738-739.

de una fuerza externa al poeta que lo arrastra a expresar lo que hay en el mundo de las Ideas. El artista se deja poseer por dicha fuerza dando origen a la creación artística. Afirma Platón por boca de Sócrates en el *Ion*:

> Y es verdad lo que dicen. Porque es una cosa leve, alada y sagrada el poeta, y no está en condiciones de poetizar antes de que esté endiosado, demente, y no habite ya más en él la inteligencia. Mientras posea este don, le es imposible al hombre poetizar y profetizar. Pero no es virtud de una técnica como hacen todas estas cosas y hablan tanto y tan bellamente sobre sus temas, cual te ocurre a ti con Homero, sino por una predisposición divina, según la cual cada uno es capaz de hacer bien aquello hacia lo que la Musa le dirige[43].

Según la concepción platónica, el artista no importa, es secundario, de algún modo desaparece, pues lo importante no es el sujeto que transmite sino la "poesía" en sí misma, pues ella surge *como una fuerza divina que mueve al artista a transmitir mensajes de los que no puede dar cuenta*, convirtiéndose en un *médium* por el que habla "el mundo" de la belleza. Las artes, como creación artística, vienen de algún lugar diferente, distinto al mundano, expresándose por medio de los artistas, poetas o escritores de ficción. La inspiración no proviene del poeta mismo, es externa a él. No la posee, lo posee a él. Continúa Platón: "Porque no es gracias a una técnica por lo que son capaces de hablar así, sino por un poder divino, puesto que si supiesen, en virtud de una técnica, hablar bien de algo, sabrían hablar de todas las cosas"[44].

El artista, de algún modo, es inconsciente del don que posee, es simplemente la voz por la que el arte habla; es un profeta

---

[43] Platón, *Ion*. Trad. E. Lledó Iñigo, en: Platón, *Diálogos I*. Trad. J. Calonge, E. Lledó Iñigo y C. García Gual (Madrid, Editorial Gredos 1982), 534 b-c, p. 257.

[44] Platón, *Ion, op. cit.*, 534 c, p. 257.

a través del cual habla la divinidad, de ahí que ningún texto creado sea de factura humana, "sino divinos y creados por los dioses, y que los poetas no son otras cosa que intérpretes de los dioses, poseídos cada uno por aquél que los domine"[45]. El artista es como un gran vitral humano que la luz divina atraviesa haciendo posible la visión de las figuras ocultas. Su actividad es meramente instrumental, no creadora. El artista no crea, no fabrica, no construye, solo *descubre*. L. Doležel en "Mimesis y mundos posibles" afirma que, erróneamente, la tradición clásica cree que, gracias a ese poder imaginativo y divino, "el poeta adquiere un acceso privilegiado a esos mundos, como el científico que, gracias a su microscopio, tiene acceso al micromundo invisible"[46], siéndole desvelado de primera mano lo desconocido y oculto.

El artista es un *médium* que trasmite algo que se encuentra en algún lugar; por lo tanto, la creación no depende de manos "humanas" sino de un influjo divino. Algunos rasgos importantes de esta concepción del arte y del artista son desarrollados muchos años después por el genio de Schopenhauer.

Schopenhauer, siguiendo la idea de la *inspiración divina*, piensa que los artistas son, sin lugar a dudas, "genios" poseedores de un don divino y, además, sabedores de dicho don. Estos genios se dejan poseer, a través de la contemplación estética, por una inspiración que los faculta y distingue de los demás, *anticipándoles el conocimiento*, y que, por supuesto, está negada al resto de los mortales, ya que, en sus propias palabras, "las obras artísticas más elevadas, las más sublimes creaciones del genio, son libros cerrados para la mayoría de los hombres, tan grande es el abismo que los separa, de igual manera que el acceso a la soberanía está vedado a la plebe"[47]. Según esta idea,

---

[45] Platón, *Ion, op. cit.*, 534 e, p. 258.
[46] L. Doležel, "Mimesis y mundos posibles", en: A. Garrido Domínguez (ed.), *Teorías de la ficción literaria, op. cit.*, p. 88.
[47] A. Schopenhauer, *El mundo como voluntad y representación*, III. Trad. E. Ovejero

los espectadores vulgares debemos intentar liberarnos y entrar en una especie de atletismo y auto-pedagogía para disfrutar algún día, tarea difícil por demás, de la libertad y grandeza de las que sí goza el genio.

Este "individuo superior" a los demás hombres está poseído por la belleza, siendo un *médium* entre "las Ideas" y el mundo, de ahí que deba alejarse del ruido producido por el vulgo. Es un *elegido* que debe y necesita huir de lo mundano para dejarse poseer por la belleza a través de la contemplación artística. Se aleja no porque sea un exiliado, sino porque es un contemplador[48].

Son ellos, los privilegiados artistas, *esa cosa liviana, alada y sagrada*, gracias a la que *el dios, a propósito, cantó, sirviéndose de un poeta, el más hermoso poema lírico*[49].

---

y Maury (México, Porrúa 2003), p. 242. Unas líneas atrás dice Schopenhauer en su libro tercero *El mundo como representación*: "De este modo se explica esa vivacidad rayana en inquietud que caracteriza a los individuos geniales, a quienes raras veces basta la realidad presente, porque no llena su conciencia; esto es lo que produce en ellos aquella tendencia desasosegada, aquel buscar incesantemente objetos nuevos y dignos de contemplación y además aquel anhelo, casi nunca satisfecho, por encontrar seres semejantes a ellos y superiores a ellos con quienes poder comunicarse, mientras que el hombre vulgar se siente compensado y satisfecho por la realidad presente, vive en ella y encuentra en todas partes semejantes suyos, y, en suma, posee aquella virtud de adaptación para la vida ordinaria que al genio le es negada". Cfr. A. Schopenhauer, *El mundo como voluntad y representación*, III, *op. cit.*, p. 197.

[48] Es importante tener en cuenta que esta es la razón del alejamiento del artista, ya que Schopenhauer, a diferencia de Platón, le concede un lugar privilegiado dentro de la sociedad, pues, como recordaremos, el autor griego condenó al destierro a los poetas y artistas por tergiversar la belleza.

[49] Es interesante resaltar que este tipo de concepción se deja ver también en la llamada literatura de compromiso. Por ejemplo, Sartre en su librito *¿Qué es la literatura?* no se muestra muy distante de las tesis platónicas, pues el artista es una especie de mensajero, de *médium*, de heraldo del gran mensaje de los tiempos. De ahí que el acto de escribir se conciba como un acto transformador. Lo que intenta Sartre con esta idea platónica es recordar a los artistas la tremenda *responsabilidad* que tiene el "oficio" de escribir, trabajar con las palabras, el destino privilegiado que les ha tocado. A cada uno de estos hombres se les ha dado un gran tesoro y de su buen oficio dependerá gran parte de los cambios sociales. Las palabras que expresa el escritor son *armas poderosas*

Ahora bien, después de ver esta concepción, hagámosle frente. Recordemos algunas de las preguntas iniciales, a saber: ¿es posible que Pierre Menard haya escrito el *Quijote*?, ¿puede un personaje de ficción como Pierre Menard escribir una obra "real" como efectivamente la escribió Cervantes? Si seguimos la concepción platónica tendríamos que decir que el *Quijote* existe de algún modo en algún mundo y el artista solo tiene que abrirse y dejarse atravesar por la inspiración para que tenga origen el *Quijote*. El escritor no construye el *Quijote* sino que lo trae de lo oculto. No fabrica sino descubre.

U. Eco en sus "Apostillas a *El nombre de la rosa*" afirma que está mintiendo el autor que dice que ha escrito su obra *llevado por el rapto de la inspiración*, ya que "cuando un escritor (o el artista en general) dice que ha trabajado sin pensar en las reglas del proceso, sólo quiere decir que al trabajar no era consciente de su conocimiento de dichas reglas"[50]. La idea de una obra original, pura, única, que se revela a través de un rapto de inspiración, debe dar lugar a una *obra fabricada, abierta y actual*, en la que *la fuerza del contexto* está más presente a la hora de ser leída que el mismo puño que la escribió.

Si no se puede hablar de una obra única, sino, por el contrario, de una *obra abierta* que se deja leer de muchas maneras, que permite y da vida a tantas lecturas como lectores de la misma, que cambia, tendremos que dejar a un lado el modelo platónico y dar paso a la importancia de los contextos, al uso, y a la cooperación tanto del autor como del lector en toda

---

de transformación. Cfr. J. P. Sartre, *¿Qué es la literatura?* Trad. A. Bernárdez (Buenos Aires, Losada 1972).

[50] U. Eco, "Apostillas a *El nombre de la rosa*", *op. cit.*, p. 741. Escribe Nietzsche que la inspiración, las intuiciones repentinas o la improvisación se encuentran en "un nivel muy bajo en comparación con las ideas artísticas elaboradas seriamente y con esfuerzos. Todos los grandes hombres son grandes trabajadores, infatigables no solamente en la invención, sino también en el repudio, en el cribado, en la modificación y el arreglo". Cfr. F. Nietzsche, *Humano, demasiado humano*. Trad. E. Ovejero y Maury, en: F. Nietzsche, *Obras completas* I (Buenos Aires, Aguilar 1966), p. 328.

obra literaria. Una obra abierta entiende que "el contexto y las circunstancias son indispensables para poder conferir a la expresión su significado pleno y completo"[51].

Por esto mismo afirmamos con Borges que efectivamente Pierre Menard sí pudo escribir el *Quijote*, siendo este texto no una copia o un nuevo *Quijote*, sino el *Quijote* mismo, pues si entendemos que los sentidos cambian de acuerdo a cada época histórica, si el *Quijote* se modifica con cada nueva lectura, el texto de Pierre Menard adquiere otro *contexto* muy diferente al de Cervantes, de ahí que dejen de ser el mismo, y que tengamos que decir con Borges que el *Quijote* de Menard es *esencialmente* diferente al *Quijote* de Cervantes. Pierre Menard no copia el *Quijote*, ni hace una nueva versión, sino que escribe el *Quijote* de Pierre Menard, resaltando, de este modo, la importancia tanto del lector como del contexto. Gracias a estos dos elementos, lector y contexto, las obras hablan de nuevo y dejan de ser propiedades exclusivas de sus creadores. Dice U. Eco en *Lector in fabula* que el texto exige la cooperación del *lector modelo* como condición de su actualización, ya que "un texto es un producto cuya suerte interpretativa debe formar parte de su propio mecanismo generativo"[52].

El significado de un texto supera a su autor no ocasionalmente, sino siempre. Leer, comprender e interpretar no es perseguir la objetividad a toda costa ni captar mejor las intenciones del autor, pues el texto ya no es una propiedad privada del autor. Existe, por el contrario, una relación *autor-lector* en la que el lector es, en algunos casos, más protagonista que el mismo autor de la obra, permitiendo que la ficción se desarrolle y tome giros inesperados. Esta relación no es ocasional, se da siempre. El éxito de la escritura es posible gracias

---

[51] U. Eco, *Lector in fabula. La cooperación interpretativa en el texto narrativo, op. cit.*, p. 26.
[52] U. Eco, *Lector in fabula. La cooperación interpretativa en el texto narrativo, op. cit.*, p. 79.

a este encuentro. Encuentro que no es una función pasiva y resignada, no es una repetición de lo ya establecido, sino una dimensión creativa que debe llevar al lector tal vez más allá de lo que alcanzaron sus antepasados, sus poetas, sus escritores. Ya que, como autores, pero también como lectores, interpretar es siempre *releer creando*. La ficción necesita, como toda creación artística, la ayuda del lector.

Teniendo presentes los contextos un texto jamás terminará de ser leído. La ficción, finalmente, es una invitación a la creación. Dice Umberto Eco en *Lector in fabula* que

> Borges sugería leer *La Odisea* o *La imitación de Cristo* como si las hubiese escrito Céline. Propuesta espléndida, estimulante y muy realizable. Y sobre todo creativa, porque, de hecho, supone la producción de un nuevo texto (así como el *Quijote* de Pierre Menard es muy distinto de Cervantes, con el que accidentalmente concuerda palabra por palabra). Además, al escribir este otro texto (o este texto como Alteridad) se llega a criticar al texto original o descubrirle posibilidades y valores ocultos; cosa, por lo demás, obvia: nada resulta más revelador que una caricatura, precisamente porque parece el objeto caricaturizado, sin serlo; por otra parte, ciertas novelas se vuelven más bellas cuando alguien las cuenta, porque se convierten en "otras" novelas[53].

Consecuencia: si el texto no es el mismo, el modelo arquetípico platónico se destruye. Las obras cambian según el contexto, de ahí que no puede hablarse de una *única* e indestructible obra, cuya facultad es atravesar la historia de la humanidad sin dejarse escribir de nuevo. Tenemos que decir, por el contrario, que toda obra es y debe ser finalmente *contemporánea*.

Hasta el momento hemos intentado defender la relación cooperativa de *autor-lector* en una obra de ficción. Pero aquí

---

[53] U. Eco, *Lector in fabula. La cooperación interpretativa en el texto narrativo*, op. cit., p. 86.

nos asalta, de nuevo, una de las preguntas que nos hacíamos al comienzo, a saber: ¿cómo podemos dirigirnos a un tal Pierre Menard y hacer tales observaciones si este personaje de ficción no existe en realidad, si este personaje es una mera creación de Borges?

Para responder a estas preguntas, partamos diciendo que: *el que un personaje de ficción no haya existido no quiere decir que se pueda negar que "exista en la ficción" creada por el escritor o que, por otro lado, no se pueda hablar y hacer proferencias de él.* Todo lo contrario, de la ficción se puede hablar.

Un escritor, según Searle, al *pretender* hacer un acto ilocucionario, crea la ficción y todos los nombres y personajes que la ficción contiene, permitiendo a su paso que los lectores podamos hacer asertos sobre esta creación artística, sus personajes y lugares expresados por el escritor. Un escritor, *pretendiendo* referirse a una persona, crea un personaje de ficción y, "una vez el personaje de ficción es creado, nosotros, que nos situamos fuera de la historia de ficción, nos podemos referir realmente a una persona de ficción"[54].

Creada la ficción es posible referirnos a tales personajes o lugares y a la creación completa. Pero, por otro lado, tenemos la posibilidad no solo de referirnos a los personajes de ficción, sino que también podemos "verificar" si ciertos enunciados son correctos o no para ciertas obras narrativas. Para esto se debe —recordemos a Searle— tener presente no solo la distinción entre discurso literal y discurso de ficción, sino también la

---

[54] J. Searle, "The Logical Status of Fictional Discourse", *op. cit.*, p. 72. Dice Searle que otro rasgo de la referencia de ficción es "que normalmente no todas las referencias de un acto de ficción serán actos pretendidos de referir (...) La mayoría de las historias de ficción contienen elementos de no ficción: junto con las pretendidas referencias a Sherlock Holmes y Watson, hay en Sherlock Holmes referencias reales a Londres, Baker Street y la estación de Paddington; también en *Guerra y paz*, la historia de Pierre y Natascha es una historia de ficción sobre personajes de ficción, pero la Rusia de *Guerra y paz* es la Rusia real y la guerra contra Napoleón es la guerra contra el Napoleón real". Cfr. J. Searle, "The Logical Status of Fictional Discourse", *op. cit.*, p. 72

posibilidad de poder hacer enunciados serios sobre la ficción. Pensemos, por ejemplo, en las siguientes afirmaciones: "Ofelia se casó con Hamlet y vivieron en Dinamarca el resto de sus vidas" u "Odiseo nunca volvió a Ítaca dejando a Penélope a merced de sus pretendientes". Para los que alguna vez hemos leído tales obras de ficción surge de inmediato una dificultad y es saber si nos están hablando efectivamente de las obras escritas por Shakespeare y Homero. Si resulta que no es así, y se habla de una versión diferente de las obras de Shakespeare y Homero, tales asertos son justificados, pero si no, tendremos que decir que los asertos no son los mismos que "habitualmente" hemos aceptado (leído) acerca de los personajes de ficción Hamlet y Odiseo. Para un conocedor de la obra completa, un enunciado erróneo o una inconsistencia del personaje de ficción es una razón suficiente para dudar de si se está efectivamente hablando de la misma obra de ficción.

Si dijéramos por ejemplo: "Remedios la Bella se fue volando al cielo", este enunciado sería correcto para quien haya leído la obra escrita por Gabriel García Márquez, además de que no sería inconsistente, ya que en una obra de realismo mágico estos fenómenos suceden continuamente. Pero si digo: "Sherlock Holmes se convirtió en sapo al ser besado por una bella princesa", un lector medianamente atento sabrá reconocer que ese enunciado es inconsistente con el *corpus* de las historias de Sherlock Holmes escritas por Conan Doyle. Determinar si tal o cual enunciado es coherente implica conocer de antemano de qué se habla, de ahí que digamos que *la literatura, como cualquier juego, implica cierta destreza, conocimiento y habilidad*. Tenemos entonces que este trabajo de revisión solo puede aplicarse desde una lectura posterior del texto, es decir, desde un lector que "verifica" y busca la coherencia de lo que ha leído (conoce) con los enunciados hechos.

Ahora bien, esta destreza para conocer la obra de antemano es lo que podríamos llamar nivel de coherencia "externa" a la obra. La coherencia solo es aplicable desde un conocimiento previo de la obra literaria[55]. Pero dentro de la obra misma no se puede hablar de un criterio único de coherencia, ya que por supuesto varía de obra en obra de acuerdo a cómo la ejecuta cada autor. *No hay un criterio universal de coherencia interna para todas las obras* de ficción, ya que, como afirma Searle: "lo que es coherencia en una obra de ciencia-ficción, por ejemplo, puede no serlo en una obra realista"[56], pues la creación artística (el libre juego de la imaginación) no tiene barreras. Por ejemplo, Zorba el Griego, don Quijote y Remedios la Bella podrían ser parte de una misma obra, en la que el momento alto de la historia fuera combatir juntos contra los molinos de viento. De este modo, un personaje como "Drácula" no pierde su significado, como dice el profesor M. Gómez, aunque se refiera a veces a un ser humano, otras a un murciélago y otras a una abominable criatura. Unas líneas más adelante continúa el autor:

> En estos lenguajes se juega sin reglas fijas, todo está permitido. Y ello porque creador y espectador saben lo mismo: que no hay, ahí fuera, algo que se corresponda con las palabras; debido a que la función de la ficción no es, precisamente, vincular o comunicar, no tenemos por qué ceñirnos a reglas de significación fijas[57].

Nos resta contestar a la pregunta de cómo es posible que podamos referirnos a Pierre Menard, siendo este tan solo un personaje más del genio artístico de Borges, diciendo que en

---

[55] Dice J. O. Cofré que, por ejemplo, acerca de una oración como "Romeo y Julieta fueron dos amantes desdichados", quien conozca *Romeo y Julieta*, la tragedia de Shakespeare, dirá que es "perfectamente verdadero" que en esa tragedia tales personajes fueron infelices y desdichados. Ahora bien, si alguien, "un tanto despistado, pusiera en duda la aserción, por desconocer a qué se refiere su interlocutor con tal oración, bastaría con explicarle que éste no se refiere a ningún Romeo ni a ninguna Julieta de carne y hueso, sino, simplemente a los personajes de una tragedia de Shakespeare". Cfr. J. O. Cofré, *Examen filosófico de los entes de ficción, op. cit.*, p. 70.

[56] J. Searle, "The Logical Status of Fictional Discourse", *op. cit.*, p. 73

[57] M. M. Gómez Alonso, "Individuos", *op. cit.*, p. 182.

la misma pregunta está la respuesta, pues la ficción no se ciñe a unas reglas fijas y cartográficas de vinculación. Gracias a esta licencia de la *creación artística*, nos podemos referir a tales personajes en tanto que ficciones creadas. La creación de obras de ficción nos permite referirnos a un tal Pierre Menard autor del *Quijote*, personaje de ficción, y a todo lo que la historia de ficción dice de él[58].

El escritor crea los personajes de ficción y demás eventos que giran alrededor de tales nombres, siendo posible hacer asertos acerca de ellos. Ahora bien, no solo podemos afirmar que lo que se predica de ellos es correcto o no lo es, sino que también podemos ampliar, reescribir, las expresiones emitidas por tal o cual personaje, de tal forma que la ficción no quede reducida a lo escrito sino dispuesta para que ampliemos los horizontes del discurso de ficción.

4.3. LOS TEJIDOS DE LA FICCIÓN: LOS MUNDOS DE LOS TEXTOS

4.3.1. EL MUNDO DE LA FICCIÓN: LA CREACIÓN DEL REINO DE LO DESEABLE

En *Punto y aparte* Italo Calvino afirma que

"Yo escribo". Esta afirmación es el primer y único dato de realidad del que un escritor puede partir. "En este momento yo estoy escribiendo". Lo cual equivale también a decir: Tú, que estás leyendo, estás obligado a creer una sola cosa: que lo que estás leyendo es algo que alguien ha escrito en un momento an-

---

[58] Dice Searle, por ejemplo, que Sherlock Holmes jamás existió, lo que no quiere decir que no nos podamos referir a él, ya que no nos pretenderíamos referir a un Sherlock Holmes "real", sino que haríamos una *referencia real al Holmes de ficción*. Cfr. J. Searle, "The Logical Status of Fictional Discourse", *op. cit.*, pp. 71-72.

terior: lo que lees sucede en un universo especial que es el de la palabra escrita[59].

J. O. Cofré terminaba su libro *Examen filosófico de los entes de ficción* con la pregunta: "¿Y por qué no un 'Mundo 3'?"[60], pregunta que podría parafrasearse de esta manera: ¿qué tiene de malo afirmar un mundo, un universo donde puedan existir tanto Hamlet como don Quijote? O: ¿qué razones tenemos para negar un Mundo 3 habitado por entes de ficción? Cofré se une a la concepción de que el mundo no es una realidad congelada y fija, sino, todo lo contrario, cree que lo que concebimos como mundo *tiene una multiplicidad de versiones*, permitiendo la existencia de un Mundo 3 habitado por todos los personajes de ficción.

Ahora bien, antes de continuar es necesario traer a colación a uno de los autores más autorizados para hablar de un Mundo 3 o un *mundo posible* de ficción. Este autor, no solo ha sido creador de un *mundo de ficción*, sino que además está convencido de su efectiva y actual existencia. Nos referimos a J. R. R. Tolkien[61].

---

[59] I. Calvino, "Los niveles de realidad en la literatura", en: I. Calvino, *Punto y aparte. Ensayos sobre literatura y sociedad*. Trad. G. Sánchez Ferlosio (Barcelona, Tusquets 1995), p. 341.

[60] J. O. Cofré, *Examen filosófico de los entes de ficción, op. cit.*, pp. 126-129.

[61] J. R. R. Tolkien (1892-1973) fue profesor en la Universidad de Oxford y hay que recordar que no solo es reconocido por sus obras *El Hobbit* o *El señor de los anillos* sino por sus escritos sobre literatura de ficción. Por ejemplo, en el ensayo-conferencia "Sobre los cuentos de hadas", Tolkien despliega todo su conocimiento histórico y creativo sobre la ficción, asentando, por otro lado, su posición frente a los que ven los cuentos fantásticos como meros "cuentos para niños", es decir, como entretenimiento, cosas pasajeras o como una actividad menor. Por el contrario, Tolkien eleva los cuentos fantásticos no solo a género literario por excelencia sino a la postulación de un mundo posible en donde tales seres de la ficción habitan sin restricción alguna. J. R. R. Tolkien, "Sobre los cuentos de hadas", en: J. R. R. Tolkien, *Árbol y hoja*. Trad. J. C. Santoyo y J. M. Santamaría (Barcelona, Minotauro 1999).

Empecemos diciendo que para Tolkien la definición de ficción no solo es corta sino además errónea, ya que ella sugiere básicamente que las narraciones de ficción tratan básicamente de cosas sobrenaturales, irreales, y además falsas. El autor inglés piensa, por ejemplo, que los cuentos de hadas *no son relatos sobre hadas*, sino que son relatos *sobre el país de las hadas*, es decir, sobre el mundo de la ficción. La ficción es un reino, y ese reino cuenta con muchas más cosas que hadas o príncipes, ya que en él nos topamos no solo con elfos, enanos, brujas, gnomos, gigantes o dragones sino también con mares, el sol, la luna, el cielo, la tierra y todo cuanto ella contiene: árboles y pájaros, agua y piedra, vino y pan, y nosotros mismos, los hombres mortales[62]. Ahora bien, el que en este reino se den imágenes de cosas que no se encuentran en el mundo actual resulta una virtud, no un defecto para Tolkien. Pues, "en este sentido, la fantasía no es, creo yo, una manifestación menor sino tal vez la más elevada del Arte, casi su forma más pura, y por ello —cuando se alcanza— la más poderosa"[63].

Para Tolkien, la mayoría de las ficciones parten de un pasado común, de un mismo suelo arquetípico, de ahí que toda obra de ficción remita a una antigua versión y esta a su vez a otra mucho más antigua, hasta que, finalmente, se llega a un *primer creador*

---

[62] Para Tolkien es absurdo afirmar que una obra de ficción, como un cuento de hadas, sea simplemente un sueño, pues, por más perfecto que sea ese sueño, no deja de ser un sueño. Si un escritor, una vez despierto, nos dice que su relato no es sino algo que imaginó en sueños, está deliberadamente engañando el primer deseo de la fantasía: la materialización del prodigio imaginado con independencia de la mente que lo concibe. Para Tolkien, tras la fantasía existen voluntades y poderes reales que no dependen de las mentes y las intenciones de los hombres. Hay que prescindir de marcos o de justificaciones que se dan para hacer verosímil una historia, como pueden ser el sueño, otros medios como armarios, o modos "extraños" de ingresar al mundo de ficción (indudablemente esto es una crítica a Lewis Carroll y C. S. Lewis). Dado que los cuentos de hadas tratan de "prodigios", no pueden tolerar marco ni mecanismo alguno que sugiera que la historia en la que se desenvuelven los prodigios es ilusoria o falsa. Cfr. J. R. R. Tolkien, "Sobre los cuentos de hadas", *op. cit.*, p. 19.

[63] J. R. R. Tolkien, "Sobre los cuentos de hadas", *op. cit.*, p. 61.

divino. Para Tolkien el hombre es simplemente un *sub-creador*, un reactualizador de la ficción, nunca su origen[64]. El hombre, desde su capacidad de imaginar, de fabular, de inventar, tiene como tarea poner algunos de los ingredientes necesarios para encender la chispa y descubrir así el mundo de la ficción. De este modo, el hombre es un *médium* por el que se descubren mundos. Escribe Tolkien:

> En ese caso únicamente una mano, la mano de una persona, la mano de un hombre, puede investir a esos elementos naturales de un significado y una gloria personales. Sólo de una persona se deriva personalidad. Acaso los dioses deriven su color y su hermosura de los excelsos esplendores de la naturaleza, pero fue el Hombre quien se los procuró, él los extrajo del sol y la luna y la nube; de él derivan ellos directamente su personalidad; a través de

---

[64] Escribe Tolkien: "En nuestro mundo, el pensamiento, el lenguaje y el cuento son coetáneos. La mente humana, dotada de poderes de generalización y abstracción, no sólo ve hierba verde, diferenciándola de otras cosas (y hallándola agradable a la vista), sino que ve verde, además de verla como hierba (...). De aquí no se deduce que vayamos a usar bien ese poder en un nivel determinado; podemos poner un verde horrendo en el rostro de un hombre y obtener un monstruo; podemos hacer que brille una extraña y temible luna azul; o podemos hacer que los bosques se pueblen de hojas de plata y que los carneros se cubran de vellocinos de oro; y podemos poner ardiente fuego en el vientre del helado saurio. Y con tal 'fantasía', que así se la denomina, se crean nuevas formas. Es el inicio de Fantasía. El hombre se convierte en sub-creador". Cfr. J. R. R. Tolkien, "Sobre los cuentos de hadas", *op. cit.*, p. 34. También mi amigo Iban Silván de Pedro afirma en "Ficción y mundo" que todo lo que hacemos, y en eso consiste la creatividad, es mezclar contenidos y formas preexistentes que vuelven a ser materia prima para nuevas mezclas. Continúa, "¿Quién construyó el Museo Guggenheim de Bilbao? Una respuesta podría ser que los obreros que subieron a los andamios. Pero a ella se puede objetar con razón que lo que hacían esos obreros era seguir los planos confeccionados por el arquitecto, Frank Gehry. Pero es que Frank Gehry, a su vez, lo que hizo fue copiar la silueta de un pez, de una carpa, con escamas y espinas, que su abuela guardaba en la bañera de casa cuando él era pequeño, para cocinar con ella un plato judío tradicional, 'gefüllte Fisch'. ¿Y quién creó la carpa? El arte, pues, siempre sale de la realidad. Sólo Dios creó". Cfr. I. Silván de Pedro, "Ficción y mundo", en: *Revista el mirador* (Salamanca, Universidad Pontificia de Salamanca 2007), pp. 121-122.

él reciben ellos desde el mundo invisible, desde lo Sobrenatural, el hálito o la sombra de divinidad que los envuelve[65].

Según Tolkien, en los mundos de ficción el hombre da rienda suelta a sus deseos más profundos, como son recorrer las honduras del tiempo y del espacio y mantener la comunión con otros seres vivientes. Así, se puede decir que la *ficción no se ocupa de lo posible sino de lo deseable*[66]. Para Tolkien, la ficción es posible gracias al deseo humano y ella brinda a sus lectores cuatro grandes valores; ellos son: la fantasía, la renovación, la evasión y el consuelo. La fantasía, por ejemplo, *es una actividad connatural al hombre*, ya que no destruye ni ofende la razón y tampoco inhibe nuestra búsqueda ni empaña nuestra percepción de la verdad, al contrario, cuanto más aguda y más clara sea la razón, —como también sostiene Goodman—, más cerca se encontrará el hombre de la fantasía[67]. La fantasía parte del reconocimiento de que las cosas del mundo son tal cual se muestran bajo el sol, del reconocimiento de una realidad, pero no esclavizada por ella. La fantasía es esa capacidad humana de crear, de inventar, de construir y prolongar. Por otro lado, la renovación es para Tolkien la vuelta al asombro, a la visión prístina frente a lo menos común, es la capacidad de *oír lo que a baja voz se dice* y de leer lo que cifrado se escribe. Según Tolkien la renovación es limpiar los cristales de nuestras lentes para que las cosas que

---

[65] J. R. R. Tolkien, "Sobre los cuentos de hadas", *op. cit.*, p. 35.

[66] También Mario Vargas Llosa en su libro sobre *Los miserables*, de Víctor Hugo, cree que las obras de ficción *inoculan* en el lector sus deseos más profundos y son una válvula para la insatisfacción de lo existente. Escribe Vargas Llosa que "sin llegar a los extremos de Alonso Quijano, es posible que las novelas inoculen también en nosotros una insatisfacción de lo existente, un apetito de irrealidad que influya en nuestras vidas de la manera más diversa y ayude a moverse a la humanidad. Si llevamos tantos siglos escribiendo y leyendo ficciones, por algo será". Cfr. M. Vargas Llosa, *La tentación de lo imposible*, *op. cit.*, p. 25.

[67] J. R. R. Tolkien, "Sobre los cuentos de hadas", *op. cit.*, p. 69. También, N. Goodman, *Maneras de hacer mundo*, *op. cit.*, p. 141.

alcanzamos a ver queden libres del empañamiento cotidiano o familiar. Para el autor inglés, al recuperar esa inocencia primigenia, ese *asombro primero*, se puede ver la originalidad y la extrañeza del mundo que habitamos[68].

Otro valor de la ficción es según Tolkien la evasión, pues ella no solo ayuda a escapar del ruido, la insensibilidad y la extravagancia de las máquinas, sino que también nos permite "evadirnos" de las tragedias humanas, eso significa tener una cierta salida frente a las situaciones tristes de la vida, como son, por ejemplo, el miedo o la muerte. Para Tolkien la evasión nos da esperanza, nos permite el consuelo de que *todo puede ser mejor*.

El consuelo es otro valor que nos da la ficción, ya que ella permite esperar que *todo tenga un final feliz* (en palabras de Tolkien una *eucatástrofe*). Escribe el autor que, aunque un hombre no padezca hambre, sed, pobreza, sufrimiento, injusticia o muerte, quedan todavía antiguas penalidades, "quedan todavía antiguas limitaciones para las que los cuentos de hadas ofrecen una cierta salida, y viejas ambiciones y anhelos (en contacto con las raíces mismas de la fantasía) a los que ofrecen cierta satisfacción y consuelo"[69]. De ahí que toda obra de ficción que

---

[68] J. R. R. Tolkien, "Sobre los cuentos de hadas", *op. cit.*, p. 72.
[69] J. R. R. Tolkien, "Sobre los cuentos de hadas", *op. cit.,* p. 81. Vargas Llosa afirma en "La verdad de las mentiras", igual que Tolkien, que la insatisfacción, los anhelos y los deseos humanos están presentes en toda obra de ficción. Escribe Vargas Llosa: "En efecto, las novelas mienten —no pueden hacer otra cosa— pero ésa es sólo una parte de la historia. La otra es que, mintiendo, expresan una curiosa verdad, que sólo puede expresarse encubierta, disfrazada de lo que no es. Dicho así, esto tiene el semblante de un galimatías. Pero, en realidad, se trata de algo muy sencillo. Los hombres no están contentos con su suerte y casi todos —ricos o pobres, geniales o mediocres, célebres u oscuros— quisieran una vida distinta de la que viven. Para aplacar —tramposamente— ese apetito nacieron las ficciones. Ellas se escriben y se leen para que los seres humanos tengan las vidas que no se resignan a no tener. En el embrión de toda novela bulle una inconformidad, late un deseo insatisfecho". Cfr. M. Vargas Llosa, "La verdad de las mentiras", en: M. Vargas Llosa, *La verdad de las mentiras* (Madrid, Alfaguara 2002), p. 16.

se precie de serlo deberá terminar en felicidad, pues la tragedia no puede ser su fin. Su fin será, al contrario, el cumplimiento de los deseos humanos[70].

4.3.2. ¿Y POR QUÉ NO UN MUNDO 3?

¿Y por qué no un mundo 3? Esta era la pregunta que, como advertíamos líneas atrás, J. O. Cofré se hacía en su libro *Examen filosófico de los entes de ficción*[71]. Esta pregunta va, sin lugar a dudas, dirigida a Bertrand Russell, ya que, como vimos en el primer capítulo, el autor británico se niega radicalmente a "dotar" y admitir la existencia de un unicornio, un centauro o un Pegaso en mayor medida en que lo pueda hacer también la zoología. Para Russell, creer que tales seres existen no es más que una evasión "lastimosa y mezquina"[72], así se haga *bajo el matiz* de que tales existencias solo pueden darse en la literatura o en el mundo del arte. Según Russell no se puede afirmar que lo que existe en tal o cual obra literaria, por ejemplo, es un animal de carne y hueso que se mueve y respira por su propia iniciativa, sino que en realidad lo que existe es simple y llana-

---

[70] Es inevitable no señalar en este punto la influencia que tiene el cristianismo en su concepción de la ficción. Tolkien en otro pasaje anterior escribe: "La Fantasía sigue siendo un derecho humano: creamos a nuestra medida y en forma delegada, porque hemos sido creados; pero no sólo creamos, sino que lo hacemos a imagen y semejanza de un creador". Cfr. J. R. R. Tolkien, "Sobre los cuentos de hadas", *op. cit.*, p. 70.

[71] Hemos elegido no solo al profesor J. O. Cofré por ser uno de los más destacados exponentes del "mundo 3 o tercer reino" sino porque también creemos que es uno de los que ha logrado sistematizar a varios autores que comparten, en mayor o menor medida, la misma idea, a saber: A. Meinong, F. Martínez Bonati, L. Doležel, T. Pavel, T. Parsons y U. Eco, entre otros. Muestra de ello son sus trabajos *Examen filosófico de los entes de ficción* y *Filosofía del arte y la literatura*. Ambos trabajos son el fruto de su tesis doctoral *Sobre la naturaleza del fenómeno artístico y de los entes de ficción* realizada en el año 1984 en la Universidad Pontificia de Salamanca.

[72] B. Russell, "Descripciones", *op. cit.*, p. 48.

mente una descripción definida y no un individuo, un ejemplar al que podamos nombrar.

Ahora bien, si tales "entes de ficción" son nada más que una imprecisión de nuestro lenguaje y además una evasión de nuestros deseos humanos, "¿cómo es posible —se pregunta Cofré— que un hablante pueda 'referirse' a tal o cual 'ente de ficción'?". Según el autor chileno, cuando un individuo habla de tal o cual ente de ficción no está pretendiendo que exista "realmente", como existen las cosas en el mundo actual, sino que lo que pretende es *simplemente* poder nombrar a tal ente de ficción *única y exclusivamente* como habitante de un mundo de ficción o un reino 3. Para Cofré, el problema de Russell es su noción estrecha de existencia, pues tal noción se restringe únicamente al mundo "real y actual", esto es, al mundo que habitamos. Frente a tal restricción de Russell, el autor chileno afirma categóricamente *que los entes de ficción existen* y para ello propone un mundo o tercer reino en donde tales seres habitan.

A la pregunta: ¿cómo es posible que se pueda hablar de tales entes de ficción si no cuentan con referencia alguna? Cofré exige tener en cuenta la distinción entre *sentido* y *referencia* hecha por Frege. Para el autor chileno hay un tipo de discursos, como el científico o el histórico, que requieren tanto sentido como referencia, pero hay otros, como el ficticio, que solo poseen sentido y no exigen referencia alguna. Tales discursos, según el autor, pueden ser comprendidos sin dificultad por cualquier hablante u oyente que conozca bien la lengua. Los muchos lectores de una obra de ficción pueden comprender *esencialmente* el mismo discurso, ya que lo que captan es el *sentido* expresado en el discurso. "*El sentido no varía* —ratifica Cofré— *no cambia de un lector a otro*". Y continúa unas líneas más adelante:

> Así, pues, al leer diversos lectores el *Hamlet*, aunque puedan admitirse diferencias de interpretación, esencialmente estarán de acuerdo *en* que han conocido la misma obra, por variados

que pudieran ser los modos de representarse los pensamientos ahí expresados[73].

De este modo, sostiene el autor chileno, se puede hablar perfectamente de los personajes de ficción sin estar comprometido con su referencia, pues a tales oraciones que se dan en una obra narrativa les basta el sentido para ser plenamente significativas. Cofré, siguiendo el famoso ejemplo de Frege, "Odiseo fue desembarcado en Ítaca mientras dormía profundamente"[74], afirma que es evidente que tal oración no tiene un referente llamado "Odiseo", pero del hecho de que no contemos con tal individuo no se sigue que la oración carezca de sentido, pues el sentido permanece invariable tenga o no una denotación el nombre "Odiseo". Resalta Frege en su artículo de 1918-1919 "El pensamiento. Una investigación lógica" que hay que admitir un *tercer reino o esfera* —o como dirá Cofré un *tercer dominio*—, pues: "Lo que a ella pertenece coincide con las representaciones en que no puede ser percibida con los sentidos, y con los objetos, en que no necesita de un portador a cuyos contenidos de conciencia pertenezca"[75].

Siguiendo a Frege, Cofré afirma que los personajes de ficción no requieren un portador para ser significativos, pues tales personajes no pertenecen al mundo actual, empírico, sino que pertenecen más bien a un *tercer dominio o reino*. El sentido o

---

[73] J. O. Cofré, "La paradoja de la narración", *op. cit.*, p. 322.

[74] Este punto fue tratado en el primer apartado del primer capítulo de esta investigación. Cfr. G. Frege, "Sobre sentido y referencia", *op.cit.*, pp. 29-30.

[75] G. Frege, "El pensamiento. Una investigación lógica", *op. cit.*, p. 148. Escribe Cofré a propósito de este pasaje de Frege: "Los *sentidos* pertenecerían a una especie de realidad supra objetiva, independiente, por tanto, de la realidad empírica y de la realidad psicológica. Todos estos nombres que no tienen denotación apuntarían a la existencia de un tipo de entidades que se ha dado en llamar del 'tercer reino'. Pero hay que dejar claro que no se trata tan sólo de explicar nombres propios como 'el rey de Francia' o 'Ulises' sino oraciones completas. No es lo mismo decir 'Nausicaa' que decir 'Odiseo encontró a Nausicaa al ser arrastrado a las playas de país de los reacios'". Cfr. J. O. Cofré, *Examen filosófico de los entes de ficción, op. cit.*, p. 37.

cúmulo de sentidos permite que un enunciado sea perfectamente significativo. Escribe el autor:

> En consecuencia, oraciones como "el rey de Francia es soltero", "Ulises es griego", "don Quijote arremetió contra los molinos de viento", "Melquíades enseñó el arte de la alquimia a José Arcadio Buendía" y todas las de este tipo —y con ellas todas las oraciones de la literatura, la literatura toda— expresarían pensamientos y estos pensamientos serían las objetividades *el rey de Francia es soltero, Ulises es griego, don Quijote arremetió contra los molinos de viento*, etc.
> Es fácil concluir de la teoría de Frege que los entes de ficción son pensamientos. No pertenecen ni a nuestras representaciones ni al mundo de las cosas materiales, *sino al tercer reino, el reino de los pensamientos*[76].

De este modo, el autor chileno sostiene que no hay una realidad única, exclusiva y absoluta. Por eso mismo, todas las entidades "existen", de modos distintos, según en qué "realidad", "mundo" o "reino" se encuentren. Según Cofré, al hablar no de una única realidad sino de realidades, damos paso a una filosofía más *rica, creativa y original* que aquella que nos mantiene ligados a la idea de un único mundo. "Los mundos de ficción instaurados por las obras de arte son, pues, tan auténticamente mundos como los mundos de la vida cotidiana o los mundos de los que habla la ciencia"[77].

Se deben distinguir, por lo tanto, tres niveles de existencia o de realidad (o tres versiones diferentes de la realidad) independientes y distintos y que no permiten ser mezclados y confundidos entre sí. Por eso mismo, los entes de ficción, al pertenecer a una "realidad" particular, tienen, de igual modo,

---

[76] J. O. Cofré, *Examen filosófico de los entes de ficción, op. cit.*, p. 41.
[77] J. O. Cofré, *Examen filosófico de los entes de ficción, op. cit.*, pp. 106-107. Esta misma idea la sostiene Nelson Goodman a lo largo del capítulo seis titulado "La fabricación de los hechos" de su libro *Maneras de hacer mundo*.

una "particular" forma de existir. De este modo, según Cofré, es fácil concluir de la teoría de Frege que los *entes de ficción son pensamientos*, pues no pertenecen ni a nuestras representaciones ni al mundo de las cosas materiales. Los entes de ficción pertenecen a un tercer reino. Dice Cofré:

> En esta teoría los entes de ficción *son* algo, tienen existencia y, por lo tanto, no podemos sino reconocerlos en nuestra ontología como una especie más de entes que pueblan la realidad (siempre que no entendamos "realidad" en un sentido estrecho, tempóreo-espacial)[78].

Tenemos entonces: la *confusión* se presenta cuando se toma inadvertidamente un determinado nombre como "unicornio", "Pegaso" o "Quijote" del reino de la ficción y lo trasladan arbitrariamente al mundo actual, exigiendo de tal nombre de ficción el ejemplar que dé testimonio del nombre, saltándose, de este modo, *el reino* al cual pertenece tal ente de ficción.

Cofré, con la idea de un *mundo tres*, no pretende afirmar que exista real e históricamente un particular llamado "Pegaso", o un particular llamado "unicornio" o "Aureliano Buendía", sino lo que intenta es deslegitimar de una vez por todas la idea de que un nombre es una etiqueta puesta sobre el objeto, esto es, la idea *de que un nombre debe contar inexorablemente con el objeto nombrado*.

De esta manera, para Cofré no tienen peso las críticas provenientes de las teorías economistas que lo acusan de inflacionismo ontológico y que le exigen la existencia de ejemplares para tales nombres de ficción. Estas teorías lo que demuestran, según el autor chileno, es una confusión de reinos y la atadura al compromiso referencialista. Se debe dejar de suponer que la significatividad de un nombre depende exclusivamente del

---

[78] J. O. Cofré, *Examen filosófico de los entes de ficción, op. cit.*, pp. 41-42.

objeto nombrado, pues basta su sentido (o cúmulo de sentidos) para ser significativo.

Cofré escribe en su libro *Examen filosófico de los entes de ficción* que:

> Los verdaderos problemas —y la verdadera falacia de la referencia— se inician cuando inadvertidamente tomamos un nombre de un determinado reino de existencia y lo trasladamos a otro, sea como sujeto o como predicado de una oración. La solución de la paradoja no consiste en rechazar sin más, a la manera de Bunge o de Ryle por ejemplo, las oraciones relativas a entes de ficción como carentes de sentido, sino en ubicar el término en su nivel de existencia adecuado y en impedir que se mezcle con otro término que corresponde a otro reino de la existencia, dando origen así a ciertos engendros y monstruos semánticos como "Don Quijote es un número primo" o, "Napoleón visitó la ínsula de Barataria". Aquí las paradojas se derivan de confundir diversos niveles de realidad o versiones de mundo[79].

4.3.3. LOS MUNDOS DE LA FICCIÓN: CONSTRUCCIONES, OBRAS ABIERTAS Y COOPERACIÓN

Como vimos en capítulos anteriores, Saul Kripke recuperó la idea leibniziana de *mundos posibles*, entendiéndolos no como mundos extraños, planetas lejanos, o lugares estratosféricos que de algún modo existen en una dimensión diferente a la nuestra. Para Kripke tales mundos no son lugares apartados que *descubrimos* o que vemos a través de un telescopio, de ahí que sea posible reemplazar la terminología 'mundos' por el habla modal "es posible que...", que permite, por otro lado, hablar mejor de situaciones contrafácticas o de posibilidades de ser que de mundos posibles[80]. De este modo, cuando hablamos,

---

[79] J. O. Cofré, *Examen filosófico de los entes de ficción, op. cit.*, pp. 124-125.
[80] Cfr. S. Kripke, *El nombrar y la necesidad, op. cit.*, p. 21. El profesor J. O. Cofré

bien sea de personajes o de entes de ficción, no es posible no referirse, como resalta Cofré, al lugar o al hábitat que acoge a tales seres de ficción. Este lugar —especialmente particular— es lo que generalmente se enuncia con el nombre metafórico de *mundo(s) posible(s)*, convirtiéndose dicha noción en una de las más recurridas y válidas a la hora de dar cuenta de los mundos que son fruto de la creación artística, como pueden ser los creados por la literatura[81].

Aunque Odiseo, Telémaco o Penélope no sean seres de carne y hueso, como lo exige Russell, no podemos negar que tales personajes habitan en un lugar con sus diferentes propiedades en el mundo de ficción escrito por Homero. Son identificables en el mundo de ficción construido por la narración del autor griego. Como dice Eco: "*un mundo posible es una construcción cultural*". De ahí que un autor, al construir una obra como *Caperucita Roja*, amueble *un mundo narrativo* con una considerable cantidad de individuos, lugares y objetos, a saber: la niña, la abuela, el lobo feroz, el bosque y las manzanas. De este modo, continúa el autor italiano, "el mundo de la fábula

---

cree también que, en lugar de decir que los entes de ficción, por ejemplo, se descubren, lo que hay que decir es que tales seres son fruto de la invención y la creatividad humana. Escribe el autor chileno: "nosotros inventamos entes de ficción cuando hablamos acerca de objetos que no existiendo en realidad existen sin embargo como objetos intencionales de nuestra conciencia imaginante y sólo mientras los imaginamos. No descubrimos los entes de ficción así como al mirar a través de la ventana descubrimos árboles, automóviles, gente, edificios, rocas, el cielo y el mar que existen por sí mismos y que seguirán existiendo así cerremos la ventana o nunca la hayamos abierto". Cfr. J. O. Cofré, *Examen filosófico de los entes de ficción, op. cit.*, p. 45.

[81] Como ya hemos advertido, elegimos la literatura, no solo por gusto personal, sino por tratarse de una de las manifestaciones artísticas donde nos encontramos con una considerable variedad de ejemplos de personajes de ficción. Pero somos conscientes de que la pintura también puede servir como ejemplo. Basta con ver algunas de las obras de El Bosco, como puede ser su famoso cuadro *El jardín de las delicias*, en el que podemos encontrarnos con un perfecto y extenso mundo de ficción. Recomendamos, para el caso de la pintura, leer los capítulos quinto y sexto del libro *Los lenguajes del arte* de Goodman. Cfr. N. Goodman, *Los lenguajes del arte. Aproximación a la teoría de los símbolos*. Trad. J. Cabanes (Barcelona, Seix Barral 1976).

de Caperucita Roja como el mundo doxástico de la niña, han sido 'hechos' por Perrault"[82].

Ficción son los *mundos que se construyen en la literatura* o, por decirlo con el pensamiento de Calvino con el que iniciábamos este apartado, *lo que lees sucede en un mundo específico que es el mundo de la palabra escrita*.

Algunos de los autores más representativos de la teoría de la ficción, como U. Eco y L. Doležel, se refieren a la noción de *mundos posibles*. De ahí que sea más conveniente hablar, en plural, de mundos posibles y no de un único mundo posible, ya que no tenemos una sola obra narrativa sino muchas. Entendemos, de este modo, que los mundos de ficción son los diferentes mundos *construidos*, los distintos *tejidos* que se cruzan y se superponen entre sí gracias a la capacidad del hombre de trenzar hilos, de hacer, finalmente, arte[83].

Escribe I. Calvino en *De fábula* que en toda obra el escritor de ficción se vale de una serie de pasos en los que la libertad inventiva se complementa con unas técnicas de construcción. Continúa el autor italo-cubano:

> Dado un tema, existe un cierto número de pasos obligados para llegar a la resolución, los "motivos" que los diversos "tipos" intercambian entre sí (la piel de caballo que se lleva el águila, el

---

[82] U. Eco, *Lector in fabula, op. cit.*, p. 183. También L. Doležel afirma: "Los mundos ficcionales de la literatura tienen un carácter específico por estar incorporados en textos literarios y por funcionar como artefactos culturales". L. Doležel, "Mimesis y mundos posibles". Trad. M. Baselga, en: A. Garrido Domínguez (ed.), *Teorías de la ficción literaria, op. cit.*, p. 78. También Doležel escribe en su libro *Heterocósmica. Ficción y mundos posibles*: "El universo de los mundos posibles se amplía y diversifica constantemente gracias a la incesante actividad constructora de mundos de las mentes y las manos humanas. La ficción literaria es probablemente el laboratorio experimental más activo de la actividad constructora de mundos". Cfr. L. Doležel, *Heterocósmica. Ficción y mundos posibles*. Trad. F. Rodríguez (Madrid, Arco/Libros 1999), p. 9.

[83] Queremos resaltar, de este modo, el texto como un trenzado de múltiples elementos. Sobra recordar que "texto" viene del latín *textus*, que significa tejido, entrelazado, tela, hilos cruzados y, finalmente, lo escrito en una obra.

pozo al que se desciende para internarse en el mundo subterráneo, las muchachas-paloma a quienes les roban el vestido mientras se bañan, las botas mágicas y el manto sustraído a los ladrones, las tres nueces que hay que partir, la casa de los Vientos, donde se recibe información sobre el camino que hay que tomar, etcétera); del narrador depende organizarlos, ponerlos uno sobre otro como ladrillos de una pared, escurriéndose con rapidez en los puntos muertos (...) y utilizando como cemento su arte grande o pequeño, los añadidos propios, el colorido de sus paisajes, sus fatigas y sus esperanzas, sus propios "contenidos"[84].

Los mundos de ficción son *construcciones* que se identifican entre sí por el hecho mismo de ser ficciones. Ahora bien, se identifican pero no se puede decir que sean idénticos. Tales *mundos de ficción son diferentes entre sí* de acuerdo a los variados artificios que internamente pueda presentar una obra literaria; al ser construcciones, su variedad y pluralidad están aseguradas. No se limitan tales mundos a intentar copiar (*mimesis*) o a tomar prestados ciertos elementos del mundo actual, sino que por el contrario el trabajo del artista se despliega aquí, pues las barreras caen para dar paso al libre juego de la creación artística en el ilimitado terreno que abre la ficción[85].

---

[84] I. Calvino, "Un viaje al país de las hadas", en: I. Calvino, *De fábula*. Trad. C. Palma y C. Gardini (Madrid, Ediciones Siruela 1998), p. 69.

[85] Ahora bien, recordemos que Aristóteles en la *Poética* afirmaba que *se debe preferir lo imposible verosímil a lo posible increíble*. Las obras, para el autor griego, no deben componerse de partes irracionales, restringiendo de este modo, las libertades del escritor. Cfr. Aristóteles, *Poética*. Trad. V. García Yebra (Madrid, Editorial Gredos 1974), 1460 a, p. 223. Escribe el profesor A. Garrido Domínguez a propósito de esto que: "Obviamente la compatibilidad absoluta es la propia de géneros como la historia, la biografía y el periodismo en general. Los textos ficcionales pueden reproducir con la máxima precisión la realidad pero, para evitar su confusión, han de apartarse de ella al menos en un rasgo: su naturaleza ficcional. En una escala de menos a más —y, por tanto, de menor a mayor dificultad en la accesibilidad de un mundo a otro— se encuentran la llamada 'ficción de lo real' (*A sangre fría*, de T. Capote), 'ficción histórica y realista' (novela histórica), 'fabulación histórica'

Por eso podemos afirmar que los mundos plagados de elfos, de hobbits o de hadas escritos por Tolkien, o los de la ciencia-ficción, no son más mundos de ficción que las obras "realistas" narradas, por ejemplo, por el genio de Tolstoi o de Víctor Hugo. La coherencia, las contradicciones o las diversas maneras como se pueden presentar las obras de ficción dependen de la particular historia compuesta por el genio narrativo. La ejecución de una obra pertenece solo al autor, afirma Henry James, pues es lo más suyo y personal, cuya ventaja y deleite, además de tormento y responsabilidad, "es que no hay límite para lo que puede intentar como ejecutante: no hay límite para sus posibles experimentos, esfuerzos, descubrimientos, logros"[86].

De este modo tenemos que los mundos de ficción gozan de la misma —por llamarla de algún modo— "sustancia" o "naturaleza" ficcional, que sirve para que los reconozcamos, pero no para que los unifiquemos. Escribe L. Doležel que, desde esta perspectiva,

> un mundo ficcional se presenta como un conjunto de particulares ficcionales componibles, caracterizados por su propia organización global y macro-estructural. La estructura y la especificidad son aspectos complementarios de la individualización del mundo[87].

Aunque se presenten regularmente ciertos *parecidos de familia*, los mundos de ficción no son homogéneos. No se puede hablar de un modelo único que sirva para la fabricación de

---

(con modificaciones del fondo histórico), 'ficción realista en tierra de nadie' (sin localización geográfica precisa), 'relatos de anticipación', 'ciencia ficción', 'cuentos de hadas', 'leyenda fantástica', 'realismo fantástico'". Cfr. A. Garrido Domínguez, "Teorías de la ficción literarias: los paradigmas", *op. cit.*, p. 19.

[86] H. James, "El arte de la ficción", en: H. James, *El futuro de la novela, op. cit.*, p. 21.
[87] L. Doležel, "Mimesis y mundos posibles", *op. cit.*, p. 81.

otros mundos, ya que unos mundos de ficción pueden estar escritos sobre y desde otros, o pueden no tener nada que ver con algo anteriormente escrito.

Los mundos de ficción, al ser impredecibles e ilimitados, en este caso, aquí juega la *habilidad* tanto del autor como del lector para rastrear las huellas dejadas en cada mundo creado. El grado de complejidad o sencillez de tales mundos depende en gran parte del genio literario. Parafraseando a Eco: la ficción es una estructura rizomática, ya que cada detalle puede conectarse con cualquier otro detalle, no tiene centro ni periferia, es potencialmente infinita y *estructurable, esto significa que, a pesar de ser una construcción, la ficción nunca estará definitivamente estructurada*[88].

Ahora bien, en lo que se refiere a construcciones artísticas, los diferentes mundos de ficción no parten de un mismo lugar, de una *estrofa común*. Algunos renuncian a todo intento de *mimesis* para dar paso a la libertad inventiva. De ahí que no importa si el escritor toma o deja de tomar "elementos" de la realidad, lo que importa es que eso que toma no puede ser identificado con la realidad misma. No puede afirmarse, por ejemplo, que el Napoleón de Tolstoi es el mismo que aparece en los libros de historia de Francia. O, por ejemplo, como dice Searle, no se puede decir que el Londres que describen los libros de Sherlock Holmes es el mismo Londres actual. Que se hable de la misma ciudad no significa que esta sea la misma: una ciudad se encuentra en el mundo narrado por Conan Doyle y la otra se encuentra en el mundo actual descrito por los geógrafos e historiadores. Según Goodman, si bien la literatura, en algunas ocasiones, puede traer biografías e historias que son parcialmente o totalmente "falsas", tales "errores" (si se

---

[88] Umberto Eco se está refiriendo a la construcción de su laberinto en *El nombre de la rosa*. Creemos que nos sirve tal ejemplo para ratificar el carácter también rizomático de las construcciones ficticias. Cfr. U. Eco, "Apostillas a *El nombre de la rosa*", *op. cit.*, p. 764.

pueden llamar así) no son ningún error de la ficción. La ficción no tiene por qué dar cuenta de lo que narra[89]. Por otra parte, escribe L. L. Doležel que "la existencia de los individuos ficcionales no depende de los prototipos reales. Es irrelevante para el Robin Hood ficcional si un Robin Hood histórico ha existido o no"[90]. Por lo mismo, a los mundos de ficción no se les exige que se encuentren en el archivo del mundo actual; están exentos de tales compromisos. Esta falta de compromiso hace de ellos, por llamarlos de algún modo, mundos incompletos, mundos que no cuentan con los requisitos verticales del mundo serio. Pero aquí precisamente está su riqueza. Vargas Llosa dice a propósito de *Los miserables* de Víctor Hugo que dicha obra no es un testimonio de la sociedad francesa sino

> una hermosa ficción, inventada a partir de aquella realidad y de los ideales, sueños, traumas, angustias, obsesiones —los demonios— del primer romántico de Francia. Lo que hay de documental en el libro no es siempre exacto y ha envejecido. Lo que conserva su frescura y encanto es todo aquello que Víctor Hugo estilizó, embelleciéndolo o ennegreciéndolo, al compás de su fantasía[91].

Tanto la filosofía como la literatura están de acuerdo en que los mundos de ficción tienen este rasgo distintivo de *no ser exactos* sino *mundos incompletos*, o, en palabras de Eco, *mundos impedidos*[92]. Tenemos entonces que una de las riquezas de los mundos de ficción es su *carácter incompleto frente al carácter completo del mundo actual*. Tal falta de completitud,

---

[89] Cfr. N. Goodman, *De la mente y otras materias, op. cit.*, p. 194.
[90] L. Doležel, "Mimesis y mundos posibles", *op. cit.*, p. 79.
[91] M. Vargas Llosa, *La tentación de lo imposible, op. cit.*, pp. 51-52.
[92] U. Eco, *Los límites de la interpretación, op. cit.*, p. 227. También L. Doležel "Possible Worlds and Literary Fictions", en: S. Allén (ed.), *Possible Worlds in Humanities, Arts and Sciences. Proceedings of Nobel Symposium* 65 (Berlin, Walter de Gruyter 1989), pp. 233-234.

nuevamente lo recalcamos, no significa en absoluto pobreza alguna, sino todo lo contrario, pues, al estar los mundos de ficción exentos de la obligación de dar cuenta a un archivo o a un registro exhaustivo, sus diferentes "criaturas", situaciones o lugares se pueden mover bajo el halo de libertad, misterio, incompletitud y extrañeza que tanto enriquece a una buena obra de ficción. Tales licencias, como advierte Searle, *son movimientos permitidos en los discursos no-serios*.

Según esto, a unas obras como las de Tolkien, C. S. Lewis, Dickens o U. Eco, por ejemplo, que contienen "tremendas" y amplias cartografías, les faltará finalmente, en mayor o en menor medida, cierta información para ser mundos completos[93]. Esta falta de completitud permite que la obra se presente como un texto abierto que cada lector intentará "recrear" o completar de algún modo con nuevos artificios. Las obras de literatura, por ser ficciones, no están del todo cerradas, son siempre *obras abiertas*. En este importante detalle está, creemos, una de las riquezas más significativas de una obra de ficción, a diferencia, por ejemplo, de las rigurosas o fieles crónicas.

Ellas, las obras de ficción, al estar abiertas, permitirán siempre el *acceso del lector* al mundo de ficción por medio de los textos literarios. Puede accederse a los mundos de ficción desde el mundo actual *a través* de la cooperación que se da a la hora de interpretar una obra de ficción. Como advertíamos líneas atrás, entre *el autor, la obra y el lector* existe una estrecha relación de cooperación que permite que un texto deje de ser una propiedad exclusiva para convertirse en una obra participativa y actualizable.

---

[93] U. Eco nos dice que, por ejemplo, "*Edipo Rey* es la historia de la trágica inaccesibilidad. Edipo se quita la vista porque ha sido incapaz de ver que estaba viviendo en un mundo que no era accesible por parte del mundo real. Para comprender la tragedia, al Lector Modelo le toca reconstruir la *fábula* (la historia, lo que ha sucedido realmente) como un curso de acontecimientos temporalmente ordenado (…). Los personajes narrativos viven en un mundo *impedido*". Cfr. U. Eco, *Los límites de la interpretación, op. cit.*, pp. 226-227.

Como afirma el profesor L. Doležel, los textos son construcciones inexorablemente públicas. Los mundos de ficción están *disponibles pública y permanentemente* en los textos, en las obras ficcionales. De este modo, escribe el autor:

> Mientras el texto exista, su mundo puede ser reconstruido en cualquier momento por las actividades lectora e interpretativa de potenciales receptores. Desde el punto de vista del lector, el texto de ficción puede caracterizarse como una serie de instrucciones mediante las cuales el mundo ficcional ha de ser recuperado y reconstruido[94].

Con las obras de ficción se da el paso constante a la *interpretación*, *a un hecho estético*, como lo llamaba Borges, pues el lector, al poder completar y *acceder* a la obra, le dará cada vez una nueva significatividad que antes no tenía. Escribe Borges para una de sus conferencias en la Universidad de Belgrano: "El hecho estético requiere la conjunción del lector y del texto y sólo entonces existe. Es absurdo suponer que un volumen sea mucho más que un volumen. Empieza a existir cuando un lector lo abre. Entonces existe el fenómeno estético, que puede parecerse al momento en el cual el libro fue engendrado"[95]. De este modo, la función propiamente de una obra no acaba cuando se termina de escribir, necesita, además, ser puesta en *movimiento*, es decir, debe ser leída para que acontezca el *hecho estético*.

Nelson Goodman afirma que la realización (*implementation*) de una obra de arte se da en la ejecución (*execution*) de la misma. Una obra narrativa quedará concluida al ser escrita, un cuadro al ser pintado, y una obra de teatro cuando es interpretada. Ahora bien, añade el autor norteamericano, una novela olvidada en un cajón, un cuadro amontonado en un sótano, o

---

[94] L. Doležel, "Mimesis y mundos posibles", *op. cit.*, p. 89.
[95] J. L. Borges, "El cuento", en: J. L. Borges, *Borges oral*, *op. cit.*, p. 63.

una obra interpretada en un teatro vacío no se realizan, no se constituyen como tales, pues,

> para que la novela funcione, deberá ser publicada de un modo u otro, la pintura tendrá que ser mostrada pública o privadamente, y la obra presentada ante un público. La publicación, la exhibición y la representación ante un público son medios de realización —o modos de que las artes formen parte de la cultura—[96].

Tanto es así que un objeto puede ser considerado una obra de arte en ciertos momentos y no en otros. Se *convierte en obra de arte* solo cuando funciona como un símbolo de una manera determinada. Continúa Nelson Goodman diciendo que:

> La piedra no es normalmente una obra de arte cuando yace en la carretera, pero pudiera serlo en una exposición que se realiza en un museo. (…) Y, por el contrario, un cuadro de Rembrandt puede dejar de funcionar como obra de arte cuando se emplea para sustituir a una ventana rota o cuando se usa como una manta[97].

Para terminar, nos resta decir con Searle, Eco, o Doležel que *no hay una sola y simple respuesta a la hora de delimitar la ficción*[98] —quizás sea ese su mérito— y tal vez lo único que no admite reparos es el importante, crucial y muchas veces minusvalorado papel que juega la capacidad del hombre para crear, recrear e inventar no solo obras de ficción o textos narrativos, sino toda una variedad de *construcciones* que le permiten comprender, interpretar y finalmente desenvolverse con lo que lo rodea.

---

[96] N. Goodman, *De la mente y otras materias*, op. cit., p. 217.
[97] Goodman advierte en *Maneras de hacer mundo* que la pregunta correcta no es saber ¿qué es el arte? o ¿qué objetos son permanentemente obras de arte? sino más bien ¿cuándo hay una obra de arte? o, de forma más simple, ¿cuándo hay arte? Cfr. N. Goodman, *Maneras de hacer mundo*, op. cit., p. 98.
[98] J Searle, "The Logical Status of Fictional Discourse", *op. cit.*, p. 74.

En 1889 Oscar Wilde publicó *La decadencia de la mentira*[99]. En este texto el autor irlandés criticaba los valores dominantes de la cultura victoriana, su concepción del arte y su absurdo rechazo hacia las obras de ficción, pues eran concebidas *como simples mentiras y evasiones*. Desde esta crítica wildeana y, ¿por qué no?, nietzscheana, aceptemos la invitación del escritor sudamericano Mario Vargas Llosa al rico y arriesgado juego de la ficción:

> Es también la razón de ser de la ficción, mentira gracias a la cual podemos tramposamente completar las insuficiencias de la vida, ensanchar las fronteras asfixiantes de nuestra condición y acceder a mundos más ricos o más sórdidos o más intensos, en todo caso distintos del que nos ha deparado la suerte. Gracias a los embustes de la ficción la vida aumenta, un hombre es muchos hombres, el cobarde es valiente, el sedentario nómada y prostituta la virgen. Gracias a la ficción descubrimos lo que somos, lo que no somos y lo que nos gustaría ser. Las mentiras de la ficción enriquecen nuestras vidas, añadiéndoles lo que nunca tendrán, pero, después, roto su hechizo, las devuelven a su orfandad, brutalmente conscientes de lo infranqueable que es la distancia entre la realidad y el sueño. A quien no se resigna y, pese a todo, quiere lanzarse al precipicio, la ficción lo espera, con sus manos cargadas de espejismos erigidos con la levadura de nuestro vacío: "Pasa, entra ven a jugar a las mentiras"[100].

---

[99] O. Wilde, *La decadencia de la mentira (bilingüe)*. Trad. L. Martínez Victorio (Madrid, Langre 2002).

[100] M. Vargas Llosa, "El teatro como ficción", en: *Teatro. Obra reunida* (Madrid, Alfaguara 2006), pp. 131-132.

BIBLIOGRAFÍA

Allén, S. (ed.), *Posible Worlds in Humanities, Arts and Sciences. Proceedings of Nobel Symposium 65* (Berlin, Walter de Gruyter 1989).
Acero, J. J., Bustos, E., Quesada, D., *Introducción a la filosofía del lenguaje* (Madrid, Cátedra 1996).
Aristóteles, *Poética*. Trad. V. García Yebra (Madrid, Editorial Gredos 1974).
Arrington, R. L., "La autonomía del uso en las *Investigaciones filosóficas*", en: Flórez, A., Holguín, M., Meléndez, R. (eds.), *Del espejo a las herramientas. Ensayos sobre el pensamiento de Wittgenstein*, (v.), pp. 157-181.
Austin, J. L., *Cómo hacer cosas con palabras. Palabras y acciones*. Trad. G. R. Carrió y E. A. Rabossi (Barcelona, Paidós 1982).
Ayer, A. J., *Lenguaje, verdad y lógica*. Trad. M. Suárez (Barcelona, Ediciones Martínez Roca 1971).
Baum, W., *Ludwig Wittgenstein*. Trad. J. Ibáñez (Madrid, Alianza 1988).
Baker, G. P. & Hacker, P. M. S., *Wittgenstein: Rules, Grammar and Necessity. An Analytical Commentary on the Philosophical Investigations. Volume 2* (Oxford, Basil Blackwell 1985).

_____, *Wittgenstein's Philosophical Investigations. An Analytical Commentary on the Philosophical Investigations. Volume 1* (Oxford, Basil Blackwell 1988).
Berkeley, G., *Tratado sobre los principios del conocimiento humano*. Trad. C. Mellizo (Madrid, Alianza 1992).
Bernstein, R., *The Pragmatic Turn* (Cambridge, Polity Press 2010).
Beuchot, M., "Breves consideraciones sobre el problema pensamiento-lenguaje en D. Davidson", en: E. Villanueva (comp.), *Quinto Simposio Internacional de Filosofía. Vol. I* (México, UNAM 1992), pp. 73-75.
_____, "La teoría de la verdad en Strawson", en: Caorsi, C. E. (ed.), *Ensayos sobre Strawson* (Montevideo, Universidad de la República 1993), pp. 7-27.
_____, "Realismo, epistemología y clases naturales en Hilary Putnam", en: *Diánoia* (México, UNAM 1992), pp. 107-113.
Borges, J. L., *El libro de los seres imaginarios* (Barcelona, Bruguera 1982).
_____, *Otras inquisiciones* (Madrid, Alianza 1989).
_____, *Antología poética 1923/1977* (Madrid, Alianza 1993).
_____, *El Aleph* (Madrid, Alianza 1994).
_____, *Ficciones* (Madrid, Alianza 1994).
_____, *El jardín de senderos que se bifurcan* (Madrid, Alianza 1994).
_____, *Obras completas* I (Barcelona, Emecé 1996).
_____, *Borges oral* (Madrid, Alianza 1998).
_____, *Nueve ensayos dantescos* (Madrid, Alianza 1999).
_____, "La casa de Asterión", en: Borges, J. L. *El Aleph*, (v.), pp. 69-72.
_____, "Pierre Menard, autor del Quijote", en: Borges, J. L. *Obras completas* I, (v.), pp. 444-450.
_____, "El jardín de senderos que se bifurcan", en: Borges, J. L., *Obras completas* I, (v.), pp. 472-480.
_____, "Tlön, Uqbar, Orbis Tertius", en: Borges, J. L., *Obras completas* I, (v.), pp. 431-443.

_____, "El idioma analítico de John Wilkins", en: Borges, J. L., *Otras inquisiciones*, (v.), pp. 102-106.
Brand, *Los textos fundamentales de Ludwig Wittgenstein*. Trad. J. Muñoz e I. Reguera (Madrid, Alianza 1987).
Bustos, E., "Perspectivas de la filosofía analítica en el siglo XXI", en: *Revista de Filosofía*, 2, (2006), p. 45.
Cabanchik, S., Penelas, F. y Tozzi, V., *El giro pragmático en la filosofía* (Barcelona, Gedisa 2003).
Calvino, I., *Punto y aparte. Ensayos sobre literatura y sociedad*. Trad. G. Sánchez Ferlosio (Barcelona, Tusquets 1995).
_____, *De fábula*. Trad. C. Palma y C. Gardini (Madrid, Siruela 1998).
_____, "Los niveles de realidad en la literatura", en: Calvino, I. *Punto y aparte. Ensayos sobre literatura y sociedad*, (v.), pp. 341-345.
_____, "Un viaje al país de las hadas", en: Calvino, I., *De fábula*, (v.), pp. 25-71.
Camps, V., *Pragmática del lenguaje y filosofía analítica* (Barcelona, Península 1976).
Carrió, G. R. y Rabossi, E. A., "La filosofía de John L. Austin", en: Austin, J. L., *Cómo hacer cosas con palabras. Palabras y acciones*, (v.), pp. 7-35.
Chisholm, R. M., (ed.), *Realism and the Background of Phenomenology* (Illinois, The Free Press 1960).
Cofré, J. O., *Filosofía del arte y la literatura* (Valdivia, Fondecyt/Universidad Austral de Chile 1991).
_____, "La paradoja de la narración: de los actos de habla a los actos de conciencia", en: *Revista de Filosofía*, 6 (1991), pp. 311-333.
_____, *Examen filosófico de los entes de ficción* (Valdivia, Universidad Austral de Chile 1993).
Copleston, F., *Historia de la filosofía. De Ockham a Suárez*. Trad. J. C. García-Borrón (Barcelona, Ariel 1981).
Cortázar, J., *Obras completas* (Barcelona, Círculo de Lectores 2004).

_____, *Rayuela*, en: Cortázar, J., *Obras completas*, (v.), pp. 41-629.
Currie, G., *The Nature of Fiction* (New York, Cambridge University Press 1990).
D'Agostini, F., *Analíticos y continentales. Guía de la filosofía de los últimos treinta años*. Trad. M. Pérez Gutiérrez (Madrid, Cátedra 2000).
Danto, A. C., *La transfiguración del lugar común. Una filosofía del arte*. Trad. A. y A. Mollá Román (Barcelona, Paidós 2002).
Doležel, L., *Heterocósmica. Ficción y mundos posibles*. Trad. F. Rodríguez (Madrid, Arco/Libros 1999).
_____, "Possible Worlds and Literary Fictions", en: Allén, S., (ed.), *Posible Worlds in Humanities, Arts and Sciences. Proceedings of Nobel Symposium 65*, (v.), pp. 221-249.
_____, "Mimesis y mundos posibles". Trad. M. Baselga, en: Garrido Domínguez, A., (ed.), *Teorías de la ficción literaria*, (v.), pp. 78.
Dummett, M., *Frege. Philosophy of Language* (London, Duckworth 1981).
_____, *Origins of Analytical Philosophy* (London, Duckworth 1993).
Eco, U., *Lector in fabula. La cooperación interpretativa en el texto narrativo*. Trad. R. Pochtar (Barcelona, Lumen 1987).
_____, *Semiótica y filosofía del lenguaje*. Trad. R. Pochtar (Barcelona, Lumen 1990).
_____, *Los límites de la interpretación*. Trad. H. Lozano (Barcelona, Lumen 1992).
_____, *El nombre de la rosa*. Trad. R. Pochtar (Barcelona, Debolsillo-Mondadori 2006).
_____, "Apostillas a *El nombre de la rosa*", en: Eco, U., *El nombre de la rosa*, (v.), pp. 735-776.
Evans, G., *The Varieties of Reference* (New York, Clarendon Press-Oxford 1982).
_____, *Ensayos filosóficos*. Trad. A. Tomasini (México, UNAM 1996).

Fann, K. T., *El concepto de filosofía en Wittgenstein*. Trad. M. A. Bertran (Madrid, Tecnos 1975).
Fann, K. T. (ed.), *Ludwig Wittgenstein: The Man and His Philosophy* (New Jersey, Humanities Press 1978).
Ferrater Mora, J., *Diccionario de filosofía* (Madrid, Alianza 1979).
Flórez, A., Holguín, M., Meléndez, R. (eds.), *Del espejo a las Herramientas. Ensayos sobre el pensamiento de Wittgenstein* (Bogotá, Siglo del Hombre Editores-Universidad Javeriana-Universidad Nacional de Colombia 2003).
Fogelin, R. J., *Wittgenstein* (London, Routledge & Kegan Paul Ltd 1995).
_____, "Wittgenstein's Critique of Philosophy", en: Sluga, H. & Stern, D. G., (eds.) *The Cambridge Companion to Wittgenstein*, (v.), pp. 34-58.
Frápolli, M. J., y Romero, E., *Una aproximación a la filosofía del lenguaje* (Madrid, Síntesis 1998).
_____, "La teoría de los actos de habla de J. Searle", en: M. J. Frápolli y E. Romero, *Una aproximación a la filosofía del lenguaje*, (v.), pp. 207-237.
_____, "Referencia y necesidad. El externalismo del significado de S. Kripke", en: M. J. Frápolli y E. Romero, *Una aproximación a la filosofía del lenguaje*, (v.), pp. 147-171.
Frege, G., *Conceptografía. Los fundamentos de la aritmética. Otros estudios filosóficos*. Trad. H. Padilla (México, UNAM 1972).
_____, *Escritos lógico-semánticos*. Trad. C. R. Luis y C. Pereda (Madrid, Tecnos, 1974).
_____, *Investigaciones lógicas*. Trad. L. Ml. Valdés Villanueva (Madrid, Tecnos 1984).
_____, *Escritos filosóficos*. Trad. J. Mosterín (Barcelona, Crítica 1996).
_____, "Sobre sentido y referencia". Trad. U. Moulines, en: L. Ml. Valdés Villanueva (ed.), *La búsqueda del significado*, (v.), pp. 24-45.
_____, "Función y concepto", en: Frege, G. *Escritos lógico-semánticos*, (v.), pp. 11-30.

_____, "El pensamiento. Una investigación lógica", en: Frege, G. *Escritos lógico-semánticos*, (v.), pp. 136-157.
Foucault, M., *Las palabras y las cosas. Una arqueología de las ciencias humanas*. Trad. E. C. Frost (Madrid, Siglo XXI 1999).
García-Carpintero, M., "Indexicals as Token-Reflexives", en: *Mind*, 107, (1998), pp. 529-563.
_____, "A Presuppositional Account of Reference-Fixing", *Journal of Philosophy*, xcvii (3), (2000), pp. 109-147.
_____, "Fiction-Making as an Illocutionary Act", *Journal of Aesthetics and Art Criticism*, 65, (2007), pp. 203-216.
_____, "Referencia y ficción", en: D. Pérez Chico (coord.), *Perspectivas en la filosofía del lenguaje* (Zaragoza, Prensas de la Universidad de Zaragoza, 2012), pp. 307-354.
García Márquez, G., *Cien años de soledad* (Madrid, Cátedra: Letras Hispánicas 2000).
García Suárez, A., *Modos de significar. Una introducción temática a la filosofía del lenguaje* (Madrid, Tecnos 1997).
Garrido Domínguez, A. (ed.), *Teorías de la ficción literaria* (Madrid, Arco/Libros 1997).
Garrido Domínguez, A., "Teorías de la ficción literaria: los paradigmas", en: Garrido Domínguez, A. (ed.), *Teorías de la ficción literaria*, (v.), pp. 11-40.
Glock, H-J., *¿Qué es la filosofía analítica?* Trad. C. García Trevijano (Madrid, Tecnos 2012).
Gómez Alonso, M. M., "Fundamentación y alcance del escepticismo", en: *Revista de la Facultad de Filosofía de la Universidad Autónoma Latinoamericana* (2004), pp. 101-112.
_____, "Individuos. Descripción y referencia en la filosofía analítica contemporánea", en: *Cuadernos salmantinos de filosofía* (Salamanca, Universidad Pontificia de Salamanca 2004), pp. 135-184.
_____, *Frágiles certidumbres. Wittgenstein y Sobre la certeza: duda y lenguaje* (Salamanca, Universidad Pontificia de Salamanca 2006).

_____, "Wittgenstein: ni revolución ni reforma en filosofía", en: *Cuadernos salmantinos de filosofía*, 35, (2008), pp. 397-452.

Gómez Dávila, N., *Escolios a un texto implícito. Selección* (Bogotá, Villegas Editores 2001).

Goodman, N. *Los lenguajes del arte. Aproximación a la teoría de los símbolos*. Trad. J. Cabanes (Barcelona, Seix Barral 1976).

_____, *Maneras de hacer mundos*. Trad. C. Thiebaut (Madrid, Visor 1990).

_____, *De la mente y otras materias*. Trad. R. Guardiola (Madrid, Visor 1995).

James, H., *El futuro de la novela*. Trad. R. Yahni (Madrid, Taurus 1975).

_____, "El arte de la ficción", en: James, H. *El futuro de la novela*, (v.), pp.15-37.

Katz, J. J. *Filosofía del lenguaje*. Trad. M. Suárez (Barcelona, Ediciones Martínez Roca 1971).

Kenny, A., *Wittgenstein*. Trad. A. Deaño (Madrid, Alianza 1988).

_____, *El legado de Wittgenstein*. Trad. J. A. Robles (México, Siglo XXI 1990).

_____, *Introducción a Frege*. Trad. C. García Trevijano (Madrid, Cátedra 1997).

_____, *La metafísica de la mente. Filosofía, psicología, lingüística*. Trad. F. Rodríguez Consuegra (Barcelona, Paidós 2000).

_____, *Breve historia de la filosofía occidental*. Trad. M. Candel (Barcelona, Paidós 2005).

Kolakowski, L., *Horror metaphysicus*. Trad. J. M. Esteban Cloquell (Madrid, Tecnos 1990).

Kripke, S., *El nombrar y la necesidad*. Trad. M. M. Valdés (México, UNAM 1995).

_____, *Wittgenstein: a propósito de reglas y lenguaje privado*. Trad. J. Rodríguez Marqueze (Madrid, Tecnos 2006).

_____, "Identidad y necesidad". Trad. M. M. Valdés, en: Valdés Villanueva, L. Ml. (ed.), *La búsqueda del significado*, (v.), pp. 98-130.

Latraverse, F., *La sombra del lenguaje*. Trad. M. Holguín (Bogotá, Universidad Nacional 1995).

_____, "Lenguaje y comunidad: a propósito del "antropologismo" de Wittgenstein", en: Latraverse, F., *La sombra del lenguaje*, (v.), pp. 63-82.

Lenk, H., *Wittgenstein y el giro pragmático en la filosofía* (Córdoba, Ediciones del Copista 2005).

Lepore, E. & Smith, B. (eds.), *The Oxford Handbook of Philosophy of Language* (Oxford, Oxford University Press 2006).

Malcolm, N., *Ludwig Wittgenstein. A Memoir* (Oxford, Oxford University Press 1984).

_____, "Wittgenstein's *Philophical Investigations*", en: Fann, K. T. (ed.), *Ludwig Wittgenstein*: *The Man and His Philosophy*, (v.), pp. 181-213.

Martínez Bonati, F., "The Act of Writing Fiction", en: *New Literary History* (Virginia, University of Virginia 1978).

_____, *La ficción narrativa*: *su lógica y ontología* (Murcia, Universidad de Murcia 1992).

Meinong, A., "The Theory of Objects", en: R. M. Chisholm (ed.), *Realism and the Background of Phenomenology* (Illinois, The Free Press 1960).

_____, *Teoría del objeto y presentación personal*. Trad. C. Pivetta (Buenos Aires, Miño y Dávila Editores 2008).

Monk, R., *Ludwig Wittgenstein. El deber de un genio*. Trad. D. Alou (Barcelona, Anagrama 2002).

Moore, G. E., *Defensa del sentido común y otros ensayos*. Trad. C. Solís (Barcelona, Orbis 1983).

_____, "Objetos imaginarios", en: Moore, G. E. *Defensa del sentido común y otros ensayos*, (v.), pp. 113-124.

_____, "Conferencias de Wittgenstein", en: Moore, G. E., *Defensa del sentido común y otros ensayos*, (v.), pp. 255-322.

Muguerza, J. (ed.), *La concepción analítica de la filosofía* (Madrid, Alianza 1981).

Muguerza, J. "Esplendor y miseria del análisis filosófico", en: Muguerza, J. (ed.), *La concepción analítica de la filosofía*, (v.), pp. 15-138.
Nicolás, J. A., y Frápolli, M. J. (eds.), *Teorías de la verdad en el siglo XX* (Madrid, Tecnos 1997).
Nietzsche, F. *Obras completas* I. Trad. E. Ovejero y Maury (Buenos Aires, Aguilar 1966).
_____, *Sobre verdad y mentira en sentido extramoral*. Trad. L. Ml. Valdés y T. Orduña (Madrid, Tecnos 1998).
_____, *Humano, demasiado humano*, en: Nietzsche, F., *Obras completas* I, (v.), pp. 247-699.
Parsons, T., *Nonexistent Objects* (New Haven, Yale University Press 1980).
Pintor-Ramos, A., *Historia de la filosofía contemporánea* (Madrid, BAC 2002).
_____, *Nudos en la filosofía de Zubiri* (Salamanca, Publicaciones Universidad Pontificia de Salamanca 2006).
_____, "La dimensión pragmática en Zubiri", en: Pintor-Ramos, A., *Nudos en la filosofía de Zubiri*, (v.), pp. 79-128.
Pinzón, J. A. y Garzón, C. A., "Freddy Santamaría. Hacer mundos", en: *Ideas y Valores*, 147 (diciembre 2011), pp. 223-235.
Platón, *Diálogos I*. Trad. J. Calonge, E. Lledó Iñigo y C. García Gual (Madrid, Editorial Gredos 1982).
_____, *Diálogos II*. Trad. J. Calonge, E. Acosta, F. J. Olivieri y J. L. Calvo (Madrid, Editorial Gredos 1982).
_____, *Ion*. Trad. E. Lledó Íñigo, en: Platón, *Diálogos I*, (v.), pp. 243-270.
_____, *Crátilo*. Trad. J. L. Calvo, en: Platón, *Diálogos II*, (v.), pp. 339-461.
Putnam, H. *Realism with a Human Face* (Cambridge, Harvard University Press 1990).
_____, *Representación y realidad. Un balance crítico del funcionalismo*. Trad. G. Ventureira (Barcelona, Gedisa 1999).
_____, "Is There a Fact of the Matter about Fiction'", en: Putnam, H. *Realism with a Human Face*, (v.), pp. 209-213.

_____, "El significado de 'significado'". Trad. J. J. Acero, en: Valdés Villanueva, L. Ml., (ed.), *La búsqueda del significado*, (v.), pp. 131-194.

Quine, W. V., *Teorías y cosas*. Trad. A. Zirión (México, UNAM 1986).

_____, "El desarrollo ontológico de Russell", en: Quine, W. V., *Teorías y cosas*, (v.), pp. 95-108.

Reguera, I. *Ludwig Wittgenstein* (Madrid, Edaf 2002).

Rorty, R., *Consecuencias del pragmatismo*. Trad. J. M. Esteban Cloquell (Madrid, Tecnos 1996).

_____, *La filosofía y el espejo de la naturaleza*. Trad. J. Fernández Zulaica (Madrid, Cátedra 2001).

_____, "¿Hay algún problema con el discurso de ficción?", en: Rorty, R., *Consecuencias del pragmatismo*, (v.), pp. 182-216.

Russell, B., *Lógica y conocimiento. Ensayos 1901-1950*. Trad. J. Muguerza (Madrid, Taurus 1966).

_____, *Obras completas II. Ciencia y filosofía 1897-1919* (Madrid, Aguilar 1973).

_____, *La evolución de mi pensamiento filosófico*. Trad. J. Novella Domingo (Madrid, Alianza 1982).

_____, *Los principios de la matemática*. Trad. J. C. Grimberg (Madrid, Espasa-Calpe, S. A. 1983).

_____, *Los problemas de la filosofía*. Trad. J. Xirau (Barcelona, Labor 1993).

_____, *La filosofía del atomismo lógico*. Trad. J. Muguerza, en: Russell, B. *Lógica y conocimiento. Ensayos 1901-1950*, (v.), pp. 245-395.

_____, *Introducción a la filosofía matemática*. Trad. J. Fuentes, en: Russell, B., *Obras completas II. Ciencia y filosofía 1897-1919*, (v.), pp. 1263-1389.

_____, "Descripciones". Trad. L. Ml. Valdés Villanueva, en: Valdés Villanueva, L. Ml. (ed.), *La búsqueda de significado*, (v.), pp. 46-56.

_____, "Sobre la denotación". Trad. J. Muguerza, en: Russell, B. *Lógica y conocimiento. Ensayos 1901-1950*, (v.), pp. 51-74.

Saer, J. J., *El concepto de ficción* (Buenos Aires, Seix Barral 1997).
San Agustín, *Obras II*. Trad. A. Custodio Vega (Madrid, BAC 1974).
_____, *Las confesiones*, en: San Agustín, *Obras II*, (v.), pp. 73-608.
Santamaría, F., "Ficción, sueño e imaginación", en: *Cuadernos salmantinos de filosofía* (Salamanca, Universidad Pontificia de Salamanca 2006), pp. 511-528.
Sartre, J. P., *¿Qué es la literatura?* Trad. A. Bernárdez (Buenos Aires, Losada 1972).
Schopenhauer, A., *El mundo como voluntad y representación*. Trad. E. Ovejero y Maury (México, Porrúa 2003).
Scruton, R., *Historia de la filosofía moderna. De Descartes a Wittgenstein*. Trad. V. Raga (Barcelona, Península 2003).
Searle, J. (ed.), *The Philosophy of Language* (Oxford, Oxford University Press 1971).
Searle, J., *Expression and Meaning. Studies in the Theory of Speech Acts* (Cambridge, Cambridge University Press 1979).
_____, *Actos de habla. Ensayo de filosofía del lenguaje*. Trad. L. Ml. Valdés Villanueva (Madrid, Cátedra 1980).
_____, "The Logical Status of Fictional Discourse", en: Searle, J., *Expression and Meaning. Studies in the Theory of Speech Acts*, (v.), pp. 58-75.
_____, "Nombres propios y descripciones". Trad. J. Fillol y E. Ujaldón. En: Valdés Villanueva, L. Ml. (ed.), *La búsqueda del significado*, (v.), pp. 83-93.
Silván de Pedro, I., "Ficción y mundo", en: *Revista El Mirador* (2007), pp. 121-131.
Sluga, H. & Stern, D. G. (eds.), *The Cambridge Companion to Wittgenstein* (Cambridge, Cambrige University Press 1996).
Strawson, P. F., *Individuos. Ensayo de metafísica descriptiva*. Trad. A. García Suárez y L. Ml. Valdés Villanueva (Madrid, Taurus Humanidades 1989).
_____, "Verdad". Trad. A. García Suárez y L. Ml. Valdés Villanueva, en: Nicolás, J. A., y Frápolli, M. J. (ed.), *Teorías de la verdad en el siglo XX*, (v.), pp. 281-307.

_____, "Sobre el referir". Trad. L. Ml. Valdés Villanueva, en: Valdés Villanueva, L. Ml., (ed.), *La búsqueda del significado*, (v.), pp. 57-82.

Stroll, A., *La filosofía analítica del siglo XX*. Trad. J. F. Álvarez Álvarez y E. Bustos Guadaño (Madrid, Siglo XXI 2002).

Tarski, A., "La concepción semántica de la verdad y los fundamentos de la semántica". Trad. E. Colombo, en: Nicolás, J. A. y Frápolli M. J., (eds.), *Teorías de la verdad en el siglo XX*, (v.), pp. 65-108.

Tolkien, J. R. R., *Árbol y hoja*. Trad. J. C. Santoyo y J. M. Santamaría (Barcelona, Minotauro 1999).

_____, "Sobre los cuentos de hadas", en: Tolkien, J. R. R., *Árbol y hoja*, (v.), pp. 9-100.

Tomasini, A., *Los atomismos lógicos de Russell y Wittgenstein* (México, Instituto de Investigaciones Filosóficas, UNAM 1986).

_____, *Una introducción al pensamiento de Bertrand Russell* (Zacatecas, Universidad Autónoma de Zacatecas 1992).

_____, *Filosofía analítica: un panorama* (México, Plaza y Valdés 2012).

Valdés Villanueva, L. Ml. (ed.), *La búsqueda del significado* (Madrid, Tecnos 1991).

Valdés Villanueva, L. Ml., "Presentación", en: Frege, G. *Investigaciones lógicas*, (v.), pp. 9-48.

Vargas Llosa, M., *La verdad de las mentiras* (Madrid, Alfaguara 2002).

_____, *La tentación de lo imposible* (Madrid, Alfaguara 2004).

_____, *Teatro. Obra reunida* (Madrid, Alfaguara 2006).

_____, "El teatro como ficción", en: Vargas Llosa, M. *Teatro. Obra reunida*, (v.), pp. 131-134.

_____, "La verdad de las mentiras", en: Vargas Llosa, M. *La verdad de las mentiras*, (v.), p. 15-30.

Von Wright, G. H., "A Biographical Sketch", en: K. T. Fann, *Ludwig Wittgenstein: The Man and His Philosophy*, (v.), pp. 13-29.

Wilde, O., *La decadencia de la mentira* (bilingüe). Trad. L. Martínez Victorio (Madrid, Langre 2002).

Wittgenstein, L., *Cartas a Russell, Keynes y Moore*. Trad. N. Míguez (Madrid, Taurus 1979).

_____, *Los cuadernos azul y marrón*. Trad. F. Gracia Guillen (Madrid, Tecnos 1984).

_____, *Observaciones sobre los fundamentos de la matemática*. Trad. I. Reguera (Madrid, Alianza 1987).

_____, *Sobre la certeza*. Trad. J. L. Prades y V. Raga (Barcelona, Gedisa 1988).

_____, *Tractatus Logico-Philosophicus*. Trad. J. Muñoz e I. Reguera (Madrid, Alianza Universidad 1994).

_____, *Investigaciones filosóficas*. Trad. A. García Suárez y U. Moulines (Barcelona, UNAM/Crítica 1988).

_____, *Werkausgabe Band 1. Tractatus logico-philosophicus. Tagebücher 1914-1916. Philosophische Untersuchungen* (Frankfurt am Main, Suhrkamp 1999).

Wood, A. *Bertrand Russell, el escéptico apasionado*. Trad. J. García-Puente (Madrid, Aguilar 1967).

www.ingramcontent.com/pod-product-compliance
Lightning Source LLC
Chambersburg PA
CBHW050854160426
43194CB00011B/2157